Klaus J. Groth / Joachim Schäfer

Eingetrichtert

Klaus J. Groth / Joachim Schäfer

Eingetrichtert

Die tägliche Manipulation
unserer Kinder
im Klassenzimmer

Mit Begleittexten von
Roland Baader, Alexander von Stahl, Walter Döring,
Klaus Jentzsch, Gerd Schultze-Rhonhof, Alfred Dregger,
Heinrich Lummer und einem Epilog
von Prof. Dr. Klaus Hornung

Universitas Verlag

© 1999 by Universitas Verlag in
F. A. Herbig Verlagsbuchhandlung GmbH, München
Alle Rechte vorbehalten
Schutzumschlag: Atelier Bachmann & Seidel, Reischach
Schutzumschlagmotive: Bildagentur Mauritius, Mittenwald –
Foto: Kupka (Kinder); Atelier Bachmann & Seidel, Reischach (Trichter);
Studio Elmar Kohn, Landshut (Käseglocke)
Satz: Fotosatz Völkl, Puchheim
Druck: Jos. C. Huber KG, Dießen
Binden: R. Oldenbourg, München
Printed in Germany
ISBN 3-8004-1381-7

Inhaltsverzeichnis

Zu diesem Buch 7
So sind wir!??
   Familienleben, oder: Die Schuld der Väter und Söhne . 11
Postskriptum von Roland Baader:
   Familienbegräbnis 41
Selbsthaß im Selbstversuch
   Die neue deutsche Rassenlehre unterscheidet
   zwischen guten Menschen und Deutschen 49
Postskriptum von Alexander von Stahl:
   Deutsche, einig Tätervolk 105
Das süße Gift des Sozialismus
   Marx gut, Erhard schlecht 113
Postskriptum von Walter Döring:
   Deutschland braucht ein zeitgemäßes
   Unternehmerbild an Schulen und Universitäten 150
Der Klassenkampf im Klassenzimmer
   Die neue deutsche Harmonielehre heißt Konflikt ... 157
Postskriptum von Klaus Jentzsch:
   Die neue soziale Frage 178
Kommt die Nation abhanden?
   Deutsch – ein unverbindlicher Begriff
   mit vielen Fragezeichen 181
Postskriptum von Gerd Schultze-Rhonhof:
   Ein epochaler Fehler 194
Im Zerrbild: Wehrmacht und Bundeswehr
   Der häßliche Deutsche 199
Postskriptum von Alfred Dregger:
   Der soldatische Dienst ist existentieller
   Dienst am Volk 225
Und willst du nicht mein Bruder sein ...
   Gesinnungsterror im Klassenzimmer 237
Postskriptum von Heinrich Lummer:
   Die selbsternannten Tugendwächter 270

Die Saat geht auf ...
    Ludwig Erhard? – Ein Komiker! 277
Epilog von Klaus Hornung:
    Der lange Marsch durch die Schulen 287

Anmerkungen 297
Ausgewählte Literaturhinweise 301

Zu diesem Buch

> *»Ein geordneter Schulbetrieb erfordert,
> einseitige politische Beeinflussung der
> Schüler, gleich welcher Art, zu verhindern.«*
> Oberverwaltungsgericht Berlin
> zitiert nach *FAZ* vom 23. Januar 1978

Wüßten viele Eltern, welches Weltbild ihren Kindern in deutschen Klassenzimmern eingetrichtert wird, sie ließen sie nicht mehr unbesorgt zur Schule gehen. Dieses Buch haben wir für jene Eltern geschrieben, denen die Verantwortung für ihre Kinder noch selbstverständliche Aufgabe ist, die die Erziehung noch nicht gänzlich an die Lehrer delegiert haben. Diese Eltern möchten wir sensibilisieren, wieder einmal in Schulbücher zu sehen. Damit sie nicht eines Tages erstaunt fragen müssen: Woher hat das Kind denn das?

Für diese Eltern haben wir Schulbücher gelesen. Vor allem solche der sogenannten »Gesinnungsfächer«, vorzugsweise aus den Bereichen Sozialkunde, Politik und Wirtschaft. Denn gerade in diesen Fächern, in denen eine fortlaufende Aktualisierung der Informationen notwendig ist, stützen sich Lehrer in besonders starkem Maße auf Schulbücher als Hilfsmittel (auch zum eigenen Nutzen). Schulbücher werden so zu heimlichen Miterziehern. Die Autoren und Herausgeber wissen um diesen Tatbestand – das macht Schulbücher anfällig für Ideologien.

Um Schulbücher, die neben der Vermittlung des Wissens und der Anregung zum Nachdenken eine gehörige Fracht Ideologie mit sich schleppen, ging es uns. Also nicht um die ordentlich und redlich gemachten, zu denen ein großer Teil gehört. Wir suchten nach Trojanischen Pferden, denen der didaktische Auftrag Mittel zum Zweck ist. Nicht mit einer breitangelegten Untersuchung haben wir nach ihnen gefahndet, sondern mit Stichproben. Dabei sind wir auf Anhieb und häufig fündig geworden. Das kann kein Zufall gewesen sein, sondern verweist auf eine allgemeine Tendenz.

So gibt das vorliegende Buch auch nicht den Extrakt von zwanzig oder gar dreißig Schulbüchern zu einem Themenkomplex wider, sondern nur die Härtefälle, also besonders gravierende Passagen. Es sind Belege für den Versuch, unsere Jugend zu indoktrinieren und sie politisch vor einen Karren zu spannen.

Der Ausgangspunkt unserer Überlegungen ist die Überzeugung, daß auch nach dem Scheitern des real existierenden Sozialismus ein »Rollback« der Ultralinken nicht auszuschließen ist. Besonders in den Bildungsanstalten zeigt sich, daß die Altachtundsechziger und ihre Enkel dabei sind, sich wieder zu formieren. Dazu bedienen sie sich des bewährten Waffenarsenals, mit dem jede Gegenposition bereits im Ansatz zu zerstören ist: des Vorwurfs von Rechtsradikalismus und Ausländerfeindlichkeit. Damit lenken sie von ihrem eigenen Versagen ab. Die gescheiterten Utopisten haben ihre Sprache wiedergefunden und verkünden unbeirrt ihre alten Lehren. Und sie finden neue Verbündete von Mecklenburg-Vorpommern bis Sachsen-Anhalt.

Da eine freie Gesellschaft auf Dauer niemals egalistisch ist, versuchen die Protagonisten des Linkskartells zudem, ihre Herrschaft neu zu installieren. Das Schulbuch spielt in ihren Überlegungen dabei eine herausragende Rolle. Zu ihrer Strategie gehört es – um nur ein Beispiel zu nennen –, ein Unternehmerbild zu zeichnen, das aus der Zeit des klassischen Kapitalismus stammt: der Unternehmer als Unterdrücker, als Ausbeuter – auf jeden Fall als ein unsozialer Mensch. Ludwig Erhard, der Vater der sozialen Marktwirtschaft, ist tiefer in Vergessenheit geraten als Marx, Lenin und Honecker.

Die Eindimensionalität, mit der viele Schulbuchautoren zukunftsbestimmende Probleme angehen, verwundert. Dies gilt besonders für Fragen der Migration, der Ausländerkriminalität und des Asyl- und Sozialmißbrauchs. Statt dessen wird der Eindruck vermittelt, die Deutschen seien ein Tätervolk, ein Volk von Brandstiftern und Zündelfrieden. Werte und Maßstäbe wie Leistung, Verantwortung, Achtung und

Ehrfurcht werden in einer verächtlichmachenden Art abgehandelt, die in die Unverbindlichkeit führt.
Wir sagen, daß dies gesellschaftszerstörend ist, weil Tugenden jungen Menschen nicht mehr als Rüstzeug für das Leben vermittelt, sondern systematisch verleugnet werden.
Und wir meinen, am Ende dieser Spirale kompromißloser Fundamentalkritik wird die Zersplitterung der politischen Kultur, die Dialogunfähigkeit und damit die Einschränkung der persönlichen Freiheit in allen Lebensbereichen stehen. Wenn wir nicht aufpassen, wird Freiheit zur Beliebigkeit und Pflicht zum Begriff aus der Mottenkiste.
Wer Randgruppen hätschelt, wer das Recht der Täter mehr beachtet als die Leiden der Opfer, nimmt als Schulbuchautor bewußt die Auszehrung des Respekts vor dem geltenden Recht in Kauf. Deshalb noch ein Wort der Kritik an die liberalkonservativen Kräfte im Land. Diese haben in den vergangenen Jahrzehnten weithin die konkrete handwerkliche politische Arbeit geleistet, aber die Meinungsführerschaft in den prägenden geistigen Auseinandersetzungen verloren. Dies wird überdeutlich bei der von uns vorgelegten Schulbuchanalyse. Daher unsere Botschaft an dieses politische Lager:
Schuldig macht sich nicht nur der, der Böses tut, sondern auch der, der Böses zuläßt.
Dieses Buch ist kein wissenschaftliches Buch. Auf Fußnotenorgien verzichten wir weitgehend. Nichts ist schlimmer als eine Pseudowissenschaftlichkeit, verbunden mit strohtrockenen Abhandlungen und einem Gemisch aus Gestelztheit und Langeweile. Wir wollen mit diesem Buch politisieren, natürlich auch provozieren. Wir wollen verantwortungsbewußte Erziehungsberechtigte sensibilisieren und zum Nachdenken anregen.
Uns schien, daß bei allem Ernst des Themas gelegentlich auch augenzwinkernde Ironie oder bissige Schärfe die richtigen Stilmittel sind. Auch wenn die eine oder andere Formulierung durchaus zum Schmunzeln Anlaß gibt, manchem unserer Gegner wird sicher das Lachen im Halse steckenbleiben, denn der »Gutmensch« ist in der Regel alles andere als ein fröhlicher Zeitgenosse.

Zum Schluß ein Wunsch: Wir möchten mit diesem Buch eine Diskussion anregen, die sich mit der Frage beschäftigt, wer und wer nicht Leitbild für die jungen Menschen in unserer Gesellschaft sein darf. Wir möchten eine notwendige Facette in die politische Diskussion einfügen.

Lübeck/Dortmund, Dezember 1998

Klaus J. Groth   Joachim Schäfer

So sind wir!??
Familienleben, oder:
Die Schuld der Väter und Söhne

Mama putzt, und Papa pennt, kleine Mädchen müssen spülen, kleine Jungen dürfen spielen. Mit diesen einfachen Maschen wird das Strickmuster deutschen Familienlebens im Schulbuch geknüpft. Selbstverständlich ist eine solche Verteilung der Rollen nicht in Ordnung. Und ebenso selbstverständlich hebt sich der mahnende Zeigefinger. Denn um des pädagogischen Effektes willen werden die Rollen ja so verteilt. Lernen am schlechten Beispiel, lautet der unausgesprochene Auftrag solcher Karikaturen, die sich jedoch als Abbild des ganz normalen Familienlebens ausgeben. Stünde sie denn sonst so im Mittelpunkt des pädagogischen Interesses, die Familie? Mit all den Fehlern, die ihr nachzuweisen sind? Schließlich ist die Familie kein Hort gleichbleibenden Friedens.

Da aber, was Hänschen nicht lernt, Hans nimmermehr lernt, hat Hänschen frühzeitig das Sündenregister des großen Hans zur Kenntnis zu nehmen; soll Hänschen erfahren, was Hans alles falsch gemacht hat und immer noch falsch macht. Rote Ohren müßte jeder Junge bekommen angesichts der langen Liste männlicher Schuld, die ihm mit all ihren Beispielen von Überheblichkeiten und Versäumnissen im Schulbuch vorgehalten wird. Zweifel müßten den Söhnen an den Vätern kommen (wenn sie die nicht schon aus Prinzip hätten) – und das scheint vielfach auch das Lernziel zu sein. Die Familie im Schulbuch, das ist ein Kapitel mit überproportional vielen Fragezeichen, mit mehr vagen als klaren Hinweisen. Und mit vielen Ausrufungszeichen. Die stehen mehrheitlich wie erhobene Zeigefinger. Wo sie auftauchen, wird gewöhnlich eine Sünde aufgedeckt, eine männliche selbstverständlich. Das ist ein politisch korrektes Schulbuch sich selbst schuldig.

Gegenseitige Freiheitsberaubung

Auch wenn es häufig schiefgeht: Die Ehe ist immer noch die bevorzugte Form gemeinschaftlichen Lebens. Totgesagte leben länger. Auch im deutschen Schulbuch. Da überdauert die Restfamilie, allerdings meist unter recht fragwürdigen Umständen. Rüschen und Geranientöpfe wurden gründlich zur Seite geräumt, die Idylle der Vergangenheit, die es wohl zu keiner Zeit wirklich gegeben hat, in die Rumpelkammer der Erinnerung gestellt. Dorthin gehört sie auch, denn warum sollte ein Schulbuch den allgegenwärtigen Alltag verklärt darstellen? Kinder, die in ihm leben, wissen es besser. Zu ihren Erfahrungen gehören Ärger und Zwist, empfundenes und tatsächliches Unrecht, schlechte Laune und Zurechtweisungen.

Wer den Alltag darstellen will, muß genau zeichnen. Auch überzeichnen? Und all dem, was aus dem Lot geraten ist, mehr Aufmerksamkeit widmen als dem vermutlich immer noch recht ordentlichen Alltag? Bis sich die Summe der Erfahrungen in der ironischen Bemerkung des Ehefeindes Oscar Wilde bündelt: »Ehe ist gegenseitige Freiheitsberaubung in beiderseitigem Einvernehmen«? So etwas taugt vorzüglich zum Kalenderspruch, der durchgehend mit schmunzelnder Zustimmung zur Kenntnis genommen wird. Aber was für einen Kalenderspruch gut ist, muß es für ein Schulbuch noch lange nicht sein. Und was Erwachsene aus eigener Erfahrung richtig einzuordnen wissen, prägt die Vorstellung eines Kindes unter Umständen nachhaltig.

Wie also sieht er aus, der Familienalltag der Schulbücher? Wie sind wir – Mutter, Vater, Kind –, und wie leben wir zusammen? Offenbar macht diese schlichte Frage auch Schulbuchautoren ratlos. Experimente des Zusammenlebens, stellen die Autoren des Buches »Moment mal – Ein handlungsorientiertes Politikbuch« fest, »beschränken sich – noch – auf Minderheiten und junge Leute. Materieller Wohlstand, Bildung und Vielzahl der Möglichkeiten, unter verschiedenen Lebensentwürfen auszuwählen, haben das Bild der Familie allerdings verschwommen werden lassen. Wer kann sie noch beschreiben – die normale ›bürgerliche‹ Familie, die so lange Zeit ein Feindbild der Gesellschaftsveränderer war?« Und dann zitieren sie Oscar Wilde …

Immer auf die Kleinen

Dabei ist doch klar, wie es in der Familie zugeht: reichlich ruppig und immer auf die Kleinen! Jedenfalls wenn wir uns den Zitaten in Schulbüchern anvertrauen:

> »Meine Mutter schimpft,
> weil das Baby den ganzen Tag schreit. Sie schimpft, weil mein Bruder dauernd rumquengelt. Sie schimpft, weil sie mir bei den Rechenaufgaben helfen soll. Meine Mutter schimpft, weil sie's satt hat, den ganzen Tag zu Hause zu sitzen. Sie hätte lieber heute einen Schaufensterbummel gemacht. Und dann geht ihr heute alles quer.
> Meine Mutter ist sauer.
> Deshalb
> schreit sie mich an,
> deshalb haut sie mir eine runter,
> deshalb kann ich sie heute nicht riechen.
> Mein Vater schimpft,
> weil es heute mit der Arbeit nicht geklappt hat. Er schimpft, weil sein Chef ihn angepflaumt hat. Er schimpft, weil das Essen nicht pünktlich auf dem Tisch steht. Mein Vater würde sich gerne ein bißchen aufs Ohr legen. Aber das traut er sich nicht, weil Mutter sich auch nicht aufs Ohr legen kann. Und außerdem machen wir Kinder solchen Krach.
> Mein Vater ist sauer.
> Deshalb
> schreit er mich an,
> deshalb haut er mir eine runter,
> deshalb kann er mich heute nicht riechen.
> Aber ich, ich bin auch sauer:
> Ich darf meinen Vater nicht anschrein.

Ich darf meine Mutter nicht anschrein.
Ich darf meinem Vater keine runterhaun.
Ich darf meiner Mutter keine runterhaun.
Dabei kann ich meine Eltern heute nicht riechen.
Ich kann nur schimpfen, ganz leise für mich, daß niemand es hört: auf die Scheißarbeit, die wir in der Schule geschrieben haben. Ich glaube, ich hab' viele Fehler.
Fertig geworden bin ich auch nicht.
Auf den Gerd, der mich nicht hat abgucken lassen.
Und da komm' ich nach Hause, und alles ist genauso beschissen wie in der Schule. Die Eltern schrein rum, haun mir eine runter.
Ich bin sauer. Ich hab' eine Sauwut.
Und ich weiß jetzt, was ich mache. Ich muß irgend etwas machen, damit ich nicht mehr so wütend bin.
Ich geh' zu meinem kleinen Bruder.
Ich brülle meinen Bruder an.
Ich schmiere meinem Bruder eine.
Ich kann heute alle nicht riechen.«[1]

So etwas kommt in den besten Familien vor. Jeder ist einmal schlecht gelaunt und läßt den anderen die üble Laune spüren. Lust auf Familie macht eine solche Szene jedoch gewiß nicht.

»Soziale Mutterschaft«

Aber ist die Familie überhaupt noch auf der Höhe der Zeit? Der Vater im Job, die Mutter am Herd, das Kind in der Schule – das klingt museal und wird auch so vermittelt:

> »Ein wesentlicher Arbeitsbereich innerhalb der Familie ist die Pflege und Erziehung der Kinder. Als Vorbild gilt dabei bis heute die Vorstellung der aus Vater, Mutter und Kindern bestehenden Familie, ungeachtet der Tatsache, daß in den letzten Jahrzehnten die Zahl der alleinerziehenden Personen steigt. Die Kinderbetreuung wird in unserer Gesellschaft hauptsächlich von Frauen geleistet. Sie gilt als die weibliche Arbeit

schlechthin und ist eng mit dem Bild ›Mutter‹ verbunden. Aufgrund ihrer biologischen Fähigkeit, Kinder zu gebären, wird den Frauen die Mütterlichkeit als naturgegebene Eigenschaft zugesprochen. Diese Idee entstammt dem Ende des 18. Jahrhunderts, fand im 19. Jahrhundert allgemeine Verbreitung und galt als Erziehungsziel für Mädchen ... Doch nur für wenige Frauen – meist für die des bürgerlichen Mittelstandes – konnte die Vorstellung wahr werden, sich als Mütter ganz den Kindern zu widmen ... Für die Fabrikarbeiterin wurde Mutterschaft oft zu einer großen gesundheitlichen Gefährdung. Die Kinder mußten vernachlässigt werden, zumal die Väter kaum teilhatten an den häuslichen Arbeiten und der Erziehung. Um der daraus folgenden hohen Kindersterblichkeit und der Verwahrlosung der Kinder zu begegnen, richteten seit Mitte des letzten Jahrhunderts manche Gemeinden Kinderverwahranstalten ein, die Vorläufer heutiger Einrichtungen wie Kinderkrippen, Kindergärten oder – wie in der Deutschen Demokratischen Republik – Betriebskindergärten. In solchen Einrichtungen wird die Privatarbeit der Mutter von der Gesellschaft übernommen und damit als gesellschaftlich notwendige Arbeit eingeschätzt. Heute wird die Mutterrolle der Frauen unterschiedlich diskutiert. In den gesetzlichen Neuerungen scheint sich der Gedanke der ›sozialen Mutterschaft‹ durchzusetzen, das heißt die Annahme, daß auch Väter und andere Personen Mutterpflichten übernehmen können. Daß auch Väter Kinderbetreuung und Erziehung als Alternative zur Berufsarbeit begreifen, scheint jedoch vorerst eher in der Literatur als in der Wirklichkeit anzutreffen zu sein.«[2]

Schade!, klingt es aus jeder Zeile.
Schade!, daß die Musterfamilie immer noch aus Vater, Mutter und Kind besteht – und schmählich die Fragmentfamilie der Alleinerziehenden und anderer Lebensformen unterschlägt.
Schade!, daß die »biologische Fähigkeit«, Kinder zu gebären,

den Frauen Mütterlichkeit als »naturgegebene Eigenschaft« zusprechen ließ. Schade!, daß diese »Idee« vom Ende des 18. Jahrhunderts immer noch nicht ausgerottet ist.
Schade!, daß nicht mehr von der »Privatarbeit der Mutter« bisher vergesellschaftet wurde.
Schade!, daß die »soziale Mutterschaft« nicht schon von den Vätern gänzlich übernommen wurde.
(Ob letzteres allerdings im Sinne der Kinder wäre, bleibt zu prüfen, wenn das Bild der Männer und Väter in Schulbüchern untersucht wird. Zweifel sind schon an dieser Stelle anzumelden.)

Trostloses Heim, Glück allein?

Wer verstehen will, warum das alles so bedauerlich ist, muß die Zitate lesen, mit denen die Rolle der Frau als Mutter und Hausfrau geschildert wird. Nichts ist mehr mit »Eigener Herd ist Goldes wert«, nichts mehr mit »Trautes Heim, Glück allein«. Die Rumpelkammer verstaubter Sinnsprüche ist randvoll, die Tür davor hermetisch verriegelt. Denn trostlos ist das Dasein der Hausfrau und Mutter, ohne Anerkennung und ein bißchen Glück. Das ist keinesfalls die Welt, in die ein Mädchen voller Hoffnungen und Sehnsüchte hineinwachsen möchte:

> »Es gibt wenig Aufgaben, die der Sisyphus-Qual (Bild für vergebliche Arbeit) verwandter sind als die Hausfrauenarbeit. Tag für Tag muß abgewaschen, abgestaubt und geflickt werden; doch morgen wird das Geschirr schon wieder benutzt sein, die Möbel staubig und die Wäsche zerrissen. Ständig auf der Stelle tretend, verbraucht sich die Hausfrau ... Aber sie bringt nichts vor sich. Sie hat nicht den Eindruck, ein positives Gut zu erwerben, sondern endlos gegen das Böse anzukämpfen. Ein Kampf, der sich täglich erneuert.
> Viele junge Mädchen betrachten die Zukunft als einen endlosen Aufstieg nach wer weiß welchen Gipfeln. Aber dann plötzlich, in der Küche, wo die Mutter das

Geschirr abwäscht, begreifen sie, daß seit Jahren jeden Nachmittag um dieselbe Zeit die Hände in fettiges Spülwasser gegriffen und das Porzellan mit dem rauhen Lappen abgerieben haben; und bis zu ihrem Tod werden sie diesem Ritus unterworfen sein.«[3]

Das trostlose Lied vom Leid der Hausfrau textete Simone de Beauvoir 1949, und als Beleg für ein düsteres Kapitel der Vergangenheit könnte es hingenommen werden, bildete es im Schulbuch nicht zugleich den Abschluß des Kapitels »Ist Hausarbeit Arbeit? – von Hausfrauen und Hausmännern«. Nach Auswahl und Aktualität der Zitate scheint sich für sie nichts verändert zu haben. Das wiedergegebene Zitat gilt als Beleg für das Los der Hausfrau bis in die Gegenwart. Lediglich dem Hausmann wird ein etwas aktuelleres Zitat gewidmet (von 1981). Das klingt nicht weniger trostlos und ist genau besehen nichts weiter als der nochmalige Beweis, wie öde und nervend die Arbeit daheim ist:

»So lässig ihm alles von der Hand geht, so lästig ist ihm die Hausarbeit auch geworden. Über seine Tätigkeit aber sagt er: ›Hausmann, das ist im höchsten Maße unbefriedigend und idiotisch.‹ Noch dazu sei es ein ›wahnsinnig einsamer Job‹ und ›eigentlich kein Beruf‹. Denn im Grunde sei so eine Hausarbeit, auch mit Kind, in maximal vier Stunden zu schaffen. ›Bloß ist der Tag dauernd zerpflückt.‹ Ständig fühlt sich Matthias aufgehalten mit Kleinkram – ›schon wenn es an der Tür läutet‹.«[4]

Mit einem männlichen Kronzeugen läßt sich das düstere Bild eben noch weiter abdunkeln. Wenn ein Mann schon unter der nervenzehrenden Eintönigkeit der Hausarbeit leidet, wieviel schlechter sind dann die Frauen dran?

Das bißchen Haushalt ...

Kein Dank, keine Anerkennung wird der Hausfrau im Schulbuch zuteil. Im Gegenteil, ihr tägliches Placken wird nicht einmal als Arbeit angesehen:

»Sie macht das Frühstück.
Sie räumt das Frühstück weg.
Sie zieht die Kinder an.
Sie bringt den Großen in den Kindergarten.
Sie macht den Abwasch.
Sie macht die Betten.
Sie räumt auf.
Sie macht sauber.
Sie füllt die Waschmaschine.
Sie macht die Wäsche.
Sie geht einkaufen.
Sie holt den Großen vom Kindergarten ab.
Sie macht das Essen.
Sie räumt den Tisch ab.
Sie macht den Abwasch.
Sie legt die Kleine zum Schlafen hin.
Sie spielt mit dem Großen.
Sie geht mit beiden auf den Spielplatz.
Sie steckt beide in die Badewanne.
Sie räumt auf.
Sie macht das Abendbrot.
Sie bringt die Kinder ins Bett.
Sie räumt den Abendbrottisch ab.
Sie macht noch schnell den Abwasch.
Sie ist müde. Ihr Mann sagt abends, daß er einen anstrengenden Tag hatte und: ›So gut wie du möchte ich es auch einmal haben.‹ Frieda findet, daß sie auch gearbeitet hat. Hausarbeit eben. Friedas Mann findet, daß es keine Arbeit ist. Arbeit ist, wenn es bezahlt wird. Was Frieda macht, wird nicht bezahlt. Also ist es auch keine Arbeit. Und jetzt will er sein Bier und das Fernsehprogramm.
Er hat schließlich gearbeitet.«[5]

Ja, so ist es. Was auf diese Weise den Männern ins Stammbuch geschrieben wird, wird nicht dadurch falsch, daß es unangenehm klingt. Wie die Alten sungen, so pfeifen auch die Jungen. Wer sich müht, dem alten Lied Strophen neuen Inhalts hinzuzufügen, handelt redlich. Warum soll ein Junge nicht die Fransen des Teppichs geradekämmen, wenn das zum Bild eines geordneten Haushalts gewünscht wird? Und warum soll ein Junge nicht die Teller spülen? Schließlich aß auch er davon, und spätestens als Single wird er es lernen müssen. Aber so detailliert und korrekt Mutters Arbeitstag geschildert wird, so blaß bleibt Vaters Arbeitstag im Schulbuch. Vaters Rolle erschöpft sich meist in einer Berufsangabe und seiner Darstellung als Despot in Puschen. Er ist der Herr im Haus, und Mutter muß sich unterordnen, sich anpassen. Ihr Lebensglück findet sie im Glück der Familie und im besonderen in dem des Mannes.

Typisch Frau, typisch Mann

»Die hilflose Frau« wird so beschrieben:

> »Daß Hans ihr geistig überlegen ist, gibt sie ohne weiteres zu. Er kommt eben herum und kennt sich deshalb in vielen Dingen besser aus. ›Ich komme nicht einmal mit dem Scheckbuch zurecht. Dauernd bekomme ich von ihm etwas zu hören, weil ich wieder mal unser Konto durcheinandergebracht habe.‹ Doch andererseits liest Anne viel eher als ihr Mann einmal ein neues Buch. Politischen Problemen steht sie hilflos gegenüber. Daher ist sie froh, daß ihr Mann darin gut Bescheid weiß und ihr manches erklären kann. Was die sexuellen Beziehungen betrifft, so findet Anne zwar durchaus Gefallen daran, aber sie denkt dabei mehr an die Befriedigung ihres Mannes als an ihre eigene: ›Was mich daran befriedigt, ist vor allem, daß es ihn glücklich macht. Ich kann ihm da wirklich etwas geben.‹«[6]

»Typisch Frau! Typisch Mann!« hieß die Reihe im Hessischen Schulfernsehen, in der solche Rollenbilder gezeichnet wurden. Nun darf man Annes mangelndes Interesse an der Politik, ihre Unfähigkeit, ein Scheckheft zu nutzen, oder ihre Angewohnheit, das Konto durcheinanderzubringen (vielleicht sollte sie es einmal bei Sparkasse oder Bank versuchen, die führen Konten in der Regel ganz ordentlich), keinesfalls als Indiz dafür nehmen, bei Anne handele es sich um ein Dummchen. Nein, das nun wirklich nicht. Unter dem Stichwort »Weibliche Interessen« erfahren die Schüler, daß Anne »andere Gewohnheiten als ihr Mann« hat:

> »Wenn sie Zeitung liest, schlägt sie zuerst die Seite für die Frau und den Unterhaltungsteil auf. Für den Abend, an dem ihr Mann mit seinen Freunden zusammenkommt, besorgen sich Anne und einige ihrer Freundinnen Babysitter und besuchen ein Konzert oder eine Bildergalerie ... Kurz, bei Anne finden wir alles, was für Frauen als typisch, als echt weiblich gilt.«[7]

Und Vater? Der Schulbuch-Vater heißt Hans, »ist ein typischer Mann, männlich in jeder Hinsicht« und vor allen Dingen ist er »der Herr im Haus«:

> »Nach seiner Vorstellung vom guten Familienvater werden alle Familienangelegenheiten von ihm allein geregelt. Auseinandersetzungen gibt es nur selten, denn Hans ist eindeutig Herr im Hause. Er bestimmt über das Geld und trifft alle wichtigen Entscheidungen – wohin man im Sommer fährt, welchen Wagen man kauft, wie das Geld eingeteilt wird und sogar – was sie freilich nicht an die große Glocke hängen – wem er und seine Frau bei der Wahl die Stimme geben. Alle diese Entscheidungen sind kein Problem, denn Anne, seine Frau, akzeptiert sie. Und warum? ›Nun, er ist ja schließlich der Mann‹, sagt sie. Und: ›Es gibt eben Dinge, über die Männer besser Bescheid wissen als Frauen.‹«[8]
>
> »Hans hat seine festen Gewohnheiten. Beim Zeitungslesen fängt er mit dem Sportbericht an, und in den letzten fünf Jahren hat er noch keine Fernsehübertragung vom Fußball versäumt. Mit seinen Freunden kommt er regelmäßig zum Pokern zusammen; am Wochenende pusselt er gern am Motor seines Wagens herum. Er geht gerne mit einigen Freunden auf Jagd und für sich

allein zum Angeln ... Mit einem Wort: Hans wirkt als Ehemann typisch ›männlich‹.«[9]

Und schließlich ist da noch das Sexualleben des Schulbuch-Ehemannes. Auch das so typisch männlich? Klar, denn Hans ist der Durchschnittsmann, der für alle steht.

> »Hans hat ein befriedigendes Sexualleben mit Anne – wenn auch nicht ausschließlich mit ihr. Der aktive Teil dabei ist er. Anne macht zwar gerne mit, hat aber kein starkes eigenes Bedürfnis. Hin und wieder hat Hans außerehelichen Verkehr, meistens wenn er geschäftlich unterwegs ist; doch allzu häufig kommt das nicht vor.«[10]

Väter sitzen rum

Hans ist eben der Mann, von dem ein vierzehnjähriger Schüler bei einer Umfrage über die Rolle von Müttern und Vätern in der Familie zu Protokoll gab:

> »Die Väter gehen zum Verein, spielen Skat, trinken ihr Bierchen, sehen fern und sitzen herum. Die Mütter haben Kinder, sind berufstätig und müssen schuften.«[11]

Nach den Ursachen solcher Einschätzung zu forschen, ist überflüssig. Tausendmal wird der Junge einen entsprechenden Stoßseufzer der Mutter gehört haben. Und das bestätigende Echo im Schulbuch festigt das Bild – die Arbeit der Mutter wird nicht anerkannt, die Mutter verdient kein Geld. Da der Apfel bekanntlich nicht weit vom Stamm fällt, sind die Söhne wie die Väter. Das zeitgemäße Schulbuch belegt diesen unerfreulichen Tatbestand, zitiert die Mini-Machos:

> »›Für Dreckarbeit eignen sich Mädchen besser‹, bekannte sich freimütig der zehnjährige Peter, der wie 2439 Schülerinnen und Schüler zu folgendem Thema befragt wurde: ›Wer muß bei den Hausarbeiten helfen – Jungen oder Mädchen?‹ Mädchen werden danach

eindeutig mehr zur Hausarbeit angehalten als ihre Brüder. Der elfjährige Bastian wird in seiner Abneigung gegen Hausarbeit von seinem Vater bestärkt. Dieser hätte gesagt, es gäbe Arbeiten, die seien seit ›urkundlichen Zeiten‹ für die Frauen da, ›zum Beispiel Kaffee kochen, Sahne schlagen, Eintopfsuppe, Betten machen, Fenster putzen, Hausputz‹. Wenn Hausputz sei, sollten die Männer möglichst nicht im Hause sein, weil sie dann stören. ›Ich mache nur Sachen, die männlich sind. Bei einigen Sachen kann man sich streiten‹, sagte Bastian. Ähnlich wie er denkt auch der zehnjährige Dieter: ›Ich helfe gern meinen Eltern wie meine Schwester, aber ich mache keine Arbeit, die für Mädchen ist. Ich mache das, wo man ziemlich viel Kraft braucht und denken muß.‹ Über die ungerechte Aufteilung der Hausarbeit unter den Geschwistern klagt auch die neun Jahre alte Beate: ›Ich habe zwei Brüder. Die haben noch nie gespült oder die Betten gemacht. Ich muß alles übernehmen. Ich muß sogar die Fransen am Teppich geradebürsten.‹ ... ›Kochen, spülen, putzen würde ich nie machen. Dafür habe ich kein Händchen. Ich mache da doch alles verkehrt‹, argumentiert der zwölf Jahre alte Hartmut. Sein Vater sei da der gleichen Meinung. ›Wir Männer haben bei so was zwei linke Hände. Da ich keine Schwester habe, ist das Problem bei uns ziemlich klar gelöst. Solche Sachen macht Mutter‹, fügt er hinzu.«[12]

Wer wollte und wer könnte sich nach einer solchen geballten Ladung Selbstherrlichkeit noch verschließen: Neue Männer braucht das Land ...
Doch damit ist es nicht weit her. Männer haben nun einmal schlechte Karten im neuen deutschen Schulbuch. Auf jeden Fall in ihrer Rolle als Söhne und Väter. In einem Cartoon wird das Verhältnis zwischen Frauen und Männern, die Aufteilung zwischen Arbeit und Hausarbeit dargestellt. In der Geschichte unterhalten sich Frauen miteinander, und der Dialog liest sich so:

»Wenn ich das schon höre: Neue Väter! Also ich hab keins von diesen Prachtexemplaren!! ... Hab die Karriere gestrichen, damit er sie machen kann!
Hans-Georg meint, er könne gut verstehen, wenn ich meine Individualität entwickeln möchte, aber leider kann er nicht auf eine halbe Stelle gehen – ist ja logo: im Außendienst!
Peter glaubt, daß bei uns die Gleichberechtigung schon vollzogen ist, wenn er einmal die Woche abwäscht!!
Möchte wissen, warum ich promoviert habe! Frau Dr. Putz, ha, ha!
Meiner kriegt schon die Panik, als Softie zu gelten, wenn er mal die Windeln wechselt!
Das fände ich wunderbar: Ich komme nach einem anstrengenden, aber befriedigenden Arbeitstag nach Hause. Alles blitzt! Die Kinder sind im Bett! Mein Mann bereitet das Abendessen ...
Aber da hast du ja gar nichts von deiner Familie!!«[13]

Fronten im Geschlechterkampf

Es gab einmal eine Zeit, die liegt noch gar nicht so lange zurück, da fristeten Frauen in deutschen Schulbüchern ihr Dasein als Hausmütterchen, waren in der Wirtschaft allenfalls in niederen Diensten und kamen ansonsten überhaupt nicht vor. Darüber wurde zu Recht geklagt, wurden Denkschriften verfaßt und eine baldige Änderung gefordert. Solange ein Gleichstand nicht annähernd erreicht sei, hieß es, sei »bei der Erforschung der Geschlechterfrage ein feministisches Erkenntnisinteresse unerläßlich«.[14] Ähnlich wurde später bei der Quotenregelung im öffentlichen Dienst argumentiert, wonach bei gleicher Qualifikation Frauen bei der Einstellung der Vorzug zu geben sei, bis ein Gleichstand der Geschlechter hergestellt sei.
In Sachen Schulbuch zeigte sich die Konferenz der Kultusminister früher (insgesamt allerdings eher spät als früh) einsichtig. 1986 gab sie eine Empfehlung zur »Darstellung von

Mann und Frau in Schulbüchern« heraus. Darin hieß es, die Darstellung von Männern und Frauen/Mädchen und Jungen in Schulbüchern müsse dem Verfassungsgebot der Gleichberechtigung entsprechen. Eigentlich eine Selbstverständlichkeit, aber wenn so etwas als Empfehlung ausgesprochen werden muß, ist es eben doch nicht so selbstverständlich gewesen. Eine bereits 1978 vom Bundesministerium für Bildung und Wissenschaft durchgeführte Anhörung von Sachverständigen über die »Darstellung der Frauenrolle in Schulbüchern« war zu dem Ergebnis gekommen, Frauen seien als »Handlungsträger in den Darstellungen stark unterrepräsentiert und ihr Tätigkeitsfeld weitgehend auf haushalts- und familienbezogene Aktivitäten beschränkt«. Daraus zog die Konferenz der Kultusminister 1986 die Konsequenz, als sie formulierte:

> »Es muß deutlich werden, daß die Aufgabe in Familie, Beruf und Gesellschaft, deren Erfüllung gleichermaßen in die Verantwortung von Frauen und Männern fällt, daß sie gleichwertig sind und zumeist in gleicher Weise von Frauen und Männern wahrgenommen werden können. Einseitig festlegende Aufgabenzuweisungen sollen vermieden werden oder dort, wo sie als Teil der Wirklichkeit darzustellen sind, eine Problematisierung erfahren.«

Problematisiert wurde hinfort nach Kräften, aber gleichwertig machte das Frauen und Männer im Schulbuch selten. Der häusliche Mann wurde in die Rolle des Paschas gesteckt, der abends sein Bierchen trinkt, vor der Glotze hockt, die Frau schuften läßt und ab und zu fremdgeht. Der »Herr im Haus« kann bestenfalls noch aus der Schämecke zusehen, was er alles falsch gemacht hat – und immer falsch machen wird. »Die gegenwärtige Geschlechterpolarität der Gesellschaft findet sich damit, so kann resümierend festgestellt werden, in den untersuchten Schulbüchern nahezu ungebrochen wieder ...«, stellt eine Untersuchung der Universität Bremen fest, die im Auftrag des Bundesministeriums für Bildung, Wissenschaft, Forschung und Technologie ausgearbeitet und 1997 vorgelegt wurde.[15] Nicht Partnerschaft oder gegenseitige Wertschätzung bestimmen die Tonlage, sondern die Frau als Opfer in einer männlich dominierten Welt. Noch einmal die Bremer Studie, die Lese-, Englisch-, Geschichts- und Geographiebücher auswertete:

»In vielen Büchern finden sich … offensichtlich in emanzipatorischer Absicht eingefügte Abschnitte, die einem Ansatz der ›Geschlechtergleichstellung‹ folgen, besonders in den Deutsch- und Englischbüchern. Dies erscheint zunächst als eine Weiterentwicklung der Schulbuchkonzeptionen gegenüber früheren sexistischen Darstellungen. Hierzu sei jedoch kommentierend angemerkt, daß damit die Diskussion um das Geschlechterverhältnis allein zu einer ›Frauenfrage‹ wird, ohne daß auch nur im Ansatz eine Chance besteht, das real vorfindbare Geschlechterverhältnis grundlegend in Frage zu stellen. Dieser Denkansatz antizipiert beispielsweise keine unterschiedlichen geschlechtlichen Lebenswegplanungen, es wird ein Bild vom Geschlechterverhältnis vermittelt, das sich einzig orientiert an männlichen Lebenswelten beziehungsweise Erwerbnisbiographien, so die berechtigte Kritik der feministischen Schulbuchforschung. Andere Ansätze der Darstellung von Geschlechterdifferenzen, wie etwa solche, die dem ›Wertschätzungskonzept‹, dem ›Androgynitätskonzept‹ oder dem Pluralitätskonzept folgen, sind auch nicht im Ansatz in den untersuchten Schulbüchern präsent.«[16]

Dem bewährten Strickmuster der Political Correctness von Tätern und Opfern werden im Schulbuch kräftig ein paar Maschen hinzugefügt. Die Täter thronen in der Hierarchie immer oben, die Opfer hocken unten; die Täter sind die Besitzenden, die Opfer die Abhängigen, die Täter setzen sich ins Unrecht, den Opfern wird das Recht verweigert, die Täter sind die Männer, die Opfer die Frauen. Wenn es um Mann und Frau im Beruf geht, sind die Rollen im Schulbuch eindeutig zugewiesen. Die Männer sitzen auf den oberen Sprossen der Rangleiter, die Frauen machen die Handreichungen, die Männer verfügen über das Geld, die Frauen sind abhängig (weil sie das Geld ausgeben). »Frauenkompetenzen werden nur als Defizite wahrgenommen«, heißt es in der Bremer Schulbuchuntersuchung[17], und diese Defizite ziehen sich wie ein roter Faden durch das PC-Strickmuster. Da macht es keinen Unterschied, ob die im Schulbuch vereinten Texte aus der Vergangenheit oder der Gegenwart stammen, die Frau ist immer benachteiligt:

»›Meine Frau braucht nicht zu arbeiten‹, ist noch heute der stolze Ausruf vieler Ehemänner und Familienväter, die damit anzeigen, daß sie genug verdienen für den Familienunterhalt. Erwerbstätige Frauen galten besonders in Kreisen des Bürgertums und des Kleinbürgertums als ›Schande‹, geldverdienende Töchter waren ein Makel in der Familienehre. Aufgrund mangelnder Bildung und Berufsausbildung standen diesen Frauen, wenn sie Ehemann oder Vater als Versorger hatten, nur wenige und sehr eingeschränkte Verdienstmöglichkeiten offen … Ein Arbeitsbereich, der bis heute für Frauen große Bedeutung hat, eröffnete sich mit der Spezialisierung der Arbeitsvorgänge im Büro. Neue Büromaschinen und die Ausweitung von Verwaltungen im Geschäftsleben und bei Behörden führten dazu, daß Frauen für einfache, ausführende und untergeordnete Tätigkeiten eingestellt wurden. Die Schreibmaschine, die seit der Wende zum 20. Jahrhundert Einzug in Büro und Verwaltung hielt – und heute vom Computer abgelöst wird –, wurde zu dem typischen weiblichen Arbeitsgerät. Mit Erfindung und Verbreitung des Telefons fanden Frauen Arbeitsplätze bei den Telegraphenämtern. Frauen wurden gerne als Telefonistinnen eingestellt, da ihre Stimmen besser hörbar sind als die von Männern – ein Vorteil, der heute noch von Verwaltungen und Firmen genutzt wird.«[18]

»Frauenkörper im Angebot«

Belege für die Diskriminierung der Frauen im Beruf finden sich viele, sexistische Ausbeutung zu beweisen ist kein Problem. Die männliche Welt hat genügend gesündigt, und wer sich auf die Spurensuche macht, stößt überall auf Beweise, in der Vergangenheit und in der Gegenwart. Sie aufzuzeigen ist notwendig, will man den Machos die Grenzen zeigen. Wenn aber in einem Schulbuch unter der harmlosen Kapitelüberschrift »Was sind Frauenarbeitsplätze?« Zitate mit den Zwischenüberschriften »Erhöht der Blick unter die Röcke den Umsatz?« und »Frauenkörper im Angebot!« als Einstieg in das Thema gewählt werden, drängt sich hartnäckig der Verdacht auf, hier solle, statt Information zu vermitteln, das männliche Sündenregister verlängert werden. Denn auch die nachfolgenden, von den Autorinnen ausgewählten Zitate dienen als Belege für die Benachteiligung der Frauen gegenüber den Männern bis in die Gegenwart. Denn: »Weitere, nur Frauen vorbehaltene Arbeitsplätze sind diejenigen Tätigkeiten, bei denen der weibliche Körper verkaufsfördernd auf Männer wirken soll.«[19] Zu »Frauenkörper im Angebot!« wird die Anzeige abgebildet, mit der ein Berliner Kneipier 1900 für sein neueröffnetes Etablissement warb. Zur Abbildung einer kräftigen Maid (die drei Maß Bier leichthändig trägt) in weit gebauschter, mit Schleifchen verzierter Unterhose und strammem Mieder, dessen Ausschnitt mehr züchtig als anrüchig genannt werden muß, verspricht der Wirt:

> »›Schneidige Damen servieren helles sowie echtes Bier.‹ Hinzugefügt hat er den lockeren Spruch: ›Mein Freund, willst Du Dich amüsieren, / so geh' nach Molkenstraße zwei, / Dort trinkt man ohne Animieren / Bei schönen Mädchen frank und frei.‹«[20]

Und dann ist da noch die Arbeitsplatzbeschreibung, zu der die Frage gestellt wird: »Erhöht der Blick unter die Röcke den Umsatz?« Geschildert wird eine Klage, mit der sich 1930 ein Gericht zu befassen hatte:

> »So wurde zum Beispiel eine Schuhverkäuferin entlassen, weil sie sich nicht dem Wunsche des Geschäftsinhabers gefügt hatte, duftige Wäsche zu tragen. Der Unternehmer führte vor Gericht aus, daß bei dem ununterbrochenen Hinaufsteigen auf Leitern zum Herabholen der Schuhe den männlichen Besuchern ein möglichst angenehmer Anblick verschafft werden müsse. Daß es sich hier nicht um eine Ausnahme handelt, beweisen die Auskünfte von Verkäuferinnen in Schuhgeschäften, die über eine gleiche Auffassung des Geschäftsinhabers berichten; es sei üblich, die unteren der Regale nur mit Attrappen, also mit leeren Kartons zu füllen, so daß ein Besteigen der Leiter notwendig wird.«[21]

Eben, Männer wollen immer nur das eine ...

Männerberufe, Frauenarbeitsplätze

Aber darum geht es hier ja gar nicht. Hier geht es um Frauenarbeitsplätze, dargestellt im Schulbuch. Und was hat das Schulbuch darüber zur (beinahe) gegenwärtigen Situation zu sagen? Seine Angaben dazu sind in diesem Fall nicht ganz frisch, sie enden 1988. Auch das abschließende Zitat aus einer Studie des Kölner Wirtschaftsinstitutes endet im weiblichen Defizit und damit das gesamte Kapitel über die Arbeitsplätze der Frauen:

> »Immer noch unangefochten Spitzenreiter (in der Berufswahl der Frauen) seien typisch weibliche Berufe wie Verkäuferin oder Friseurin ... Die Vorliebe für klassische Frauenberufe und die Distanz zu (Scheu vor) neuen technikorientierten Berufen führt die Frauen ... allzuoft in die Arbeitslosigkeit. Besonders betroffen seien die Verkäuferinnen, von denen 115.000 derzeit ohne Beschäftigung sind.«[22]

Mit solchen Zitaten wird eine »geschlechtsspezifische Arbeitsteilung« belegt, die sich seit dem Beginn des 20. Jahrhunderts entwickelt habe und die bis heute fortdauere »und die dazu berechtigt, von Männerberufen und Frauenarbeitsplätzen zu sprechen«.[23] Die Männer also haben Berufe, die Frauen allenfalls Arbeitsplätze – wenn sie die denn haben. Veränderungen werden zwar wahrgenommen und registriert, aber mit deutlicher Skepsis begleitet. Frauenförderung und Frauenbeauftragte werden erwähnt, aber

> »zu fragen bleibt, ob sich dadurch die Arbeitsteilung zwischen Frauen und Männern gesamtgesellschaftlich verändern wird, denn bisher sollen nur traditionell männliche Berufszweige eine Quotierung – sprich eine gleiche Besetzung – von Männern und Frauen erfahren. Was wird aus den weiblichen Arbeitsbereichen im Berufsleben?«[24]

So ist das Bild der weiblichen Arbeitswelt überschattet von der Dominanz des Mannes und die Perspektive mit vielen Fragezeichen versehen. Ein Schulmädchen, das durch solche Bilder geführt wird, lernt vor allem eines: das Fürchten. Und dann lernt es noch, daß es immer und ewig untergebuttert wird, daß es unterlegen ist im ewig andauernden Kampf der Geschlechter, ausgenutzt und ausgebeutet.

Vorbild DDR

Aber es gibt Trost! Und ein Vorbild, dem nachzueifern für die Verfasserinnen des Geschichts- und Politikbuches »Frauen – Gleichberechtigung, Gleichstellung, Emanzipation« noch 1990 offenbar Gebot der Stunde war:

> »Durch die neuen Bemühungen um eine berufliche Gleichstellung der Frauen wird in der Bundesrepublik eine Entwicklung eingeleitet, die in der Deutschen Demokratischen Republik schon seit langem – auch aufgrund eines allgemeinen Arbeitskräftemangels – über das Arbeitsgesetzbuch rechtlich abgesichert ist. Heute sind 90 % aller Frauen in der DDR berufstätig, 80 % aller Bäuerinnen und Arbeiterinnen haben einen Fach-

arbeiterabschluß. Zudem sind Frauen in traditionellen Männerberufen dort eine alltägliche Erscheinung. Allerdings sind sie selten in Führungspositionen zu finden, und sie tragen auch weiterhin die Doppelbelastung von Berufsarbeit und Arbeit in der Familie.«[25]

Nichts ist eben vollkommen ...Wie man es auch immer dreht und wendet, die Frauen bleiben immer die Angeschmierten. Selbst dann, wenn sie einen »Frauenarbeitsplatz« haben. Denn in »Männerberufen« wird besser bezahlt,

»die weibliche Erwerbstätigkeit ist durchgängig schlechter bezahlt als die männliche Lohnarbeit. Das liegt daran, daß die Frauen für die gleiche Arbeit weniger Geld als die Männer erhielten. Heute ist diese ›Lohndiskriminierung‹ verboten, lebt aber fort in den sogenannten Leichtlohngruppen, d. h. in der niedrigeren Einstufung von Frauenarbeit ... Geringe Entlohnung und Ausfallzeiten durch Schwangerschaften und Kinderbetreuung führen bis heute zu einer finanziellen Benachteiligung von Frauen – besonders im Alter.«[26]

So spannt sich der Bogen der zum Nachweis eingesammelten Zitate unter der Hauptüberschrift »Frauenlöhne – warum verdienen Frauen so wenig?« von der Frage »Brauchen Frauen weniger zu essen?« (1866) bis »Ist die Armut weiblich?« (1986). Und mit Fragezeichen geht es auch quer durch den Zitatenschatz, der die Misere von Frauen in Männerberufen belegen soll (in Klammern geben die Überschriften jeweils an, aus welchem Jahr das Zitat stammt). Da wird gefragt:»Fürchten Männer die Konkurrenz der Frauen?« (1874), »Frauen erobern den Verkaufsraum, eine Gefahr für die Männer?« (1907), »Familie oder Karriere – besser kein besonderer Arbeitsschutz für Frauen?« (1986), »Sind Frauen ängstlicher?« (1939), »Eine Studentin – ein Mensch wie andere auch?« (1871), »Ermöglicht der Krieg weibliche Karrieren« (1918 und 1940), »Kriegsende – Frauen zurück an den Herd?« (1945), »Mögen Mädchen keine ›Männerarbeitsplätze‹?« (1988), »Wie kann die Benachteiligung überwunden werden – durch Frauenbeauftragte?« (1986), »... oder durch Frauenför-

derungspläne?« (1987), »Gleichstellung in allen Berufen? – Der Reinemachemann« (1988). Nur dreimal wird auf das Fragezeichen verzichtet, wird nicht in Frage gestellt, sondern geantwortet. Ohne Fragezeichen kommt die »Resolution der sozialdemokratischen Frauenkonferenz (1906)« daher, keines Fragezeichens bedarf die Feststellung »Kriegsende – Schaffnerinnen unerwünscht (1949)« und als Abschluß des Kapitels, gewissermaßen als Antwort auf alle Fragen, die »Frauenförderung in der Deutschen Demokratischen Republik«.
Ein Zitat aus dem Arbeitsgesetzbuch der DDR steht am Ende des sechzig Seiten umfassenden Hauptkapitels über die Arbeitswelt der Frauen und der Männer, danach kommt nichts mehr. Was soll nach so schönen Sätzen über »Förderung und Schutz der Frauen, der Jugend und bestimmter Personengruppen« auch noch folgen? Wer am Ziel ist, braucht keine Fortsetzung des Weges:

> »§ 3 Der sozialistische Staat gewährleistet, daß überall solche Bedingungen geschaffen werden, die es den Frauen ermöglichen, ihrer gleichberechtigten Stellung in der Arbeit und in der beruflichen Entwicklung immer besser gerecht zu werden und ihre berufliche Tätigkeit noch erfolgreicher mit ihren Aufgaben als Mutter und in der Familie zu vereinbaren. Das Arbeitsrecht trägt zur planmäßigen Verbesserung der Arbeits- und Lebensbedingungen der Frauen bei. Es sichert insbesondere Förderung und den Schutz der Frauen bei der Aufnahme und Ausübung einer beruflichen Tätigkeit sowie die materielle Versorgung bei Mutterschaft.«[27]

Sind Frauen unsichtbar?

Defizite, wohin frau auch blickt.

> »Die Geschichte und die gesellschaftliche Bedeutung von Frauen und Männern drücken sich auch in der Sprache aus. Auffällig ist, daß mit männlichen Bezeichnungen immer Frauen mitgemeint sind und in Geset-

zestexten oder ähnlichen Dokumenten nie von ›Frauen‹ die Rede ist. In unserer alltäglichen Sprache ist das Männliche die Norm, das Weibliche die Ausnahme und das Besondere.«[28]

Und damit die SchülerInnen auch begreifen, was mit der meist vergeblichen Suche nach dem Weiblichen gemeint ist, werden unter der Überschrift »Sind Frauen unsichtbar?« Ausschnitte aus zwei Zeitungsartikeln als Beispiel für schlecht und gut angeführt:

»Über 10 000 Besucher haben bereits die Ausstellung des amerikanischen Bildhauers Mark di Suevo im Württembergischen Kunstverein Stuttgart gesehen ...«[29]

Klar, eine solche Formulierung ist abgrundtief verkehrt. Wie es richtig gemacht wird, verdeutlicht das zweite Beispiel, in dem die unsichtbaren Frauen sichtbar gemacht werden:

»Hektisches Treiben herrschte in der dritten Maiwoche im Büro des ›Unabhängigen StudentInnen Ausschusses‹ der Fachhochschule Karlsruhe ...«[30]

Erst das große I, die wichtigste Erfindung nach dem Rad, führt das weibliche Wesen offenbar gleichberechtigt in die männlich-menschliche Gesellschaft ein. Denn nachdem die SchülerInnen belehrt wurden, daß in der alltäglichen Sprache das Männliche die Norm sei, was deutlich werde, wenn die Begriffe »der Mensch« und »die Menschen« Verwendung fänden, wird als den Herausgeberinnen passend erscheinendes Beispiel unter der Überschrift »Von Menschen und Frauen – richtig oder falsch?« hinzugefügt:

»So:
Alle Menschen werden Schwestern.
Mit der Geschlechtsreife wird der Mensch gebärfähig.
Die Deutschen sind tüchtige Hausfrauen.
Oder so:
Alle Menschen werden Brüder.
Die Portugiesen behandeln Frauen schlecht.
Die Deutschen sind tüchtige Soldaten.«[31]

So sind die Linien eindeutig gezogen. Gewissermaßen als Beigabe für die sprachlich eliminierte Frau gibt es den Hinweis »noch heute haben amerikanische Frauen in der Öffentlichkeit keinen eigenen Namen« und die Bemerkung: »Hinzu kommt, daß nach traditioneller Auffassung in der Öffentlichkeit der Mann spricht, während die Frau zuhört.« Da muß nichts mehr hinzukommen. Einmal mehr ist der Täter männlich und das Opfer weiblich, wurden die Pflichten des politisch korrekten Tugendkanons erfüllt. Aber die Auflistung männlicher Schändlichkeiten erschöpft sich nicht in Unterdrückung und sprachlicher Ignoranz. Das garstige Lied vom alltäglichen Mann, von seinen Unzulänglichkeiten, seinen Allüren, seinem beklagenswerten Machogehabe genügt nicht, um die Zweifel am Mann zur Gewißheit werden zu lassen. Damit ist allenfalls der Grundakkord angeschlagen.

Alle Zeit bereit – zur Gewalt

Alles Bisherige wird in den Schatten gestellt, wird im Schulbuch das Kapitel »Gewalt gegen Frauen« aufgeschlagen. Dann gerät das Bild einer schwierigen Partnerschaft nicht ins Wanken, es stürzt ein unter einer Woge von Beschuldigungen, von haarsträubenden Verallgemeinerungen. Männer wollen immer nur das eine – dieser Vorwurf ist so alt wie platt. Zu platt, um in dieser Formulierung Einzug in ein Schulbuch zu halten. So einfach lassen sich die VerfasserInnen nicht erwischen. Didaktisch geschult, machen sie es subtiler – und kommen doch sehr direkt auf den Kern ihrer Schuldzuweisung:

> »Unter dem Motto ›Das Private ist politisch‹ wurden in den 1970er Jahren zum ersten Mal sogenannte ›Privatangelegenheiten‹ öffentlich von Frauen thematisiert. Dadurch wurde bekannt, daß viele Frauen von Ehemännern, Bekannten und Verwandten bedroht, geschlagen und vergewaltigt wurden … Gewaltausübung scheint in unserer Gesellschaft Männersache zu sein,

sowohl was die Täter als auch was die Opfer betrifft. Die Gewaltverbrechen an Frauen werden fast ausschließlich von Männern verübt. Dies ist nicht ein Ausdruck naturgegebener Gewalttätigkeit von Männern, sondern das Resultat ihrer Sozialisation. Diese ist häufig geprägt von der immer noch herrschenden Vorstellung, Frauen seien untergeordnete Wesen und Männer die ›Herren der Schöpfung‹«.

So werden die Kinder aufgeklärt, und sie erfahren auch sogleich, was die Frau alltäglich zum »untergeordneten Wesen« abstempelt:

»Dies wird auch deutlich an vielen Werbeanzeigen. Häufig erscheinen Frauen als käufliche Dinge, die als nette Beigabe zum Produkt angeboten werden. Ihre Körper werden für Verkaufszwecke genutzt ... Auch am Arbeitsplatz sind Frauen Belästigungen ausgesetzt. Häufig nutzen Vorgesetzte und Kollegen Situationen aus, um sich Frauen sexuell zu nähern. Dies wird dann besonders schwierig, wenn die Frauen beruflich von dem jeweiligen Mann abhängig sind. Die extremste Form der Demütigung durch Gewalt, die Vergewaltigung, wird auch heute noch oft verharmlost. Es wird nicht gesehen, daß Vergewaltigung schwere Angriffe auf die Seele und den Körper jeder Frau darstellt und daß die ›typischen‹ Täter nicht ›Triebtäter‹ sind, sondern ganz ›normale‹ Männer ... Nicht nur öffentliche Räume wie Straße und Arbeitsplatz bergen Gefahren für Frauen. In vielen Ehen und Familien erleben sie Gewalt.«[32]

Wann ist ein Mann ein Mann?

Über ein solches Schreckensbild des »ganz ›normalen‹« Mannes tröstet auch die Behauptung der Verfasserinnen nicht hinweg, der Mann sei nicht von Natur aus schlecht, sondern ein Ergebnis seiner Sozialisation. Da muß so ziemlich alles schieflaufen während der Sozialisation, wie die prägenden Einflüsse im gespreizten Neudeutsch heißen, wenn das Ergebnis der alle Zeit zur Gewalt bereite Mann ist. Offenbar macht erst gutmenschliche Erziehung aus dem prinzipiell verdächtigen Mann einen akzeptablen Mann; läßt man aber der Entwicklung ihren Lauf, wird aus Hänschen ein Chauvinist:

> »Entgegen den Vorstellungen der Vergangenheit, es gebe angeborene unterschiedliche Charaktere von Frau und Mann, geht man heute im allgemeinen davon aus, daß diese Eigenschaften durch Erziehung und Hineinwachsen in die Gesellschaft, die von den Menschen geschlechtsspezifische Verhaltensweisen erwartet, ausgebildet und erlernt werden. Man nennt das geschlechtsspezifische Sozialisation. Diese beginnt schon mit der Kleinkindererziehung und findet ihre Fortsetzung in der Schule … In vielen Schulbüchern tauchen Frauen gar nicht auf. Häufig müssen Schülerinnen sich den Bedürfnissen der Schüler unterordnen und können eigene Vorstellungen weniger durchsetzen.«[33]

Jungen werden nicht als Jungen geboren, Mädchen nicht als Mädchen – sie werden dazu gemacht. Das ist keineswegs die Aussage einer feministischen Streitschrift, sondern Folgerung eines Schulbuches, das selbstverständlich mit einer Blütenlese passender Belege aufwartet. Das überstrapazierte Beispiel vom Knaben, der seinen Panzer durch das Kinderzimmer rattern läßt, und vom Mädchen, das seine Puppe sorgsam zur Nacht bettet und so auf seine Rolle im künftigen Leben vorbereitet wird, ist keineswegs zu abgegriffen, um nicht wieder und wieder in Dutzenden von Varianten als Beweis herhalten zu müssen:

> »Im Alter von vier bis fünf Monaten, in dem die kleinen Mädchen und Jungen beginnen, mit Gegenständen effektiver zu manipulieren (Gegenstände zu verändern), werden dann auch diese Gegenstände geschlechtsspezifisch ausgewählt. So erhalten kleine Mädchen neben dem geschlechtsneutralen Teddy, den Stoff- und Gummitieren, hauptsächlich Puppen ins Bett gelegt. Vor

allem sogenannte ›echte‹ Puppen, die zweifelsfrei als ›weiblich‹ zu identifizieren sind, bleiben kleinen Mädchen vorbehalten, kleinen Jungen hingegen sind sie schon im zarten Alter meistens untersagt.

Hier taucht erstmalig etwas auf, was später sehr viel offensichtlicher werden wird: Zwar dürfen Mädchen schon mal mit ›Jungenspielzeug‹ spielen, Jungen aber fast nie mit ›Mädchenspielzeug‹. Denn alles, was zur ›männlichen‹ Rolle gehört, wird als Norm gesetzt, zu der sich auch schon mal das Mädchen versteigen darf. Alles, was zur ›weiblichen‹ Rolle gehört, ist jedoch minderwertig und wird daher für Jungen verachtet.«[34]

In die Nachbarschaft einer solchen Behauptung wird flugs ein Zitat Jean-Jacques Rousseaus von 1762 plaziert, nicht wie ein historisches Dokument, sondern um die Vergangenheit nahtlos in die Gegenwart zu transformieren, frei nach dem Motto: Seht her, es war schon immer so, und nichts, gar nichts hat sich geändert:

»Die ganze Erziehung der Frauen muß daher auf die Männer Bezug nehmen. Ihnen gefallen und nützlich sein, ihnen liebens- und achtenswert sein, sie in der Jugend erziehen und im Alter umsorgen, sie beraten, das sind zu allen Zeiten die Pflichten der Frauen, das müssen sie von Kindheit an lernen.«[35]

Diese Aussage entlarvt Rousseau als Kind seiner Zeit (was jedes Kind heutiger Zeit spielend erkennt), stutzt den Vordenker der Französischen Revolution zum Chauvinisten. Mit solchen Zitaten, die sich seitenlang fortsetzen, werden Jungen einmal mehr zu Tätern gemacht. Und Mädchen konsequenterweise zu Opfern.

Wie kommt der Rambo in den Mann?

Aber wenn Jungen von Natur aus gar nicht so übel sind, wie sie später werden (oder zu werden drohen), wie kommt dann der Rambo in den Mann? Genau diese Frage wird im

Schulbuch auch gestellt und als Antwort nachstehendes Zitat präsentiert:

> »Der Psychologe Wolfram Kowalewsky schreibt: ›Jeder von uns kennt emanzipierte Männer. Zu Tausenden laufen sie auf der Straße, in den Familien, in den Häusern herum ... Wenn sie sich freuen, dann jubeln sie laut. Vor Lust können sie aus vollem Halse singen. Sie verstehen etwas von Zärtlichkeit; wenn sie einen Menschen mögen, dann schmiegen sie sich an ihn und streicheln ihn: innig, warmherzig und mitten auf der Straße ... Sie haben eine unmittelbare Freude an Sexualität. Sie können ihren Körper und die Wärme ihres Schwanzes glücklich genießen ...‹ Die Pointe ist so einfach wie einleuchtend. Kowalewsky spricht von den ›Männern‹, die erst zwei Jahre alt sind. (Dies ändert sich mit zunehmendem Alter.) Ein heimlicher Lehrplan reproduziert (stellt wieder her) die Geschlechterrolle. Im Bilderbuch und im Kindergarten. Auf den Litfaßsäulen und im Werbefunk. Im ›Tatort‹ und bei ›Dallas‹. In Karikaturen und im ›Sexmarkt‹ der Boulevardpresse. Im Lore-Roman und bei Jerry Cotton. Bei den Rolling Stones und bei Udo Jürgens. Immer und immer wieder dasselbe alte: ER hart, SIE zart; ER Eroberer, SIE Verführte; ER oben, SIE unten.«[36]

Immer und immer wieder dasselbe alte: ER Täter, SIE Opfer. Immer und überall. Im Haus und im Beruf. Und in der Schule eben auch! Letzteres müßte eigentlich verwundern angesichts des feministischen Trommelfeuers, in dem der Mann nach dem zweiten Lebensjahr seine Unschuld verliert; aber offenbar wird nach Ansicht der Verfasserinnen in den Schulen noch nicht genug gefeuert, sonst müßten sie die Schule nicht mehr als Schauplatz des Geschlechterkampfes enttarnen. Sollten all die bisher zitierten Lesestücke, Ermahnungen und pädagogischen Pirouetten ihre erzieherische Wirkung verfehlt haben? Die Schule – immer noch männlicher Tatort? Kaum vorstellbar, aber auch das wird durch Zitate belegt. Die Überschrift ist zwar mit einem Fragezeichen versehen, doch das könnte nach der folgenden Aussage ohne Skrupel gegen ein Ausrufungszeichen getauscht werden. »Werden Jungen an der Schule mehr beachtet? – eine aktuelle Untersuchung (1986)« ist ein Zitat überschrieben, das die Antwort wie erwartet gibt:

>»In der pädagogischen Praxis ist die Annahme gängig, Jungen seien weniger bereit, sich unterzuordnen, in die schulische Organisation einzuordnen, seien aggressiver, neigten mehr zum Stören etc. Die Gefahr, daß der Unterricht ›zusammenbricht‹, scheint eher von ihnen als von den Mädchen auszugehen. ... (Daraus) resultiert (folgt) ... scheinbar natürlich eine größere Aufmerksamkeit den Jungen gegenüber. Dies ist ... ablesbar am häufigeren Aufrufen von Jungen, öfterem Loben oder Tadeln, stärkerer ... Wahrnehmung, beispielsweise werden die Namen der Jungen schneller gelernt ... Mädchen werden durchschnittlich nicht nur seltener gelobt, sondern vor allem für ihre intellektuelle, kreative Leistung gelobt und weniger getadelt als Jungen, wenn sie aber ermahnt werden, dann betrifft es genau die inhaltlichen Aspekte (Gesichtspunkte) ihrer Arbeit ... Das läßt darauf schließen, daß die schulische Sozialisation (Erziehung) männlich bzw. weiblich definierte ›Wesensmerkmale‹ unbeabsichtigt eher verstärkt ...: Jungen werden für störendes, aggressives Verhalten getadelt, Mädchen dagegen für mangelnde intellektuelle (geistige) und/oder kreative (schöpferische) Leistung. Die unbewußte Erwartungshaltung, Jungen seien weniger sozial, Mädchen dagegen weniger intelligent, schlägt sich nieder in unterschiedlicher Aufmerksamkeit der Lehrer/innen den Jungen und Mädchen gegenüber.«[36]

Die Schablone von Täter und Opfer, sie paßt. Immer. Jedenfalls, wenn sie entsprechend zugeschnitten wird. Die vorstehende Textprobe aus der feministischen Lehrwerkstatt wurde zwar nicht für ein Schulbuch verfaßt, sondern war als »Anregung für Schule und Unterricht« an Lehrer/innen adressiert (Absender: Die Hamburger Leitstelle für Gleichberechtigung der Frau), fand aber als pur politisch korrektes Zitat Aufnahme im Schulbuch. Schließlich stehen Frauen ganz oben auf der Opferliste der Political Correctness. Und welche Schülerin nähme nicht bereitwillig den Opferstatus auf sich, den das Schulbuch suggeriert? Die Jungen, die immer bevorzugten, sollen sich gefälligst etwas kleiner machen.

Von Menschen und Mädchen

Männer haben genug gesündigt in der Vergangenheit. Nach Ansicht von Schulbuchautorinnen selbst dann, wenn um die Menschenrechte gekämpft wurde. Menschenrecht, so unterstellen sie, sei gleichgesetzt worden mit Männerrecht:

> »›Freiheit, Gleichheit, Brüderlichkeit‹ hieß die Losung, unter der in der Französischen Revolution für die Menschenrechte gekämpft wurde. Diese Parole deutet schon an, daß mit dem Begriff ›Menschen‹ die Frauen nicht selbstverständlich mitgemeint wurden ... Noch die Verfassungen der Bundesrepublik Deutschland und der Deutschen Demokratischen Republik von 1949 deuten an, daß Frauen und Männer nicht selbstverständlich die gleichen Rechte haben. Auch aufgrund der Erfahrungen im Nationalsozialismus, deren Wortführer die Frauen aus allen gesellschaftlichen und politischen Machtpositionen wieder auszuschließen suchten, wurde in beiden Verfassungen festgelegt, daß Männer und Frauen gleichberechtigt sind. Daß dies ausdrücklich betont wird, belegt, daß die Menschenrechte nicht ohne weiteres für Frauen und Männer gleichermaßen gelten. Die alltägliche Realität in der Bundesrepublik zeigte dann aber, daß die Festschreibung der Gleichberechtigung in der Verfassung nicht ausreicht. Seit einigen Jahren werden daher in den politischen Parteien und in anderen gesellschaftlichen Institutionen wie den Gewerkschaften die Vor- und Nachteile eines ›Anti-Diskriminierungsgesetzes‹ diskutiert.«[38]

So wird selbst der gute Vorsatz noch zum Nachweis der Schuld, wird die in der Verfassung verankerte Gleichberechtigung zum Zeugnis für mangelnde Gleichheit. Nach solchem Unterricht liegt es auf der Hand: Die Väter sind an allem schuld. Und die Söhne sind nicht viel besser. Es sei denn, ihre »Sozialisation« gelänge mit vorliegenden Texten.

Postskriptum
Familienbegräbnis
von Roland Baader

Wie zerstört man die bürgerliche Gesellschaft und damit zugleich den Kapitalismus oder Marktwirtschaft und Freiheit? Die roten, braunen und gelben Sozialisten der jüngeren Weltgeschichte haben die Antwort auf diese Frage schon immer gekannt und wirksam zu praktizieren gewußt. Es ist eine einfache Antwort. Sie lautet: »Indem man die Bauzelle der Gesellschaft zerstört, also die Familie.« Schnell und unverhohlen gelingt das Destruktionswerk durch die offiziöse Propaganda und den staatlichen Befehl, die »Volksgemeinschaft«, das klassen- oder rassengeheiligte Volk, habe als oberster Wert und als höchstes Heilsziel der betreffenden Nation zu gelten. Damit wird die Familie zur kleinkarierten Nebensache, ja sogar zum gemeinschaftsfeindlichen, dem »volksschädlichen Egoismus« verhafteten Hindernis, das es zu beseitigen gilt.
Langsamer, verdeckter und schleichender – aber kaum weniger wirksam – gestaltet sich der Zerstörungsmechanismus in der nichttotalitären oder noch nicht ganz totalitären Gesellschaft. Die (mehr oder weniger bewußt oder absichtlich verfolgte) Strategie der politischen, intellektuellen und medientechnischen Eliten buchstabiert sich hier wie folgt: Zerstöre die »fortschritts- und emanzipationsbehindernde« (bürgerliche) Familie, indem du a) die arbeitsteilig notwendige Rollenverteilung ihrer Mitglieder, b) die geschlechtsspezifischen Unterschiede der Ehepartner und Kinder und c) die für den Familien- und Generationenzusammenhalt unerläßlichen Tugendnormen in Frage stellst (»hinterfragst«), lächerlich machst oder durch entsprechende Gesetzgebung auf den Kopf stellst – sprich: ihres Sinnes beraubst und damit entwertest.
Das Vorhaben gestaltet sich in den halb- bis dreiviertelsozialistischen Wohlfahrtsdemokratien moderner Prägung besonders reibungslos. Denn enges Zusammenleben, verantwortliches Füreinandereinstehen, gelingende Alltagsbewältigung,

Kindererziehung und Sorge für die Alten erfordern die praktizierte Gültigkeit des gesamten Kataloges der in zweieinhalbtausend Jahren entwickelten abendländischen Tugenden – als da zu nennen wären: Ehrlichkeit und Partnertreue, Pflichtbewußtsein und Verantwortungsgefühl, Liebe und Opferbereitschaft, Selbstdisziplin und Sauberkeit, Ordnung und Verläßlichkeit, Vertrauen und Fürsorge, Sparsamkeit und Vorsorge, Rücksicht und wechselseitige Achtung, Ehrfurcht und Herzensgüte, Verzicht und vorbildhaftes Benehmen, aber auch – wo notwendig – erzieherische Strenge und ein bedächtiges Maß an elterlicher Autorität. Das alles hat nicht nur angenehme Seiten, sondern bereitet auch Mühsal im Kopf, im Herzen und im Gemüt. Wie angenehm also, wenn scheinbar kluge Leute daherkommen und einem erklären, daß dies alles Humbug von vorgestern sei, Ausdruck eines ausbeuterischen Paternalismus, Herrschaftstrick einer verschworenen Männergesellschaft und überholtes Klischeemuster aus grauer Vorzeit.

Wie schön auch – vor diesem Hintergrund –, wenn die abnehmenden ökonomischen Zwänge in der Wohlstandsgesellschaft sicherstellen, daß nicht jeder Abwurf an Tugendballast böse Folgen zeitigt, und wie praktisch, daß sich die Herrschaftsmotive der politischen Umverteiler mit der Ideologie der emanzipatorischen Vorturner in den Medien decken, einer Ideologie, die besagt, für die Entlastung der Menschen von den Härten, Pflichten und Widrigkeiten des Lebens seien »die Gesellschaft« und (somit) deren parteipolitische Macher zuständig. Wie behaglich auch, daß erst einige Jahrzehnte ins Land gehen müssen, bis die Verschuldungsorgien des Sozialstaates in den Staatsbankrott münden, und wie wohltuend, daß die Fiskalkleptokratie in der Zwischenzeit für jedes familiäre Bettelhinschmeißen einen spezifischen Milliardentopf bereitstellen kann. Werden Konflikte nicht ausgestanden, sondern mit dem Koffer beantwortet, so wird das im Sozialstaat nicht etwa negativ sanktioniert, sondern ganz im Gegenteil alimentiert und prämiert.

War die Ehe jahrtausendelang eine eingeschworene Gemeinschaft zur Bewältigung des Lebens, welche durch Schwierigkeiten eher zusammengeschweißt als gesprengt wurde, so ist sie im sozialpathologischen Illusionismus der sozialdemokratischen Neuzeit zum Vergnügungsverein geworden, aus dem man austreten kann, sobald das Vergnügen nachläßt. Die wahrhaftige (freiwillige!) Solidarität der engen Kleingruppe löst sich somit zugunsten der erzwungenen – also verlogenen – Scheinsolidarität der Gesellschaft auf. Die erzwungene, interessenpolitisch konstruierte und illusionistische Solidargemeinschaft des Kollektivs saugt der echten, natürlich gewachsenen Solidargemeinschaft namens Familie, Sippe und Nachbarschaft das moralische Mark aus den Knochen.

So kann sich also jedermann auf Kosten aller anderen emanzipieren – bis alle Kassen leer und alle Bürger pleite sind. Die »großen Führer« sind bereits geboren, deren Stunde dann – wieder einmal – schlagen wird. Die Alternative zur familiären oder Sippenautorität, sei sie nun patriarchalisch oder matriarchalisch oder wie auch immer geprägt, ist nicht die emanzipatorische und herrschaftsfreie Glückseligkeit, sondern der Totalitarismus. Mit jeder privaten Festung – sei sie finanzieller oder materieller Natur oder beides (wie die Familie) –, die mit den Paragraphenarmeen der Sozialbürokratie geschleift wird, verwandeln sich ungezählte private und freiwillige Entscheidungen der Menschen in staatliche Befehle. »Hinreichende und notwendige Bedingung des Despotismus«, schreibt der kolumbianische Philosoph Nicolás Gómez Dávila, »ist das Verschwinden jeder Art gesellschaftlicher Autorität, die nicht vom Staat verliehen ist«. Und beim deutschen Philosophen Günter Rohrmoser ist zu lesen: »Durch die Zerstörung aller Autoritäten, ohne die Frage zu beantworten, was an ihre Stelle treten könnte, wird die Gesellschaft unbegrenzbar manipulierbar.«

Es gibt – vor allen Dingen im angelsächsischen Bereich (hierzulande verbietet die politische Korrektheit entsprechende Arbeiten) – zahlreiche wissenschaftliche Studien, welche belegen, daß nicht (wie von den Sozialpolitikern und Emanzipationspädagogen behauptet) Armut und Arbeitslosigkeit die Ursache der explodierenden Kriminalitätsraten in den Industriestaaten sind, sondern der Zusammenbruch der Zwei-

Eltern-Familie, und daß für diesen Zusammenbruch wiederum das Wuchern des Sozial- und Wohlfahrtsstaates die Hauptursache bildet.

Die gängige These der gesellschaftskritischen Intelligenz lautet bekanntlich, die wachsende Kriminalität – und hier vor allem die explodierende Jugendkriminalität – sei eine Folgeerscheinung der zunehmenden Armut. Die Armen, so der Tenor, driften weitgehend ohne eigenes Verschulden in die Kriminalität ab. Und da die Armen immer ärmer werden, wächst die Verbrechensrate eben immer mehr. Von den genannten Studien, die solchen Unsinn widerlegen, sei hier nur diejenige des britischen Wissenschaftlers Norman Dennis erwähnt (weil er sich als Mitglied der Labour Party dem gängigen Vorwurf »rechtslastiger Gesinnung« entzieht). In »The Invention of Permanent Poverty« widerlegt Dennis jede der miteinander verbundenen Thesen mit umfassendem historischem Zahlen- und Faktenmaterial. Die Armut, so Dennis, habe in Großbritannien beispielsweise zwischen 1961 und 1979 sowohl in absoluten als auch in relativen Meßziffern abgenommen, und dennoch seien die Kriminalitätsraten im selben Zeitraum drastisch gestiegen. Auch sei in früheren Zeiten mit weit größerer Armut – wie beispielsweise in den dreißiger Jahren des 20. Jahrhunderts und in der zweiten Hälfte des 19. Jahrhunderts – keine Zunahme der Kriminalität zu beobachten gewesen. Alle Untersuchungen und ermittelten Zahlenreihen belegen, daß die Hauptursache der explodierenden Verbrechens-, Gewalt-, Vandalismus- und Drogenmißbrauchsraten im Zerfall der Familie zu suchen ist, allem voran im Verschwinden der tradierten Überzeugung, daß jeder Mann eine lebenslange Verpflichtung zur Ehe und zur Kinderaufzucht zu erfüllen habe.

Mit der Unterstellung, Kriminalität und mangelnde Bildung und Ausbildung (und damit auch wachsende Arbeitslosigkeit) könnten nur durch mehr Geldzuweisungen an die Armen, an alleinerziehende Mütter und Randgruppen aller Art verringert werden, bietet die kollektivprogressistische Intelligenz den seichtesten aller materialistischen Lösungsvorschläge für Probleme, die wesentlich moralischer Natur sind.

Die sich seit den sechziger Jahren wie eine Seuche ausbreitende Meinung, jeder Mann und jede Frau solle ein von allen tradierten Zwängen befreites (Sexual-)Leben führen können, Heirat und Treue seien altmodische Einrichtungen ewiggestriger Spießer, und das ganze Sippengeflecht von Eltern-Kind-Großeltern-Onkel-Tanten-Beziehungen samt der entsprechenden Verantwortlichkeiten störe nur bei der Selbstverwirklichung und der autonomen Lebensgestaltung, ist Teil der Kulturpathologie des sozialdemokratischen Jahrhunderts; und auf dieser Sumpfkultur der vaterlosen Kinder und der familienlosen Väter gedeihen die giftigen Pflanzen der Kriminalität und der moralischen Verwahrlosung besonders prächtig.

In der Kollektivreligion des Sozialsozialismus ist es nur logisch und konsequent, daß die »Kollektivfamilie« der Beschäftigten weit besser geschützt ist als die (bürgerliche) Ehe. Im ersatzreligiösen Denkschema des Sozialen war es ebenfalls nur konsequent, daß der Bundesjustizminister 1997 – angesichts einer Rate unehelicher Geburten von zwanzig Prozent in den alten und von einundvierzig Prozent in den neuen Bundesländern – die rechtliche Gleichstellung der nichtehelichen mit den ehelichen Kindern als »vordringlich« bezeichnete (womit der verhängnisvolle Trend nicht gebremst, sondern verstärkt wird). Sozialpolitik ist eben systemimmanent gegen die spontanen ordnungsbildenden Kräfte freier Gesellschaften – insbesondere die kooperativen Kräfte freier Märkte – gerichtet; sie kann deshalb gar nichts anderes tun als gesellschaftsstabilisierende Verhaltensweisen zu bestrafen und gesellschaftszerstörerische Verhaltensweisen zu alimentieren oder für solches Verhalten falsche Anreize zu setzen.

Natürlich sind wir noch eine beträchtliche Wegstrecke vom Familienzerfall und damit auch von der Jugend- und Kinderkriminalität entfernt, wie sie beispielsweise in Argentinien zu beobachten ist, wo inzwischen dreißig Prozent aller Morde von Minderjährigen begangen werden, oder vom brasilianischen Rio de Janeiro, wo heute siebzig Prozent aller gewaltsamen Todesfälle auf das Konto von fünfzehn- bis siebzehnjährigen Tätern gehen; aber das Hochschnellen der Ziffern in Deutschland, wo 1997 sogar die Zahl straffällig gewordener Kinder (unter vierzehn Jahren!) auf einhundertfünfzigtausend explodiert ist, läßt das Lächeln über südamerikanische Verhältnisse rasch gefrieren. Das moralische Rückgrat einer Nation wird eben in der Familie errichtet und aufrechterhalten – und bricht auch mit der Familie wieder zusammen.

Die Kinder und Jugendlichen (aber eher noch mehr die erwachsenen Bürger) müssen wieder gelehrt werden, daß keine kollektive Sicherheit und keine staatliche Hilfe auch nur annähernd die Sicherheits- und Hilfeleistung der Familie ersetzen kann, jedenfalls nicht dauerhaft, und schon gar nicht in persönlichen oder nationalen Grenzsituationen wie Alter, Krankheit und Tod oder Krieg, Katastrophen und großen Krisen. Wir müssen die Jugend wieder lehren, daß es für die Eltern (Mutter *und!* Vater) keinen Ersatz gibt, auch nicht in Form des Sozialstaats mit seiner kalten, seelenlosen, rechtszerstörerischen und von puren Machtinteressen gesteuerten Umverteilungsmaschinerie. Wir müssen ihnen (und uns) wieder beibringen, daß Kinder und Ehe zusammengehören und daß die Ehe keine Probierstube mit freischwingender Pendeltüre zum beliebigen Rein- und Rauslaufen ist; aber auch, daß es nicht die wahre Bestimmung der Frauen und Mütter ist, sich mit stumpfsinniger Arbeit an Supermarktkassen »selbstzuverwirklichen« und nebenbei die staatlichen Sozialversicherungskassen zu füllen sowie den großmäuligen Gewerkschaftsemanzen ihre Traumgehälter zu finanzieren.

Das hat, wie Urs W. Schöttli einmal geschrieben hat, nichts mit Spießbürgertum oder Biedermeiertum zu tun, denn: »Die Familie verhilft der Gesellschaft zu einer zugleich humanen wie auch effizienten Bewältigung der natürlichen Generationenprobleme. Eine atomisierte Gesellschaft weiß mit den Generationen nicht mehr richtig umzugehen, verfällt kurzatmigen Modeströmungen und in der Regel einer unheilvollen Überschätzung der Jugend. Die Folge davon ist nicht nur eine Geringschätzung alter Menschen, sondern auch eine Verschwendung von Ressourcen und die Vernachlässigung eines beträchtlichen Teils des Humankapitals ...«

Doch solche Belehrung (Wiederlehren) setzt voraus, daß die Eltern ihr volles Erziehungsrecht zurückerhalten, das Staat und kollektive Institutionen im Verlauf des Jahrhunderts an sich gerissen haben. Um das wirksam einfordern zu können, müssen die Eltern – und alle Bürger – zuerst einmal gewahr werden, daß es sich beim staatlichen Bildungswesen, vom Kindergarten bis zur Hochschule, in Wahrheit um staatliches Kidnapping unserer Kinder zum Zweck der etatistischen Indoktrination handelt. Wenn die Schlüsselfunktionen des öffentlichen Schulwesens, von den Rektorenposten bis zu den Lehrstühlen – und erst recht natürlich das Bildungsministerium –, nach parteipolitischem Kalkül besetzt werden, dann darf man dreimal raten, welchen Inhalts die Lehrpläne in diesen Anstalten sein werden. Die nahezu hundertprozentige Aneignung des gesamten Bildungswesens durch den Staat ist das wirkmächtigste aller denkbaren Instrumente in der Hand der Funktionäre, mit dem sie eine ganze Nation – Generation um Generation – in den geistigen Bannkreis ihrer Entmündigungsideologien ziehen und dort dauerhaft einsperren können.
Überlegen wir doch: Wer hat denn im 20. Jahrhundert das Gift des Sozialismus und Kommunismus, des Nationalsozialismus und Marxismus, des Stalinismus und Maoismus, des Nihilismus und Atheismus, des Rassismus und Militarismus in die Köpfe und Herzen der nach Idealen hungernden Jugend eingebracht? Die staatlich besoldeten Lehrkräfte, die parteigelenkten Jugendwarte und die Ausbildungskader der »volksgemeinschaftlichen« Verbände und Organisationen! In den jüngsten Tagen freilich sind es »nur« die Pädagogen der »demokratischen Linken«, welche die Gedanken und Seelen unserer Kinder verderben, aber morgen vielleicht schon die geschulten Volkserzieher der PDS, und übermorgen ...?
Erziehungsrecht: Das ist ein unveräußerliches Recht, das allein den Eltern und den von ihnen unmittelbar autorisierten Spezialisten zusteht, NICHT dem Kollektiv, NICHT dem Staat und NICHT den öffentlichen Bediensteten einer wie auch immer gearteten Parteienherrschaft. Erziehungsrecht

und Erziehungsauftrag der Eltern, das kann und darf hinsichtlich des Schul- und Bildungswesens nur heißen: freie Entscheidung der Eltern darüber, wem sie die Bildung und Ausbildung ihrer Kinder anvertrauen wollen – und mit welchen Bildungs- und Ausbildungsinhalten. Das aber ist nur in einem freien, vielseitigen, privaten und ausschließlich von den Eltern der Nutzer finanzierten Schul- und Hochschulsystem möglich. Nur wenn wir das ursprüngliche Erziehungsrecht der Eltern zurückgewinnen und wieder eigenverantwortlich wahrnehmen, werden wir die Familie vor dem endgültigen Zerfall bewahren können – und damit auch die freie Bürgergesellschaft.

Roland Baader, Diplom-Volkswirt, Jahrgang 1940, gilt als klassisch-liberaler Nationalökonom in der Tradition der »Österreichischen Schule«, mit der sich Namen wie Ludwig von Mises und Friedrich A. von Hayek verbinden. Mit Publikationen wie »Fauler Zauber, Kreide für den Wolf. Die tödliche Illusion vom besiegten Sozialismus« und »Die Euro-Katastrophe. Für Europas Vielfalt, gegen Brüssels Einfalt« oder (als Herausgeber) »Die Enkel des Perikles« und »Wider die Wohlfahrtsdiktatur« ist es ihm gelungen, die Freiheitsideen der Klassik – aber auch die des angelsächsischen »libertarianism« – einem breiten Publikum zu vermitteln. Baader gehört zu den entschiedensten Freiheitsdenkern der Gegenwart im deutschen Sprachraum.

Selbsthaß im Selbstversuch
Die neue deutsche Rassenlehre unterscheidet zwischen guten Menschen und Deutschen

Die Deutschen sind fremdenfeindlich. In Deutschland schlägt Ausländern Haß entgegen. Deutsche Polizisten machen Jagd auf Ausländer. Deutsche Beamte drangsalieren Ausländer. Die Wirtschaft des Standortes D beutet Ausländer aus.
Wer das sagt? Wo das steht? Man kann es täglich in der Zeitung lesen. Und was die Zeitungen berichten, das steht auch im Schulbuch. Denn Schulbücher zitieren nun einmal gerne aus Zeitungen (daß die Herausgeber dabei vielfach Titel des linken Spektrums bevorzugen, überrascht nicht). Und so gerät das wohlmeinende, politisch korrekte Bild einmal mehr zum Zerrbild, werden die Rollen von Tätern und Opfern nach bewährtem Spielplan besetzt. Warum dann ausgerechnet dieses Land – mit einem Anteil von Ausländern, der weltweit seinesgleichen sucht – nach wie vor bevorzugtes Ziel der Armutsflüchtlinge aus aller Welt ist, warum von denen, die nach Deutschland kamen, nur die wenigsten das Land irgendwann wieder einmal verlassen möchten, diese Fragen werden nicht gestellt. Dabei lägen sie nahe, wären die Verhältnisse wirklich so fremdenfeindlich wie dargestellt.
Unleugbar gibt es in Deutschland Fremdenfeindlichkeit. Die beschämenden Fälle, in denen Ausländer Opfer eines Fremdenhasses wurden, haben sich gerade in den vergangenen Jahren gehäuft. Rostock, Mölln, Hoyerswerda, Solingen müssen beim Namen genannt werden. Ein verantwortungsbewußter Sozialkundeunterricht darf diese Ereignisse nicht ausklammern. Doch darf darum von den Auswüchsen auf die Allgemeinheit geschlossen werden? Das allerdings geschieht in Schulbüchern unablässig. Statt Nachdenklichkeit anzuregen, werden Schuldgefühle geweckt. Der Fremde wird zum Opfer gemacht – zum Opfer der Gesellschaft, des Staates. Und die Staatsdiener, sie werden zu Tätern geschrieben.

Die Fakten sprechen eine andere Sprache. Sie sind allgemein bekannt und werden offensichtlich dennoch nicht zur Kenntnis genommen bei vielen, die sich Aufklärung und Erziehung zur Aufgabe gemacht haben. Keine der westlichen Industrienationen hat einen größeren Anteil an Ausländern an der Wohnbevölkerung als Deutschland. Seit 1961 stieg die Zahl der hierzulande lebenden Ausländer von 686 160 auf gegenwärtig 7 314 000. Damit haben nahezu acht Prozent der in Deutschland lebenden Menschen die Staatsbürgerschaft eines anderen Staates. Zum Vergleich: In Frankreich sind es 6,5, in England 3,5 Prozent.
Nach der Lehre der Schulbücher ist »die Bundesrepublik Deutschland für die angeworbenen Arbeitskräfte der sechziger und siebziger Jahre ein Einwanderungsland geworden«[1], oder es wird mit unüberhörbarem Bedauern bemerkt:

> »Bei uns stellt sich vor allem wegen der ›Gastarbeiter‹ die Frage nach einer doppelten Staatsbürgerschaft, um die Rückkehr in das Heimatland offen zu halten. Der Grundsatz der offiziellen Regierungspolitik lautet aber immer noch: Deutschland ist kein Einwanderungsland.«[2]

Was nicht ist, kann ja noch werden – arbeiten wir daran! Denn wenn Deutschland auch noch nicht offiziell Einwanderungsland ist, nimmt es doch allemal mehr Zuwanderer auf als die großen Einwanderungsländer. In den Vereinigten Staaten waren es in den achtziger Jahren 245 Personen pro 100 000 Einwohner und Jahr, in Kanada 479, in Australien 694. In der Bundesrepublik hingegen waren es im gleichen Zeitraum pro 100 000 Einwohner und Jahr 1022 Zuwanderer. Und nach der Öffnung der Grenzen nach Osten stieg diese Zahl noch einmal an auf 1566 Zuwanderer je 100 000 Einwohner.

Eine wohlmeinende Asylrechnung

Die Fakten und die Behauptungen passen nicht zusammen. Doch wer sich vorzugsweise an die Behauptungen hält, der läßt sich sein Meinungsbild durch keinerlei Fakten beeinträchtigen. Das gleiche verquere Bild bietet sich, wenn in der Auseinandersetzung um das Asylrecht Fakten und Meinungen aufeinanderprallen. Die Hälfte aller 1996 in Westeuropa gestellten Asylanträge mußte in Deutschland entschieden werden. Denn schließlich, so erfahren Schüler aus ihrem Lehrbuch, »hat ... die große Menge aller Flüchtlinge ein Recht, in die Bundesrepublik zu kommen«.[3] Zur Begründung wird nachstehende Rechnung unter der Überschrift »Asyl-Mißbrauch?« aufgemacht:

> »Richtig ist, daß durchschnittlich nur etwa 5 bis 10 Prozent der asylbegehrenden Flüchtlinge schon in der ersten Instanz, das heißt vom Bundesamt für die Anerkennung ausländischer Flüchtlinge, anerkannt werden. Diese Zahl verdoppelt sich durch Gerichtsentscheidungen, die in 5 bis 10 Prozent der Fälle Ablehnungen des Bundesamtes aufheben und eine Anerkennung aussprechen. Weitere etwa 20 Prozent der Asylsuchenden erhalten ein Bleiberecht, weil sie ›aus begründeter Furcht vor Verfolgung‹ ihre Heimat verlassen haben und nach der Genfer Flüchtlingskonvention von 1951, der die Bundesrepublik gesetzlich bindend beigetreten ist, hier aufgenommen werden müssen. Hinzu kommen all die Flüchtlinge, die vor lebensbedrohlichen Situationen – zum Beispiel Kriegen oder Bürgerkriegen wie im ehemaligen Jugoslawien – fliehen. Sie erhalten kein politisches Asyl, dürfen aber aus humanitären Gründen nicht abgeschoben werden.«

Wer wollte da noch von Asylmißbrauch sprechen? Zwar kommt auch bei außerordentlich großzügiger Auslegung die Zahl der anerkannten Asylbewerber nicht über zwanzig Prozent hinaus, aber auch so läßt sich daraus ableiten, die große Mehrheit habe ein Recht in die Bundesrepublik zu kommen.

Wort auf dem Index

Das Thema ist überzogen von politisch korrekten Stolperdrähten. Wer gegen den Tugendkanon der Political Correctness nicht verstoßen will, hütet sich vor nicht konformen Ansichten oder falscher Wortwahl. Gute Menschen sprechen nicht von »Asylanten«, das gehört sich nicht. Denn das ist »ein diskriminierender Begriff«.

»Sprachforscher und Flüchtlingsexperten sind sich einig, daß das Wort ›Asylant‹ ein Begriff mit üblem Beiklang ist und etwas Abwertendes hat. Wie die Worte ›Simulant‹, ›Intrigant‹ oder ›Querulant‹ ist ›Asylant‹ negativ besetzt, besonders wenn es dann noch mit anderen Worten kombiniert wird, die mit Bedrohung und Gefahr in Verbindung gebracht werden, zum Beispiel ›Asylantenfluten‹ und ›Asylantenansturm‹. Erst seit Ende der siebziger Jahre wird das Wort in der politischen Diskussion und den Medien häufig benutzt und seitdem auch im Duden mit der Erklärung ›Bewerber um Asylrecht‹ aufgeführt. Um schon vorhandene Vorurteile nicht weiter zu fördern, sollten andere Worte wie ›Flüchtling‹ oder ›Asylbewerber‹ benutzt werden.«[4]

Noch ein Wort mehr auf dem Index. Noch eine Vokabel jenseits allen Wohlverhaltens. War denn das Wort »Asylant« von Haus aus schlecht? Oder wurde es erst dazu gemacht, weil politisch Verfolgte, Wirtschaftsflüchtlinge und Strolche sich des gleichen Asylrechts bedienen, und weil es als unanständig gilt, notwendige Unterscheidungen zu machen?

Wie alles begann

»Mitte der fünfziger Jahre setzte in der westdeutschen Bundesrepublik ein enormer wirtschaftlicher Aufschwung ein. Um dieses ›Wirtschaftswunder‹ weiter aufblühen zu lassen, reichten die deutschen Arbeitskräfte nicht aus; Arbeitnehmer aus dem Ausland wurden notwendig.
Mit dem Abschluß eines deutsch-italienischen Anwerbeabkommens im Jahr 1955 begann die Anwerbung von ausländischen Arbeitnehmern. Dem Anwerbe-

abkommen mit Italien folgten entsprechende Verträge mit Spanien und Griechenland (1960), mit der Türkei (1961), Marokko (1963), Portugal (1964), Tunesien (1965) und Jugoslawien (1968). Kommissionen der Bundesanstalt für Arbeit zogen in Anatolien, Kalabrien und Kroatien durch Städte und Dörfer, um vor allem junge Frauen und Männer anzuwerben. Wer nach einer medizinischen Untersuchung für tauglich befunden wurde, erhielt vom künftigen Arbeitgeber einen einjährigen Arbeitsvertrag, die Garantie des tariflichen Mindestlohns und das Anrecht auf eine Schlafstelle.«[5]

So war das damals, als das Wirtschaftswunder seine Malocher in den ärmsten Winkeln des Kontinents rekrutierte, als die Werber junge Frauen und Burschen aushoben, aus ihren Dörfern lockten, die sich für ein Butterbrot und Ei verdingen mußten, die Drecksarbeit zu machen, für die sich die Deutschen damals schon wieder zu fein waren. Das ist die Botschaft des Schulbuches, das ist der Blickwinkel, aus dem Wirtschafts- und Sozialgeschichte beschrieben werden. Die Zeiten änderten sich, aber daran ändert sich laut Schulbuch nichts:

»Auch heute noch übt der größte Teil der ausländischen Arbeitnehmer Tätigkeiten aus, die als schmutzig, gefährlich und schlecht bezahlt gelten. Nicht selten haben dadurch Ausländer es ihren deutschen Arbeitskollegen ermöglicht, in angenehmere und besser bezahlte Jobs aufzurücken.«[6]

»Irgendwie habe ich das Gefühl, daß wir die Fortsetzung unserer Alten sind«, klagt im Schulbuch ein hierzulande geborener Italiener. »Sie kamen her und arbeiteten wie die Tiere, sie akzeptierten die Drecksarbeiten und den geringen Lohn, sie paßten sich an und waren Menschen, auf die die anderen heruntersehen konnten. Nun sind sie fast verbraucht, und wir warten darauf, bis wir ihren Platz einnehmen können. Mir wird grauslig bei dem Gedanken, so wie mein Alter zu werden.«[7]

Der Ausländer als willige, billige Arbeitskraft, ausgenutzt und ungeliebt – das Bild scheint resistent gegen jede Art von Korrektur zu sein. Nach dieser Schablone werden sogar jene »ausländischen Mitbürger« gezeichnet, die aus einem jener europäischen Nachbarländer kamen, mit denen Deutschland eine einheitliche Währung namens Euro hat.

Nur wirtschaftlich interessant?

> »Akkulturierende Begegnungen finden für ausländische Arbeitskräfte in erster Linie am Arbeitsplatz statt. Es verwundert daher nicht, daß die hilfreichsten und klarsten Analysen über die Situation am Arbeitsplatz von seiten der deutschen Industrie publiziert wurden, weil sie ein verständliches Interesse daran hat, die meist von ihr angeworbenen Arbeitskräfte möglichst konfliktfrei in den Produktionsprozeß zu integrieren.«[8]

Damit ist das wahre Interesse am »ausländischen Mitbürger« belegt: Integration heißt: möglichst konfliktfreie Integration in den Arbeitsprozeß. Ansonsten hat das Wort »Integration« wenig Aussicht auf Übernahme ins Schulbuch. Die Autoren der Unterrichtsmaterialien »Wenn ein Fremdling bei euch wohnt« bevorzugen den wenig gebräuchlichen Begriff »Akkulturation«.

Der Sinn der Wortschöpfung wird so erklärt:

> »Unter Akkulturation verstehen wir die schrittweise, weitgehend selbstbestimmte Annäherung von Zuwanderern und Zuwanderergruppen an die Kultur der aufnehmenden Gesellschaft unter Beibehaltung oder Weiterentwicklung von Elementen der alten Kultur. Akkulturation umfaßt die aus der alten Kultur mitgebrachten Wertvorstellungen und Verhaltensnormen, die Bereitschaft der Migranten zur Veränderung sowie die Lebenswelt und die Anreize oder Hemmnisse, die die neue Gesellschaft bietet. Wanderer haben in der Ausgangskultur eine erste Sozialisation erfahren und

machen in der neuen Kultur eine zweite Sozialisation durch, in deren Verlauf sich ihre eigene Persönlichkeit durch den Erwerb neuer Rollen und Internalisierung neuer Normen verändert. Der Erfolg und das Tempo der Akkulturation hängen entscheidend davon ab, daß einerseits möglichst wenig Druck ausgeübt wird, andererseits Möglichkeiten zur Mitarbeit in der neuen Gesellschaft geboten werden.«[9]

Soweit die gespreizte Definition. Gebräuchlicher ist die Bezeichnung »Multikulti« für die gleiche idealisierte Sicht. Das falsche Bild von der fröhlichen Nachbarschaft der Kulturen kommt mit einem neuen Begriff daher:

»Eine besondere Rolle im Akkulturationsprozeß von Zuwanderern spielte und spielt das ethnische Viertel. Hier sind Traditionen und Einrichtungen der ethnischen Kultur lebendig, trifft der Zuwanderer auf Alt-Bekanntes, findet Rückhalt und kann sich von hier aus schrittweise in der neuen Kultur orientieren. Das ethnische Viertel fungiert als eine Art ›Kulturschleuse‹.[10]

Erweiterung des Deutschseins

Irgendwie hat das allem Augenschein nach mit der »Kulturschleuse« nicht ganz so geklappt, wenn heute bei einer Umfrage unter jugendlichen Türken zwischen fünfzehn und einundzwanzig Jahren siebenundfünfzig Prozent der Aussage zustimmen:

»Das Türkentum ist unser Körper, unsere Seele ist der Islam. Ein seelenloser Körper ist ein Leichnam«, wenn 41 Prozent angeben, sie seien bereit, als militante Muslime gegen »Ungläubige« körperliche Gewalt anzuwenden.[11]

Inzwischen wächst in einigen Ghettos die dritte Generation »ausländischer Mitbürger« heran, und statt Annäherung ist zunehmender Abstand zu beobachten. Vor dieser Tatsache können auch wohlmeinende Schulbuchherausgeber bei ihrer Materialsammlung nicht gänzlich die Augen verschließen. In der Summe aller Aussagen aber überwiegt der Wunsch nach der Multikulti-Gesellschaft, in der in Bälde zusammenfindet, was sich heute noch fremd ist.

»Es kommt nicht darauf an, daß der Fremde als Deutscher integriert wird, sondern als Fremder. Es kommt auf eine Erweiterung des Begriffs vom Deutschsein an«,

zitiert die Unterrichtsschrift »Was heißt hier fremd?« einen an der TU Berlin studierenden Lebensmitteltechnologen aus Benin.[12]
Unverdrossen wird in multikulturellem Optimismus behauptet, das Fremdsein schleife sich ab, wenn die Kinder oder Enkel nur ausreichend Deutsch sprächen. Wer die Sprachbarriere überwunden habe, finde Arbeit, wer bei der Arbeit mit deutschen Kolleginnen und Kollegen zusammensei, lerne noch besser Deutsch. So einfach und zwangsläufig sei das. Aber was so schön zusammengedacht wird, will in der Realität nicht passen. Berlin-Kreuzberg, gelegentlich als eine der größten türkischen Städte bezeichnet, liefert den bedenklichen Nachweis, daß die Entwicklung den umgekehrten Weg geht. Türken zogen in das Viertel, die deutschen Bewohner zogen fort, der Prozeß beschleunigte sich, je mehr Türken kamen. Und der Zustrom der Türken nahm um so rascher zu, je mehr Deutsche das Viertel verließen. Was in den Wohnquartieren passierte, spiegelte sich in den Schulen. Die deutschen Kinder wurden zur Minderheit in den Klassen, inzwischen fehlen sie teilweise vollkommen. Bessere Integration durch bessere Deutschkenntnisse? Viele der türkischen Kinder beherrschen die Sprache ihrer Eltern nicht mehr richtig, und sie beherrschen die Sprache des Landes nicht, in dem sie aufwachsen. Arbeit durch bessere Deutschkenntnisse? Auch diese Gleichung geht nicht auf. Berlin hat eine Arbeitslosenquote von fast neunzehn Prozent, unter den Ausländern beträgt sie fast fünfunddreißig Prozent. Was sich in Kreuzberg fokussiert, ist auch in anderen großen Städten

Realität – in Stadtquartieren, in geschlossenen Straßenzügen. Alltäglich ist das Anwachsen der Probleme zu beobachten – in Büchern zur Sozialkunde aber wird das gutmenschliche Mäntelchen darüber gebreitet. Da passen die Fakten nicht ins Bild. Beispielsweise die Tatsache, daß von den in Deutschland lebenden Türken 1973 noch einundneunzig Prozent einer sozialversicherungspflichtigen Tätigkeit nachgingen, zwanzig Jahre später waren es lediglich neunundzwanzig Prozent. Gerade in jenen Bereichen, in denen Türken traditionell in Deutschland arbeiten, wurden massiv Arbeitsplätze abgebaut. Hinzu kommt, daß türkische Arbeiter in zunehmendem Maße ihre Familie nachholten. Gerade unter jugendlichen Türken sehen Fachleute denn auch eines der größten sozialen Probleme heranwachsen.

> »Wo sich ethnische Absonderung mit sozialem Abstieg verbindet, treten zu den Wirkungskreisen des Ghettos neue, aggressivere Züge hinzu: die sich selbst verstärkenden Mechanismen des Vorurteils und der Opfermentalität. Wenn ein junger Türke im Ghetto aufgewachsen ist, wird er Arbeitslosigkeit nicht sich selbst zuschreiben, sondern ›den Deutschen‹ und ihrem ›Rassismus‹. Mißtrauisch und gereizt, wird er es erst recht schwer haben, eine Stelle zu finden«[13],

schrieb Konrad Schuller in der »Frankfurter Allgemeine Zeitung«.
Schuldzuweisungen solcher Art gehen nicht allein auf das Konto der betroffenen Ausländer. »Inländische Mitbürger« soufflieren ihnen die passenden Texte. Der täglich zelebrierte Betroffenheitsritus liefert unablässig die passenden Vokabeln.

Die Schuldigen schnell gefunden

Und wenn sich der angesammelte Frust ausländischer Jugendlicher in Gewalt entlädt, dann müssen Gutmenschen nicht lange nach Ursache und Schuld fahnden.

Die Deutschen sind (reichlich) an allem schuld. Wer wollte bestreiten, was doch schon von Kindesbeinen an gelehrt wird?
Deutsche überziehen die hier lebenden Ausländer mit ihrem Haß, verfolgen sie, machen aus ihnen Gehetzte, Deutsche berauben die Heimatländer der Fremden, beuten sie aus und schaffen so die Flüchtlinge, die sie bei ihrer Ankunft mit ihrem Haß verfolgen. So wird in Schulbüchern eine endlose Kette von Ursache und Wirkung aufgebaut, die nur einen Schuldigen kennt: den Deutschen.
In der Broschüre »Was heißt hier fremd?« wird ein Plakat abgebildet, das 1992 von der Ausländerbeauftragten des Senats Berlin herausgegeben wurde. Es zeigt einen auf dem Rücken liegenden Skinhead, neben ihm eine Spraydose, mit der er auf eine Hauswand »Ausländer raus« gesprüht hat. Ganz fertig geworden ist er damit allerdings nicht. Jemand hat ihn erwischt und niedergeschlagen. Kleine Hinweistafeln neben der Figur geben Auskunft über deren multikulturelles Outfit:

> »Schuhe: ›Doc Martens‹ made in England; Schnürsenkel: weiss, made in Poland; Socken: made in Singapore; Blue Jeans: made in Canada; T-Shirt: ›Deutschland über alles‹ made in Philipines; Bomberjacke: made in Taiwan; Basballschläger: made in Südkorea; Blaues Auge: made by Ylmüz Üstümbül, Neukölln.«

Recht ist ihm geschehen, dem Skinhead, signalisiert die Zeichnung. Und da Bilder bekanntlich besser im Gedächtnis haftenbleiben als tausend Worte, wird diese Botschaft ihre dauerhafte Wirkung nicht verfehlen. Vom ernsten Hintergrund der zunehmenden Gewalttätigkeit ausländischer Jugendlicher findet sich kein Wort.
Nicht Integration, sondern Desintegration ist in wachsendem Maße zu beobachten. Nach Ansicht von Wissenschaftlern und Sozialarbeitern tickt in deutschen Städten eine Zeitbombe, vor allem unter den sechshunderttausend jugendlichen Türken der zweiten und dritten Gastarbeitergeneration und den fünfhunderttausend Jugendlichen, die aus

der ehemaligen Sowjetunion kamen. Bandenkriege und gewalttätige Auseinandersetzungen zwischen Streetgangs gehören für die Polizei vielfach schon zum Alltag.
»Der Spiegel« beklagte 1997 in einer Titelgeschichte »Das Scheitern der multikulturellen Gesellschaft«. Darin stellte er fest:

> »Fehlenden sozialen Erfolg ersetzen die Jungs in den Türkenbanden, ebenso wie ihre Kontrahenten, durch Kriminalität. ›Ihr sagt zu uns Scheißtürken, dann machen wir jetzt auch Scheiße«, verkündet Hayrettin, Ex-Mitglied der ›Turkish Power Boys‹ in Frankfurt. Wer den Schutz der Gruppe sucht, die allein eine halbwegs sichere Identität garantiert, muß ständig zu Gewalt bereit sein.«

Und dann listet »Der Spiegel« aus jüngster Vergangenheit auf:

> »Die entsprechenden Taten machen immer wieder Schlagzeilen:
> - Am 20. März stach der 16jährige Hüseyin D. zwei Libanesen nieder und verletzte einen von ihnen tödlich. Grund: Einer der Libanesen hatte die deutsche Freundin des Türken angeblich aufdringlich angestarrt.
> - Im Oktober 1996 schlug ein 20jähriger Türke in einem Park in Berlin-Kreuzberg einen deutschen Jogger brutal zusammen. Der Läufer hatte sich darüber beschwert, daß der Türke mit seinem Mercedes auf einem für Spaziergänger bestimmten Weg fuhr.
> - Im Oktober 1995 fiel in Berlin-Friedrichshain eine Bande türkischer Jugendlicher mit Messern und Latten über den 15jährigen Sebastian E. her. Die Täter stachen den deutschen Schüler 21mal mit Messern in Brust und Bauch. Das Opfer überlebte.
> - Im Mai 1996 überfielen 20 junge Türken und Bosnier mit dem Ruf »Wir hassen Deutsche« Besucher einer Techno-Party in München-Riem und raubten die Gäste, 15- und 16jährige Jugendliche, aus.

- Der Überfall eines 30 Mann starken türkischen Terrortrupps auf eine Fete in Berlin-Kreuzberg endete für einen jungen Thai tödlich – er wurde mit einer angespitzten Eisenstange durchbohrt. Sechs weitere Gäste erlitten schwere Verletzungen durch Messerstiche.

Weniger spektakuläre Attacken wie das ›Abziehen‹ teurer, imageträchtiger Designer- und Markenkleidungsstücke gehören für viele Jugendliche längst zum Alltag. Tim und Florian, beide 17, aus dem vornehmen Hamburger Stadtteil Othmarschen, wissen, daß ihre Garderobe (Chiemsee-Daunenwesten, Diesel-Jeans und Timberland-Stiefel, Gesamtwert um die 1000 Mark) begehrt ist. Ihr Freund Patrick wurde vor einem halben Jahr von ›vier oder fünf Türken bis auf die Unterhose ausgezogen‹. Das habe aber nicht viel zu sagen, meint Tim cool, ›es ist mehr Arm gegen Reich als Ausländisch gegen Deutsch‹.«[14]

Schlimme Folgen der Vereinigung

Ursachen und Auswirkungen werden in Schulbüchern freilich in einen anderen Zusammenhang gesetzt. So stellt beispielsweise die Schulbroschüre »Was heißt hier fremd?« Fremdenfeindlichkeit als eine Folge der Vereinigung dar. Als Kronzeuge tritt der bereits zitierte Lebensmitteltechnologe Joseph Dossou auf, der 1980 aus dem Benin nach Ostberlin zum Studium delegiert worden war. Nach seiner Selbstauskunft schloß er sein Studium 1986 ab und ist

> »dann, um Möglichkeiten der Weiterqualifizierung zu suchen, nach Westberlin gegangen. Ich wollte promovieren, was nicht einfach war. Ich mußte erst nach Hause zurückkehren und habe von dort aus versucht, mir diesen Wunsch zu erfüllen. Anfang 1988 bin ich nach Westberlin zurückgekehrt, um an der TU Berlin zu promovieren.«

Nehmen wir diese Darstellung mit all ihren Fragezeichen einfach einmal kommentarlos hin. Sie steht schließlich so im Schulbuch, und Kinder erkennen die Fragezeichen noch nicht. Aber zweifelsfrei war Dossou ein Privilegierter. Ein Wanderer zwischen den Welten zudem. Ebenso zweifelsfrei scheint er ein geeigneter Gesprächspartner zu sein, wenn es um die Frage geht:

> »Wie hat sich für dich persönlich die Lebenssituation seit der deutschen Vereinigung verändert, und wie hast du die Zeit der Vereinigung hier in Berlin erlebt?«

Für die Autoren der zitierten Unterrichtsbroschüre ist das eine zentrale Frage, die sich durch das gesamte Werk zieht. Berechtigt ist sie in jedem Fall, es kommt aber entscheidend darauf an, in welcher Absicht sie gestellt wird und wie die dazu passenden Antworten ausgewählt werden. Die Antwort Dossous paßte, bestätigt sie doch, welche fatalen Entwicklungen erst mit der Vereinigung ihren Lauf nahmen, wie das Land unmenschlich wurde:

> »Ich möchte die Situation nicht so sehr auf mich persönlich beziehen, denn sie betrifft alle Ausländer. Ich habe das als ein Geschehen erlebt, das bestimmte Bevölkerungsgruppen am Rande gelassen hat, bei dem viele Menschen nicht berücksichtigt wurden. Ich war nicht besonders gefragt, viele Ausländer waren als Mitmenschen nicht gefragt. Deswegen empfinde ich mich eher als ein Störfaktor, spüre den Versuch, uns abzustoßen. Konkret gibt es äußerliche Veränderungen, das heißt, wir sehen die Mauer nicht mehr, aber sie existiert jetzt im Herzen der Menschen. Das ist das Schlimmste, was ich persönlich gespürt habe, diese Verlagerung der Mauer. Sie hat sich von ihrem ursprünglichen Standort in die Herzen der Menschen verlagert.
> Die Leute im Westen sind heute bestätigt in ihrer ursprünglichen Anmaßung. Die Arroganz, die die Leute schon vorher hatten, wurde durch diesen Prozeß, der normalerweise zu einem guten Ziel hätte führen kön-

nen, bestätigt. Die Menschen stellen sich so dar, als seien sie der Richtwert, an dem sich alle anderen Menschen orientieren müssen. Diese Haltung hat sich durch die Vereinigung verstärkt. Im Osten begegnet man Menschen, die ständig auf der Suche nach einer scheinbaren Identität sind, also einer Scheinidentität. Sie haben ihre eigene Identität aufgegeben, um einer anderen nachzueilen, die überhaupt nicht existiert, oder nur als Wunschtraum. Realisiert wird nur das, was ich vorhin über die Menschen aus dem Westen erwähnt habe – eine sture, menschenunwürdige Haltung. Dazwischen entsteht ein Raum, der gefüllt ist mit Haß, der – wie wir es heute erleben – ein pogromreifer Raum ist. 1986 war so eine Situation wie heute in der DDR unvorstellbar. Daß man zum Beispiel einen Ausländer auf der Straße verprügelt, wäre undenkbar gewesen. Auch offener Haß wurde kaum gezeigt. Das heißt nicht, daß die Menschen die Ausländer nicht haßten, daß es keine Ausländerfeindlichkeit gab. Es gab sie, aber die Situation war handhabbar. Außerdem gab es einen Rahmen, in dem solche Probleme, selbst wenn sie keine Lösung fanden, angesprochen werden konnten. Wenn ich mich von einem deutschen Mitmenschen beleidigt fühlte, konnte ich zu einem Vorgesetzten an der Uni gehen und mich beschweren. Als ich in den Westen kam, merkte ich, daß man hier immer versuchte, nicht so genau hinzusehen und extra nicht wahrzunehmen, daß Ausländer gehaßt werden beziehungsweise nicht gleichberechtigt sind. Ich denke, auf beiden Seiten Deutschlands gab es vorher Ausländerfeindlichkeit, aber wie wir das heute erleben, so war es vorher nicht.

... Auch wenn immer wieder behauptet wird, Deutschland sei kein Einwanderungsland, wird man nicht verhindern können, daß die Menschen hierher kommen. Durch die Wirtschaftspolitik, die man hier betreibt, vertreibt man sie aus ihrem Zuhause. Ein Beispiel: Die besten Waffen, die dazu benutzt werden, die Menschen in ihren Herkunftsländern zu unterdrücken, die kommen aus Deutschland. Wenn die Menschen einerseits von Diktaturen in ihren Heimatländern bedroht werden, die von hier unterstützt und aufrechterhalten werden, und andererseits in ihren eigenen Heimatländern verhungern, weil die Wirtschaftspolitik, die ebendiesen Ländern aufgezwungen wird, ihnen alle Möglichkeiten zum Überleben raubt, dann kann man ihnen nicht vorwerfen, wenn sie ihren Weg hierher suchen. Zusammengefaßt: Von hier aus, aus Deutschland, wird manipuliert und gesteuert, aber über die Folgen empört man sich.«[15]

An Übergriffe gewöhnt

Was bleibt in einem solchen Land den hier ebenfalls Verfolgten anderes übrig, als »Überlebensstrategien zwischen Verstecken und Protestieren«[16] zu suchen? So lautet die Überschrift zu dem Bericht über einen in der Berliner S-Bahn von zwölf Jugendlichen überfallenen Sudanesen. Sie haben ihn geschlagen und aus dem Zug geworfen. Es war eines dieser widerwärtigen Attacken, getrieben von stumpfsinniger Dummheit, einer dieser primitiven Ausbrüche, für die es allenfalls notdürftige Erklärungen gibt, keinesfalls aber eine Entschuldigung. Die wäre nicht zulässig.
Daraus eine allgemeine Beschuldigung abzuleiten, ist allerdings ebensowenig zulässig. Dennoch geschieht es:

> »Nelson und Katrin – er Sudanese, sie Deutsche – sind im Juli 1989 von Freiburg weggezogen. In Westberlin leben sagenhaft viele Ausländer, und das Andersaussehen ist hier normaler als anderswo. Was wohl bis zur Maueröffnung auch stimmte. Bis dahin haben sie Nelsons Landsleute in Ostberlin besucht, wann immer sie Lust hatten. Doch seit dem Mauerfall gehen auch diese im Osten abends nicht mehr aus. Bei Besuchen im Westteil der Stadt bleiben sie über Nacht, wenn es spä-

ter als sechs Uhr wird. Seit jenem Samstagabend fährt Nelson überhaupt nicht mehr nach Ostberlin und benutzt abends nicht mehr die S-Bahn ... ›Man muß‹, sagt Katrin, ›den Rassismus zu einem politischen Skandal machen.‹ Das ist schwierig in einer Stadt, deren weiße Mehrheit sich an die Zeitungsmeldungen über rassistische Angriffe genauso gewöhnt hat wie an die Radiodurchsagen über Verkehrsstaus.«[17]

Seh'n Se, dat is Berlin. Eine Stadt, die sich an Meldungen über rassistische Übergriffe genauso gewöhnt hat wie an Radiodurchsagen über Verkehrsstaus. Alles ganz normal, das regt doch niemanden mehr auf. Und was für Berlin gilt, gilt für das ganze Land. Überall sind Ausländer die Opfer, und niemand kommt ihnen zu Hilfe. »Der gefürchtete ›häßliche Deutsche‹ zeigt offen sein Gesicht und schämt sich nicht einmal«, wurde Artur Süsskind, Mitglied der »Demokratischen Liste« in der Repräsentantenversammlung der Jüdischen Gemeinde Berlin in »die tageszeitung« (taz) zitiert, und von dort aus fand das Zitat Aufnahme ins Schulbuch »Wenn ein Fremdling bei euch wohnt ...«. Süsskind hatte mit diesem Satz den gewaltsamen Ausbruch gegen Fremde in Hoyerswerda kommentiert. Die taz lieferte auch die Beschreibung der Ausschreitungen in Hoyerswerda für das gleiche Schulbuch. Das liest sich so:

»Freitag abend, 20. September:
Von weitem hallen Schlachtrufe durch die Stadt: Hinter dem Marktplatz haben sich etwa 50 Skinheads und Rechtsradikale zusammengerottet. Mit Bierdosen und Schlagstöcken in der Hand schreien sie ›Ausländer raus!‹, ›Ihr Niggerschweine, verpißt euch!‹ Die Parolen gelten den Bewohnern des Wohnkomplexes (WK) 5c in der Albert-Schweitzer-Straße. Die dort seit Jahren lebenden Mosambikaner und Vietnamesen haben ihre Zimmer abgedunkelt. Polizisten bilden mit ihren Schäferhunden einen Kordon. Erst gestern nacht haben Neo-Nazis Steine, Flaschen, Stahlkugeln und Brandbomben in die Fenster geschleudert. Die Attackierten

ihrerseits warfen Flaschen zurück. Keiner in der Stadt versucht, die rassistischen Krawalle zu verhindern, fast alle schauen stillschweigend zu – oder weg. Drei Mannschaftswagen passieren die grölenden Skins, plötzlich zerknallen Flaschen auf den Autos. Die Polizisten jagen den Rechtsradikalen hinterher, doch die sind diesmal schneller. Schaulustige, darunter viele Jugendliche, aber auch Erwachsene, freuen sich über die Machtlosigkeit der Polizisten, die schon zu SED-Zeiten Haßobjekt waren. Ein 16jähriges Mädchen sagt: ›Die haben vor der Wende auf uns draufgeschlagen, und jetzt wieder. Die schützen die Neger, uns verhauen sie.‹ Unvermittelt explodieren Leuchtraketen und Böller. Die Gerüchteküche vermeldet, die marodierenden Skins greifen jetzt das Asylbewerberheim in der Thomas-Müntzer-Straße am anderen Ende der Stadt an. Die Schaulustigen und die Gewaltbereiten fahren in ihren Golfs und Mazdas sofort hin.«[18]

Der Kommentar zu diesem Bild vom Land in Aufruhr wird sogleich nachgeschoben, der entfesselte Mob in eine Reihe mit den Bürgern gestellt:

»Was (an Hoyerswerda) erschreckt, sind folgende Fakten: Ein randalierender Mob wird von der hilflosen, die Situation verkennenden Polizei nicht behindert, sondern durch Sympathiebekundungen einer großen Zahl von Bewohnern unterstützt. Diese Demonstration von Fremdenhaß war bisher in der Öffentlichkeit in Deutschland nach 1945 unbekannt. Der gefürchtete ›häßliche Deutsche‹ zeigt offen sein Gesicht und schämt sich nicht einmal. (…)
Gibt es eine Bedrohung der jungen deutschen Demokratie von Ereignissen wie Hoyerswerda? Nicht von steinewerfenden, brandsatzlegenden Kriminellen. Die Gefahr entsteht aus der Allianz der Unzufriedenen, der fremdenfeindlichen Sympathisanten und dem kriminellen Mob. Wird diese Gruppe parteipolitisch kanalisiert, findet sie eine starke Vertretung, haben wir nach

den nächsten Wahlen einen faschistischen Block in jedem Parlament. Von dieser Gruppierung und ihrer parlamentarischen Plattform geht Gefahr aus.«[19]

Leben wir in einem Polizeistaat?

Die Polizei Arm in Arm mit rechtsradikalen Glatzen, die unselige Allianz zwischen »fremdenfeindlichen Sympathisanten und dem kriminellen Mob« – das wird nicht als Einzelmeinung oder vereinzelte Ansicht dargestellt. Gelegentlich gibt eine Frage mehr Auskunft als eine Antwort. In einem im Schulbuch »Extremismus, Radikalismus, Demagogie von rechts« wiedergegebenen Interview der »Deutschen Lehrerzeitung« (DLZ) mit dem Psychologen Professor Reiner Werner finden sich nachstehende Frage und Antwort:

> »DLZ: Professor Werner, Sie vertreten die Auffassung, daß vor allem ein soziales Management Ausländerfeindlichkeit und Gewalt eindämmen kann. Machen Sie damit eine Antithese zum Polizeistaat, zur Polizeigewalt auf?
> Reiner Werner: Gewissermaßen, weil Polizei und Justiz nicht der einzige Weg sind und sein können, um langfristig rechtsextremen Entwicklungen entgegenzuwirken. Es ist die soziokulturelle Landschaft, in der der einzelne entsprechend seiner Herkunft, seinen elementaren Bedürfnissen und den Möglichkeiten, die ihm geboten werden, seine Integration findet.«[20]

Polizeistaat? Von welchem Staat ist hier die Rede? Meint die Mitarbeiterin der »Deutschen Lehrerzeitung« die Bundesrepublik Deutschland? Antithese zur Polizeigewalt? Welches Bild sitzt da im Kopf der Fragestellerin? Und ihr Gesprächspartner antwortet, wie es von ihm erwartet wird: »... weil Polizei und Justiz nicht der einzige Weg sind ...« Selbstverständlich sind sie das nicht. Das ist eine Binsenweisheit. Polizei und Justiz sind nicht der einzige Weg, sondern nur noch die letzte Möglichkeit, wenn alle anderen sich als unpassierbar erwiesen. Im Schulbuch aber meint man eine Antithese zum Poli-

zeistaat entwickeln zu müssen. Die angeblichen Beweise für diese Notwendigkeit werden den Schülern auch geliefert. Beispielsweise unter der Überschrift »›Raus‹ und ›Schwein‹ – Zwei der wenigen deutschen Wörter, die wir nicht umhinkamen zu lernen«. Erzählt wird die Geschichte von Licinio Azevedo und Joao Costa, zwei mosambikanischen Fernsehjournalisten, die zu Dreharbeiten in die Ex-DDR gereist waren, um einen Film zu drehen über einige der achtzehntausend Mosambikaner, die in der DDR gearbeitet haben. So der scheinbar harmlose Einstieg in die Story. Was dann aber als Erfahrung in deutschen Landen berichtet wird, ist alles andere als harmlos. Im einstigen sozialistischen Bruderland hatte sich alles grundlegend verändert, zum Schlechten, wie sich versteht:
Die Journalisten sprachen mit Mosambikanern,

> »die sich gegen die extrem veränderte Situation auflehnten«, die »in den Braunkohlebergwerken gearbeitet (hatten), jetzt sind sie Müllmänner oder Gärtner, oder sie sind innerhalb der Betriebe heruntergequalifiziert worden. Die meisten haben eine technische Ausbildung, verrichten jetzt aber eine Arbeit, die mit ihrer Ausbildung überhaupt nichts mehr zu tun hat. ... Dazu kommt, daß die Atmosphäre in den Betrieben äußerst gespannt, die Beziehung zwischen ihren deutschen Vorgesetzten und ihnen mehr als schwierig ist. Die Mosambikaner sind allen möglichen Schikanen ausgesetzt, das geht fast bis zur körperlichen Aggression.«

Am eigenen Leibe machte das Fernsehteam seine Selbsterfahrung:

> »Da wir ein ›gemischtes‹ mosambikanisches Fernsehteam sind, ein vietnamesisch aussehender Kameramann, ein Tontechniker schwarzer Hautfarbe, ein Produzent, dessen Großeltern aus Kuba sind, und ein weißer Mosambikaner als Regisseur, außerdem ein schwarzer Brasilianer als Übersetzer, fanden wir uns selbst mehrmals in bedrohlichen Situationen wieder. Zum Teil hatten wir solche Situationen selbst gesucht, zum Beispiel mit

Skinheads und Neonazis. Aber auch auf der Straße oder im Restaurant erlebten wir vielfältige Aggressionen, denen die Mosambikaner tagtäglich ausgesetzt sind, am eigenen Leib. So wurden uns oft, als wir zu Fuß in den Straßen Leipzigs oder Dresdens unterwegs waren, ›Schweine‹ und andere Schimpfwörter, die wir nicht verstanden haben, hinterhergerufen. ... Einmal sind wir beim Wenden mit dem Auto ein Stückchen in eine Hofeinfahrt hineingefahren, da kam eine Frau angerannt, die immer wieder ganz hysterisch ›raus, raus, raus‹ gebrüllt hat. Sie sah schon vier, fünf Schwarze in ihr Haus einbrechen. ›Raus‹ und ›Schwein‹ sind zwei der wenigen deutschen Wörter, die wir nicht umhinkamen zu lernen.«

Doch so schlimm das alles ist, es war nur Vorgeplänkel, nahezu harmlos im Vergleich zu dem, was dann geschah, als deutsche Uniformträger in die Szene kamen:

»Die prekärste Situation erlebten wir auf dem Bahnhof von Dresden. Wir wollten dort die Gewalt von Skins und Neonazis gegen Vietnamesen, die auf dem Bahnhof alle möglichen Dinge verkaufen, filmen. Wir waren nur zu zweit, die beiden ›Hellhäutigsten‹ sozusagen, um niemanden zu provozieren und uns selbst nicht zu sehr zu gefährden. Von sehr weit weg filmten wir eine Szene, in der die Skins sich mit den Bahnpolizisten in einer ganz entspannten und freundlichen Atmosphäre auf die Schultern klopften, dieselben Skins, die gerade vorher die Vietnamesen angegriffen hatten. Als sie uns sahen, konnten wir gerade noch filmisch aufnehmen, wie sie sich von den Polizisten quasi das Einverständnis holten, uns zu attackieren. Dann kamen sie auf uns zu, eine ganze Gruppe von fast 20 Leuten ... Wir packten schnell unsere Kamera zusammen, da wir Angst bekamen. Da tauchten hinter uns plötzlich auch Polizisten auf, anscheinend der Streifendienst. Wir waren zunächst ganz erleichtert, weil wir annahmen, sie kämen zu unserem Schutz, denn wir waren ja vom Fernsehen. Sie packten uns dann aber sehr rüde am Arm, nahmen uns unsere Kameraausrüstung weg, hielten uns fest und fingen an rumzubrüllen; was wir verstehen konnten, war ›Provokateure‹ und ›No Television‹. Auf das Vorzeigen unserer offiziellen Dreherlaubnis reagierten sie zunächst gar nicht. Erst nach einer Stunde wurden wir wieder freigelassen.«[21]

So also ist das, wenn die Staatsmacht im Schulbuch auftritt, wenn sie sich als Kumpan von Skins und Neonazis zu erkennen gibt – »in einer ganz entspannten und freundlichen Atmosphäre« gemeinsame Sache mit den Skins macht und die Fremden verfolgt. Die Unterrichtsbroschüre »Was heißt hier fremd?«, aus der dieses Zitat übernommen wurde, erschien 1994. In solchen didaktisch aufbereiteten Werken schließen die einzelnen Kapitel mit Fragen an die Schüler ab, die der Vertiefung des soeben vermittelten Stoffes dienen sollen. Ganz harmlos kommen die Fragen daher:

»Stell dir vor, du bist in einem anderen Land und wirst ähnlich behandelt wie die Fernsehleute. Welche Konsequenzen würdest du ziehen?
Die deutsche Tourismusindustrie beklagt rückläufige Zahlen ausländischer Gäste. Woran könnte das liegen?«

Ja, woran wohl? Der aufmerksame Schüler wird es wissen und brav hersagen. Und wird auch keine Mühe haben zu erklären, warum dieser Staat ein Polizeistaat ist. Womit auch die oben gestellte Frage beantwortet wäre.
Wie wäre es analog zu dem Verfahren, durch Frage einen Stoff noch einmal durchzuarbeiten, mit ein paar weiteren Fragen zur vorausgegangenen Geschichte? Beispielsweise:
Das »gemischte Fernsehteam« stellte in der Ex-DDR eine negative Entwicklung fest. Woran liegt das?
Ausländer, die in der ehemaligen DDR einen qualifizierten Job hatten, müssen jetzt niedere Arbeiten verrichten. Wer ist daran schuld?
Stell dir vor, du siehst einen Polizisten – woran denkst du?
Ist doch klar: Polizeistaat!

Verfolgt von Rechten und der Polizei

Für die total Verstockten, die auch nach solchen Beispielen nicht akzeptieren wollen, daß sie in einem Polizeistaat leben, die immer noch Probleme haben, zwischen Gut und Böse zu unterscheiden, wird noch einmal nachgelegt. Und diesmal läßt schon die Überschrift keine Zweifel aufkommen. Fette Lettern verkünden:
»An diesem Tag wurden wir von zwei Gruppen verfolgt: den Rechtsradikalen und der Polizei«. Dem folgt ein »Bericht der Bürgerrechtsgruppe ›Nachbarschaftliches Cracau-Prester‹« über die Ausschreitungen am Himmelfahrtstag 1994 in Magdeburg:

»Ein zwanzigjähriger Schwarzafrikaner berichtete: › ... Als ich die Straße überquerte, war da ein Polizeimann. Der hielt mich am Hemd. Ich fragte: ›Warum?‹ Dann hat mich der Polizeimann niedergestoßen. Ich lag am Boden, und er hielt mich nieder. Ich mußte etwa fünf Minuten so liegen, dann kam ein Polizeiauto, ich mußte einsteigen und wurde zur Polizeistation gebracht, wo auch die Ausländerbehörde ist. Hier wurde ich von 16 bis 18 Uhr in eine Zelle gesperrt. Ich mußte mich völlig ausziehen und zwei Stunden warten, bis ich mich wieder anziehen durfte und mit einem Wagen in ein anderes Polizeigebäude gefahren wurde. Dort wurde ich in einen Raum gebracht, wo noch andere Asylbewerber eingesperrt waren. In einen zweiten Raum brachten die Polizisten die Nazis. Ich hatte Schmerzen von dem Fußtritt. Ich bat um einen Arzt, und ein Beamter sagte: ›Geh doch selbst zum Arzt!‹ So haben sie mich gedemütigt. Sie haben mich dabehalten, wir mußten alle in diesem Raum bleiben, ohne Decken, die ganze Nacht. Ich habe versucht, auf dem Fußboden zu schlafen. Am nächsten Morgen wurden wir um 5 Uhr entlassen.‹«

Ein zweiter Bericht wird hinzugefügt:

»Plötzlich waren wir auch von Rechtsradikalen umgeben vor den Augen der Polizei. Wir begriffen die wahre Gefahr, als wir sahen, daß die Polizei die Schwarzen verhaftete. Wir sahen auch mit eigenen Augen, wie ein Polizist uns den Mittelfinger zeigte, und wir merkten vor allem, daß die Polizei, die zwischen uns und den Rechtsradikalen stand, sie durchgehen ließ, so daß sie uns hinter der Polizeilinie angreifen konnten. Wir flohen in Richtung Grünanlagen auf den Platz, was auch falsch war, denn es sah so aus, als wären an diesem Tag alle Einwohner Magdeburgs Rechtsradikale. Wir wurden an diesem Tag von zwei Gruppen verfolgt: den Rechtsradikalen und der Polizei.«[22]

Jagdszenen aus deutschen Landen. Noch Fragen? Selbst den Herausgebern scheinen sie in diesem Fall ausgegangen zu sein. Statt der obligatorischen erzieherischen Nachfragen folgen diesem Bericht Anweisungen:

»1. Schreibt auf der Grundlage dieser Berichte einen Zeitungsartikel zu den Ereignissen am Himmelfahrtstag in Magdeburg. Berücksichtigt auch die vorherigen ausländerfeindlichen Ausschreitungen in der Bundesrepublik.
2. Versetzt euch in die Rolle von deutschen Mitgliedern der Bürgerrechtsgruppen. Was würdet ihr aufgrund dieser Berichte tun? Diskutiert einen Aktionsplan.«

Diese Aufgabenstellung verspricht eine sehr anregende Unterrichtsstunde. Gegen was oder wen richtet sich wohl ein Aktionsplan, wenn die Opfer von Rechtsradikalen und der Polizei zugleich verfolgt werden? Wenn es so aussah, als seien alle Magdeburger Rechtsradikale? Und nicht zu vergessen: die vorherigen ausländerfeindlichen Ausschreitungen in der Bundesrepublik! Lehrerinnen und Lehrer, die mit Hilfe einer solchen Broschüre ihren Unterricht beleben, werden im Zweifelsfall die passenden Tips parat haben. Aber was bleibt in den Köpfen der Jugendlichen haften, wenn die Aktion Lichterkette erschöpfend abgehandelt ist?

Täter hinter dem Schreibtisch

Nach gutmenschlichem Lehrstoff sind gewalttätige Ausschreitungen die Fortsetzung der alltäglichen Schikanen und Erniedrigungen, denen Ausländer in Deutschland ausgesetzt sind. Den Aggressionen der Straße gehen die Verfolgungen durch perfide Beamte voraus. Nach gutmenschlichem Lehrstoff sind Ausländer die Opfer schlechthin, gequält von allgegenwärtigen Schreibtischtätern. So wie in der Geschichte des Italieners Franco Biondi, die den Schülern in der Broschüre »Was heißt hier fremd?« umfänglich auf fünf Seiten erzählt wird. Es ist die Geschichte eines in Deutschland aufgewachsenen jungen Mannes, der vergeblich nach einer Lehrstelle oder nach einem Job sucht. Als er sechzehn Jahre alt ist, wird ihm eine dauerhafte Aufenthaltsgenehmigung verweigert, weil er keine Arbeit hat. Eine Arbeit findet er aber (auch deshalb) nicht, weil er nur eine auf sechs Monate befristete Aufenthaltsgenehmigung besitzt. Da frisiert er seinen Paß etwas zu seinen Gunsten um. Eine anrührende Geschichte ist das. Das Grundmuster ist spätestens seit dem »Hauptmann von Köpenick« bekannt, nur erheblich böser und direkter ist dieser neuerliche Aufguß. Die Story, hundertfach erfolgreich variiert, läßt keinen Zweifel darüber aufkommen, wo das Böse sitzt: immer und überall hinter deutschen Schreibtischen:

»Die ganzen Betriebe der Umgebung habe ich abgeklappert. Zuerst habe ich nach einer Lehrstelle gefragt, dann, als ich einsah, daß es hoffnungslos ist, habe ich einfach nach irgendeinem Job gefragt. Nichts und wieder nichts.
Auch für die Telefonate habe ich ein Vermögen ausgegeben. Und trotzdem kein Erfolg. Wie die Telefonstimme, die sagt: ›Kein Anschluß unter dieser Nummer‹, so hat sich die Antwort angehört: ›Wir nehmen keine Ausländer an, titatu.‹ Mir wurde dabei richtig bewußt: O Mensch, du bist ja ein Ausländer! Deine Alten kommen aber nicht aus dem Urwald, verdammt! Auch wenn ich schon gehört habe, daß man sie Kanaken nennt! …

Ein Jahr lang bin ich zum Arbeitsamt gelatscht. Es ist und bleibt eine Qual. Meinen Traum einer Lehrstelle haben sie mir wie mit einem Schlaghammer aus dem Kopf geschlagen. Da habe ich gesagt: Na gut, dann wenigstens eine Arbeit.

Zunächst haben sie mich, die fein angezogenen Herren hinter ihren sauberen Tischen, mit lieben Worten getröstet; doch dann, als ich auf eine Arbeit pochte, wurden sie laut und deutlich. Einer hat mir gesagt, ich solle mich endlich zum Teufel scheren. Es gebe eben keine Arbeit für mich, und ich solle gefälligst verschwinden, von ihm aus in die Heimat zurückkehren. Und als ich ihm sagte: ›Das ist meine Heimat, Mann!‹, da hat er doof geguckt und nichts mehr gesagt.

Dann hat mir ein anderer aus der älteren Generation mit roten Backen und kleinen glänzenden Augen ein Formular vor die Nase gelegt und in diplomatischem Ton gesagt: ›Füllen Sie das hier aus, junger Mann, dann können Sie nach Italien fahren. Wenn Italien nicht Ihre Heimat ist, dann können Sie sich dort schöne Tage machen, als Urlaubsarbeitsloser.‹ Ich habe mir gewünscht, ich könnte eine Knoblauchbombe bauen. Stell dir vor, wie dann die feinen Herren mit weinenden Augen und einem Tuch vor der Nase schleunigst das Büro verlassen würden! Aber was soll's: dadurch komme ich doch nicht zu einer Arbeitsstelle. Und sie werden dabei auch nicht schlauer.

Daß meine Beziehungen zur Ausländerbehörde nicht die besten sind, habe ich gemerkt, als sie den Papierkrieg gegen mich anfingen … Ein Beamter saß da an seinem Schreibtisch wie ein Bismarckdenkmal. Er hat mir einen flüchtigen Blick zugeworfen, aber in seinen Unterlagen weitergekritzelt. Nach einer Weile kam er an das Holzgeländer, das sein Büro vom Warteraum trennte, und hat einen müden Blick herausgeholt. Aus seinem Mund hat es gezischt: ›Bitte schön?‹

Ich habe ihm meine Papiere hingelegt, und schon ist mir im Magen mulmig geworden. Allein die Art, wie er sie überprüfte und wie er Fragen stellte, hat bewirkt,

daß ich mir wie ein Schwerverbrecher beim Gnadengesuch vorkam ...
Ich bin wütend geworden und habe versucht, ihm klarzumachen, warum ich noch keine Arbeit habe. Dann habe ich ihm erzählt, warum ich mich nicht als Ausländer betrachte und weshalb ich auch keine Aufenthaltserlaubnis und so'n Scheiß brauche. Er hat sich stur gestellt und angefangen, über die Ausländerbestimmungen zu faseln ...
Auf dem Papier bin ich zwar kein Deutscher, aber was soll's. Deutscher oder nicht, das ist nicht die Frage. Es geht doch darum, daß überall Sonntagsreden über Gleichberechtigung und die Beseitigung der Diskriminierung gehalten werden. Daß ich nicht lache!
Endlich habe ich was gefunden. Der Mann im Büro der Firma, klein und dürr, mit strengen Augen, der der Boß zu sein scheint, hat mich kritisch angeschaut und gefragt, wie alt ich sei. Ich habe einen Schreck bekommen, denn ich wußte, daß manche Betriebe keine Leute unter achtzehn einstellen, ich glaube, wegen der Lehre. So habe ich ihm vorgelogen, ich sei vor einigen Monaten achtzehn geworden.
Auf dem Heimweg bin ich noch zum Kaufhof gegangen, habe mir einen Tintenkiller und einen Kuli mit ähnlicher Farbe wie bei der Schrift in meinem Paß geholt und das Geburtsdatum gefälscht. Ich hab's so kriminell gemacht, daß einem die Löcher im Paß direkt in die Augen gesprungen sind ...
Die Firma bekommt Reinigungsaufträge von Betrieben und Büros, und danach wurden wir eingeteilt ... Eine Gruppe von Frauen macht die Büroräume, eine Gruppe von Mädchen, hauptsächlich Italienerinnen, die Klos und die Waschräume, meine Gruppe die Hallen. In meiner Gruppe sind alle Jugendliche in meinem Alter, darunter mehrere Italiener. Vier von uns müssen mehrmals am Tag einen großen Müllwagen durch die Abteilungen ziehen, auf dem Dreck, Kartons und Papier zu einer Rampe gebracht werden ...

Keine Abschiebung, aber ... Die sechs Monate (der erteilten Aufenthaltserlaubnis, d. A.) sind um. Seit zwei Tagen habe ich kein Auge mehr zugedrückt – so aufgeregt bin ich. Auch der Kopf brummt. Und ich habe so lange gezögert, zur Behörde zu gehen, bis ein Schreiben ins Haus flatterte. Bitte melden, steht drin. Außerdem steht drin: Wenn ich mich nicht fristgemäß melde, dann gibt's zusätzlichen Ärger. Mir wird bewußt, daß sie mich bei einem Doppeldelikt – Löcher im Paß und Nichteinhaltung der Aufenthaltsvorschriften – ausweisen können. So sehe ich keinen anderen Weg, als sofort hinzugehen.
Es war ja zu erwarten: Die Geieraugen des Aufenthaltsstempelverwalters haben sich sofort auf die Löcher gestürzt, aber statt zu fragen, wie ich dazu gekommen bin, hat er zum Telefon gegriffen und die Polizei angerufen. Und ich hab' dagestanden und geschwiegen. Ich hatte aufgegeben. Er hätte mich sowieso nicht verstanden.
Die Polizei ist sofort gekommen. Sie ist im selben Haus. Da klappt's, reibungslos. Nur mit der Aufenthaltsgenehmigung oder mit der Arbeitsvermittlung klappt es nicht so schnell.
Ich mußte an die Reinigungsfirma denken, bei der ich ohne Papiere arbeitete: Ob sie genauso schnell reagieren, wenn ich auspacken würde? Ich glaube, daß die Firma Tintenkiller kistenweise benutzt, um ihre Bilanzen zu frisieren und meine Arbeit nirgends auftauchen zu lassen, und habe mich gefragt, ob die ganze Behörde genauso Geieraugen dafür hätte ...
Der Job bei der Reinigungsfirma ist nicht nur beschissen, er steht auch auf wackligen Füßen. Ich habe nämlich mitgekriegt, was der Stil der Firma ist. Sie pflegt die Beschäftigten wie die Besen: Sie wechselt sie aus, sobald sie verbraucht erscheinen, aber auch ohne einen ersichtlichen Grund.
Der Meister ist gerade gekommen und hat sich Claudio in eine Ecke geholt und mit ihm gesprochen. Wir wuß-

ten Bescheid, als der Meister grinsend wegging und Claudio wie erschlagen dastand.
Paolo, bei dem der Meister das schon dreimal gemacht hatte, kannte die Leier bereits:
›Hör mal: du Montag nix mehr kommen; alles klar? Du heute abend gehen Büro und alles klar machen mit Boß, mit Geld und alles, okay?‹ So ist es auch mit Claudio gelaufen. Irgendwie habe ich das Gefühl, daß wir die Fortsetzung unserer Alten sind. Sie kamen her und arbeiteten wie die Tiere, sie akzeptierten die Drecksarbeiten und den geringen Lohn, sie paßten sich an und waren Menschen, auf die die anderen heruntersehen konnten. Nun sind sie fast verbraucht, und wir warten darauf, bis wir ihren Platz einnehmen können.
Mir wird grauslig bei dem Gedanken, so wie mein Alter zu werden. Zwar habe ich nicht solche Schwierigkeiten mit der Sprache; aber mit seinen fünfundvierzig Jahren scheint er schon ziemlich kaputt und hilflos zu sein.
So ist bei unseren Diskussionen herausgekommen, daß der Scheißstempelverwalter vom Ausländeramt ganz gewaltig mogelt ... Zunächst stehen uns aus der EG nicht nur sechs Monate zu, sondern mindestens fünf Jahre – bis zur unbefristeten Aufenthaltserlaubnis. Und dann darf nicht mehr auf den Paß gestempelt werden, denn uns steht eine EG-Karte zu.
Das hältst du nicht aus: Die von der Behörde spielen die Muskelmänner, weil wir unwissend sind. Die können es mit uns drehen, wie sie wollen, weil wir unsere Scheiße für uns selbst behalten. So ist es auch mit dem Reinigungsboß. Aber jetzt ist Schluß mit dem Schlaf, Mann! ...«[23]

Was für ein Text! Da ist nun alles enthalten – die Willkür der Beamten mit den Geieraugen, die betrügerische Behörde, die ihr Opfer um das ihr zustehende Recht bringt, das reibungslose Zusammenspiel mit einer willfährigen Polizei, der Arbeitgeber als hemmungsloser Ausbeuter, der mit den Behörden unter einer Decke steckt und über dessen Schandtaten die Ordnungshüter großzügig hinwegsehen, die Drecksarbeit, die den Ausländern vorbehalten bleibt, das bedauernswerte Opfer, das durch die widrigen Umstände zur Urkundenfälschung gezwungen wird. Das ist der Alltag eines Ausländers in Deutschland, »als sie den Papierkrieg gegen mich anfingen«– dargestellt in einem Schulbuch. Eine der Abschlußfragen an die Schüler, die diesen Lehrstoff über sich ergehen lassen müssen, lautet:

»Analysiere, wie Francos persönliche Lage die allgemeine politische Situation widerspiegelt.«

Da wird nicht gefragt, **ob** die Geschichte »die allgemeine politische Situation« widerspiegele; nein, das wird als gegeben unterstellt. Nach dem **Wie** wird gefragt. Daß diese Geschichte »die allgemeine politische Situation widerspiegelt«, daran wird kein Zweifel zugelassen. Und wem sie dennoch kommen sollten, der tut besser daran, sie zu verschweigen.

Schmutz und Gestank

Die üble Geschichte, die dem Schulbuch-Italiener Franco Biondi als EG-Bürger widerfuhr, war vergleichsweise harmlos gegenüber der Drangsal, die Asylbewerber durchzustehen haben. Denn: »Für Asylsuchende gibt es nur den Verwaltungsweg der organisierten Schikane«. So lautet die Überschrift eines Erfahrungsberichtes, als dessen Verfasser in der Schulbroschüre »Was heißt hier fremd?« ein deutscher Unternehmensberater angegeben wird. Er lernte – so die Story – während er an einem Dezembermorgen um 4.30 Uhr in Berlin am Bahnhof Zoo auf seinen Zug wartete, einen pakistanischen Flüchtling kennen und begleitete ihn durch die ersten Stationen des Asylverfahrens. Aus dieser Schilderung des »Verwaltungsweges der organisierten Schikane« stammen nachstehende Auszüge.

»Es stellte sich heraus, daß der junge Ausländer, Herr A. A. B. aus Lahore/Pakistan, gerade nach einer wochenlangen Flucht aus Pakistan in Berlin eingetroffen war. Es handelte sich um einen jungen Studenten, der in Pakistan als Funktionär der Studentenorganisation PSF (People's Student Federation) angehört. In dieser Eigenschaft wurde er von der rivalisierenden Studentenorganisation MSF (Muslim Student Federation) monatelang bedroht, verprügelt, verschleppt und mit physischer Gewalt bedrängt.

Nach all dem beschloß seine Familie, daß er außer Landes gehen müsse, um sich selbst und seine Familie vor weiterer Verfolgung in Sicherheit zu bringen. Man bemühte sich um Geld und zahlte einem anonym arbeitenden Agenten 5000 US-Dollar, damit dieser ihn in ein sicheres Land brachte. Viele Wochen lang war er dann unterwegs. In den letzten vier Tagen hatte er keine Gelegenheit zum Schlafen und kein Essen bekommen. Irgendwie setzten sie schließlich den völlig übermüdeten und desorientierten Studenten in Berlin ab, wobei sie seinen Paß behielten ...

Am nächsten Tag begleitete ich den jungen Flüchtling zunächst zum Landeseinwohneramt.

An der Pförtnerloge wurde nach der Übergabe des Asylantrages von der Bediensteten die Vorlage des Passes verlangt. Ich erklärte, daß der Flüchtling über keinen Paß verfüge, sich aber mit dem pakistanischen Personalausweis ausweisen könne. Sie schob daraufhin den Asylantrag resolut zurück und verlangte, er solle sich zunächst einen Paß besorgen und dann wiederkommen. Nachdem ich zu bedenken gab, daß es ja gerade politischen Flüchtlingen unmöglich sein dürfte, sich von dem sie verfolgenden Heimatstaat einen Paß zu besorgen, schmunzelte die Bedienstete gut gelaunt und beharrte: ›Wir schicken die alle erst zu ihrer Botschaft. Ohne Paß bearbeiten wir hier gar nichts.‹ Ich beharrte energisch darauf, vorgelassen zu werden. Die Bedienstete in der Pförtnerloge bemerkte süffisant: ›Na, Sie werden schon sehen, was die Sachbearbeiterin dazu sagt.‹

Nach etwa einer Stunde wurde unsere Nummer aufgerufen, und hinter einer Glasscheibe erschien eine Sach-

bearbeiterin. Sie fragte, ob der Flüchtling Paßfotos bei sich habe. Dies mußte verneint werden. Daraufhin lehnte sie eine Bearbeitung ab. Auf meinen Vorschlag, sofort die erforderlichen Paßfotos zu beschaffen, gab sie mir merkwürdig triumphierend die Auskunft, daß die Fotoabteilung im Hause geschlossen sei. Genüßlich teilte sie mit: ›Er soll sich mal in aller Ruhe Paßfotos machen lassen und dann morgen wiederkommen.‹ Damit schob sie mir den Asylantrag und den Personalausweis des Flüchtlings wieder zu und lehnte jede weitere Bearbeitung des Vorgangs ab.
Ich bat um ihren Namen und erkundigte mich, wo ich ihren Vorgesetzten erreichen könne. Als ihren Namen gab sie ›Frau S.‹ an. Der Vorgesetzte sitze in Zimmer 6, aber der habe eine Befragung. Den Namen des Vorgesetzten wollte sie nicht nennen: ›Der Name steht an der Tür.‹ In Zimmer 6 (an der Tür stand »Anhörer‹) bat ich den anwesenden Herrn um ein Gespräch wegen einer Beschwerde. Er war gerade mitten in einer Anhörung und forderte mich auf, draußen zu warten. Nach 45 Minuten kam er auf den Flur und bat mich herein. Ich trug den Fall vor, und er las sich den Asylantrag durch. Als er geendet hatte, lachte er lustlos auf und erklärte mir: ›Das kann ich schon auswendig singen. Das schreiben sie alle …‹ Offenkundig stand für ihn fest, daß alles erlogen war. Auf meinen Vorhalt, daß solche Situationen vielleicht deshalb so häufig vorgetragen würden, weil es eben tatsächlich noch sehr viel politische Verfolgung auf diesem Planeten gebe, räumte er ein: ›Na ja, manche mögen ja die Wahrheit sagen.‹
Schließlich fertigte er eine Bescheinigung für den Flüchtling aus und nahm den Asylantrag in Bearbeitung. Den pakistanischen Personalausweis behielt er ein. Für den nächsten Tag wurde ein neuer Termin gesetzt. Vier Lichtbilder seien mitzubringen. Am Donnerstag um 7.30 Uhr suchten wir erneut die Ausländerbehörde auf. Nach etwa einer Stunde wurde Herrn B. nach kurzer Befragung eine andere, mit Paßfoto verse-

hene Bescheinigung ausgehändigt. Mit dieser Bescheinigung und einem Formular für eine Lungenuntersuchung wurde er aufgefordert, sich sofort zu dem neben dem Gebäude parkenden Sichtbildbus zu begeben, um seine Lunge untersuchen zu lassen. Anschließend solle er zum Sozialamt gehen.

Vor dem Bus sammelten sich mit der Zeit in eiskalter Witterung zahlreiche Personen an. Im Bus schien niemand zu sein. Es dauerte. Die meisten leichtbekleideten Neuankömmlinge standen zitternd und schlotternd vor dem unbesetzten Bus in zugiger, eiskalter Luft. Mir selbst ging es nicht besser. Nachdem Herr B. und die anderen Personen ca. fünfzig Minuten ausgeharrt hatten, wurden die ersten eingelassen. Auch hier blasierte Sturheit die einzige Reaktion, als auf die Kälte vor dem Bus hingewiesen wurde. Unter den Wartenden befanden sich auch Familien mit etlichen Kindern im Alter von drei bis acht Jahren. Die Kinder hatten blaugefrorene Hände, durch die langen Strümpfe, die sie statt Hosen anhatten, pfiff der eiskalte Wind, so daß sie verzweifelt zusammenrückten, um sich gegenseitig zu wärmen.«

(Der Bericht schildert weiter die lange – und selbstverständlich unfreundliche Prozedur beim Sozialamt, bis schließlich die Adresse einer Asylunterkunft ausgehändigt wird.)

»Nach umständlichem Suchen im Stadtplan ermittelte ich die Fahrtroute zum Diedersdorfer Weg. Er ist ein unbebauter Weg. Schließlich, nach etwa vierhundert Metern durch die grüne Wiese linker Hand eine Ansammlung von Blechcontainern. Bei näherem Hinsehen entpuppten sie sich als mobile Unterkünfte. Am Maschendrahtzaun das Schild: Diedersdorfer Weg 3. ... Bettwäsche, ein Handtuch und zwei Folienpackungen mit angeblich warmem Mittagsessen sowie einer Portion für das Abendessen werden auf die Bettwäsche getürmt, dazu eine Rolle Klopapier und ein Stück Seife. ... Auf deutsch werden Herrn B. darauf etliche Verhaltensmaßregeln aufgezählt. Er wird prompt geduzt,

was nur deswegen keinen größeren Schaden anrichtet, weil Herr B. ohnehin nichts versteht. Ich hatte darauf hingewiesen, daß er nur englisch spricht. Einige Mitarbeiter begleiten uns zu einem Wohncontainer, der bereits mit einer Person belegt ist. Es ergibt sich ein unglaubliches Bild. Die Wohnfläche des Containers beträgt etwa 2,20 m mal 4,30 m. Rechts und links an den Längsseiten stehen zwei Holzgestelle mit Matratzen. Rechts hinten, ganz am Fenster, steht ein Kühlschrank, der jedoch leer und nicht in Betrieb ist. Zwischen den ›Betten‹ ist ein Zwischenraum von etwa 40 cm. Direkt an der Tür befindet sich links ein kleiner Tisch, rechts sind zwei Schränke aufgestellt. Vor dem Tisch können drei Personen gleichzeitig stehen, will eine vierte eintreten, stößt sie gegen die Schränke. Zwei Stühle komplettieren die Einrichtung. Die Dame im Büro teilt mit, daß diese Container mit jeweils zwei bis drei Personen belegt würden. Wie hier, bei einer Wohnfläche von etwa 9,46 m^2, Platz für noch eine dritte Person bereitgestellt werden kann, bleibt mir völlig unklar.
Der Fußboden ist übersät mit Schmutz, Papierresten, zahllosen knochenharten Brötchenresten. Auf dem Tisch eine Schicht klebriger Schmutz, auch hier zahllose knochenharte alte Brötchen, teilweise verkrümelt, teilweise am Tisch angebackt. Dazwischen Becher, Geschirr, Butter, Konfitüre, teilweise offen auf der Tischplatte verschmiert. Im ganzen Raum unzählige Kleidungsstücke, beide Betten durchwühlt und offenbar benutzt, die Decken und Kissen schmutzstarrend verklumpt. Ich verlange im Büro, daß Herrn B. eine menschenwürdige Unterkunft zur Verfügung gestellt wird. Es könne nicht von ihm verlangt werden, daß er erst den Dreck des Vorbewohners ausräume, dies falle in die Verantwortung des Heimbetreibers … Ich öffne die Herrn B. ausgehändigte ›warme‹ Mahlzeit. Es handelt sich um Kartoffelpüree mit einem Streifen Hackfleisch und unappetitlich aussehender, dicker brauner Sauce. Ich dränge Herrn B., etwas zu sich zu nehmen. Er

starrt skeptisch auf das Fleisch. Das sieht nach Schweinefleisch aus, was ihm als Muslim verboten ist. Meine Rückfrage im Büro ergibt, daß generell kein Schweinefleisch gereicht werde, es handele sich um Rinderhack. Herr B. bleibt skeptisch. Ich zwinge mich, die Mahlzeit zu mir zu nehmen. Nach der Hälfte wird mir übel. Daraufhin suche ich die Toiletten auf. Die Toiletten befinden sich in einem anderen Container, acht Container entfernt. Um zu diesem als Bad und Toilette fungierenden Container zu gelangen, muß man etwa 17 Meter im Freien durch die Kälte wandern, über Holzbohlen, die auf dem Lehmuntergrund ausgelegt sind. Es geht eine Blechtreppe aufwärts. Die Zugangstür hängt schief in der Angel und läßt sich nicht richtig schließen. An der Wand befinden sich einige Waschbecken. Da in den Wohncontainern Wasseranschlüsse nicht vorhanden sind, müssen sich die Bewohner in den Toiletten waschen. An keinem der Waschbecken befindet sich ein Spiegel, nur die leeren Fassungen für Spiegel sind noch vorhanden. Zum Duschen stehen zwei winzige Duschkabinen zur Verfügung, deren Boden schmierig-grünlich schimmert. Im Raum herrscht ein penetranter Gestank, auf dem Fußboden vor den Urinalen und an einigen Ecken schimmern verdächtige feuchte Lachen. Die Klobecken stehen in zwei Kabinen, von denen sich eine nicht richtig schließen läßt. Beide Klobecken sind stark verdreckt, bei einem fehlt die Brille.«

So geht es weiter und weiter in diesem Text: Eine Nudelsuppe wird gereicht, aber kein Löffel dazu. Nach Getränken wird am Wochenende vergeblich verlangt. Und schließlich gibt zum Abschluß der Horrorgeschichte ein Wachmann den Rat:

»Die können sich ja Wasser aus der Toilette holen.«[24]

So also ist das, wenn ein Flüchtling an deutsche Türen klopft!?
Verhöhnt wird er, verspottet, eingesperrt auf engstem Raum in Dreck und Unrat, verpflegt mit unappetitlichem Fraß, von

dem einem übel wird. Nach dieser Lektüre stellen die Autoren des Schulbuches den Schülern die Aufgabe:

> »Versetze dich in die Rolle des Pakistaners und schreibe einen Brief an Verwandte in Pakistan. Schildere darin deine ersten Eindrücke in Deutschland.«

So wird die Lektüre zum eigenen Erleben und die Empörung verinnerlicht. Denn wer würde sich nicht empören, würde er auf diese Weise erniedrigend behandelt?

Das Vergehen der Abschiebehaft

Damit niemand von den Schülern auf den Gedanken kommt, bei diesem Bericht handele es sich um eine Ausnahme, einen bedauerlichen Ausrutscher, legt das zitierte Schulbuch nach, macht den geschilderten Fall zum Regelfall. Der Staat, so wird den Jugendlichen vermittelt, versündige sich fortlaufend an den Fremden. Wenn sie an die Tür klopfen und ebenso, wenn er sie rausschmeißt. Belegt wird das mit der Geschichte eines Jungen namens Mohamed, von dem berichtet wird, er sei aufgrund seiner politischen Aktivitäten aus dem Libanon nach Deutschland gekommen:

> »Fremd in unserer Gesellschaft, die Sprache nicht sprechend, fiel es ihm schwer, hier Fuß zu fassen. Er kam mit dem Gesetz in Konflikt, weil er mit Drogen gehandelt hatte.
> Er wurde zu einer Gefängnisstrafe verurteilt und war an der Endstation seiner Flucht angelangt: Nach Abbüßen seiner Haftstrafe sollte er unverzüglich in sein Heimatland abgeschoben werden, wo ihm wegen desselben Deliktes eine erneute Strafe drohte.
> Da jedoch inzwischen sein Paß ungültig war, wurde Mohamed nach seiner Strafhaft in die Abschiebehaft überwiesen ...
> Mohamed mußte erleben, daß die Situation in der Abschiebehaft schlimmer war als im ›normalen‹ Gefängnis. ›Normales Leben minus Freiheit‹ haben deutsche Ver-

waltungsgerichte als Grundsatz für die Abschiebehaft formuliert. In Gitterkäfigen auf wenigen Quadratmetern warteten hier acht Menschen in einer Zelle auf ihre Zwangsabschiebung. Schnürsenkel und Gürtel waren ihnen ›zur Vermeidung von Selbstmordversuchen‹ abgenommen worden. Für alle Häftlinge – es waren zeitweise über 80 Männer in dem Trakt – gab es einen Rasierapparat. Angebote für sogenannte Freizeit gab es nicht, lediglich einen von der evangelischen Kirche gespendeten Fernsehapparat, der nur bei Wohlverhalten der Inhaftierten angestellt werden durfte. Für jede Zigarette, die die Männer rauchen wollten, mußten sie einen Polizisten um Feuer bitten. Die Atmosphäre, geprägt durch Angst und Unsicherheit angesichts der ständigen Frage ›Bin ich der nächste, der abgeholt wird?‹, entlud sich in Depressionen und Aggressionen.«[25]

Die Abschiebehaft wird bewußt als Mittel der Abschreckung dargestellt. Mit dieser Ansicht stehen die Autoren von (fiktiven) Schulbuchgeschichten keineswegs allein. Ihr Sammeleifer findet zahlreiche wohlmeinende Zeugen, die mit ihren Aussagen ihrerseits wieder willkommene Aufnahme im Schulbuch finden. Unter der Überschrift »Stigmatisierung und Ungerechtigkeit« nahm der »Aktualitätendienst: Gesellschaft – Politik – Wirtschaft« diesen Beitrag neben zahlreichen anderen auf:

»Das Kirchenamt der Evangelischen Kirche in Deutschland zur Abschiebehaft: ›Abschiebehaft ist für staatliches Handeln ein legitimes Mittel zur Durchsetzung der Abschiebung. Die drastisch gestiegenen Zahlen von Abschiebungshäftlingen, das Entstehen immer neuer Hafthäuser weisen allerdings darauf hin, daß Abschiebungshaft im Zusammenhang mit der neuen Asylrechtspraxis von den Behörden als Regelfall und nicht als Ausnahme angesehen wird. Angesichts der enormen psychischen Belastung für Betroffene und Bewacher und fehlender sozialer Strukturen muß einer solchen Praxis widersprochen werden …. Abschiebungshaft muß in begründeten Verdachtsfällen ein Mittel zur Sicherstellung der Ausreise bleiben und darf nicht zu einem Abschreckungsmittel als Konsequenz aus einer Bitte um Asyl werden. In der öffentlichen Wahrnehmung gilt Haft als Konsequenz einer Straftat. So ist es nur noch ein kurzer gedanklicher Weg, Asylbewerber mit Straftätern gleichzusetzen.«[26]

Dieser Text ist wiedergegeben worden als ein Beitrag zur Diskussion um das neue Asylrecht. In einer kurzen Stellungnahme wird die Position der Bundesregierung unter Bundeskanzler Kohl zitiert, gegen die dann umfangreich die Gegenpositionen dargestellt werden:

»Insbesondere Flüchtlings- (pro asyl), Menschenrechtsorganisationen (amnesty international) und die Kirchen, aber auch Teile der Opposition im Bundestag kritisieren, daß das neue Asylrecht den grundgesetzlich verbürgten Schutz politisch Verfolgter täglich aushöhle. Das in evangelischen und katholischen Gemeinden praktizierte und von den meisten Bischöfen unterstützte ›Kirchenasyl‹ (der innerkirchliche Schutz von abschiebebedrohten Asylbewerbern vor dem staatlichen Zugriff) ist ein Indiz für die kritische Einstellung gegenüber der herrschenden Praxis.«[27]

Wer diesen Absatz sorgfältig liest, merkt rasch, wie hier mit geschickter Wortwahl die demokratisch beschlossene Änderung des Asylrechts als Unrecht dargestellt wird. Es wird mit anderen Mitteln die gleiche Absicht verfolgt wie bei dem vorausgegangenen Lesestück aus der Abschiebehaft, in dem »Normales Leben minus Freiheit« als staatlich verordnete Schikane entlarvt wurde.

Unterrichtsübungen in Scham

Wer von den Schülern nach solcher geballten Ladung von Willkür und Drangsal es dann noch immer nicht geschnallt hat, wie Fremde in Deutschland verfolgt und erniedrigt werden, der wird in der neuen deutschen Schule in einen Selbstversuch gesteckt.« »Blue-Eyed« heißt ein Programm, das das Dokumentations- und Informationszentrum für Rassismusforschung in Marburg Schulen anbietet. »Schulunterricht über Rassismus wird zum Selbstversuch in Sachen Diskriminierung«, berichtet die Zeitung »Die Woche« und schildert, wie so etwas abläuft am Beispiel der neunten Klasse der Willy-Brandt-Realschule in Herten:

»Wut, Empörung, Aufruhr: Die Atmosphäre im Klassenraum ist zum Zerreißen gespannt. Die Schüler pöbeln, grölen. Nicht alle, nur die in der Mitte, die gedrängt auf dem Boden und auf wackligen Stühlen hocken, sind aufgebracht. Ruhiger sind die Schüler, die zu beiden Seiten bequem Platz genommen haben. Sie müssen auch keine grünen Kragen tragen, denn sie sind braunäugig – die klügeren, fleißigeren, die besseren Menschen.
Die Blauäugigen benehmen sich schlecht, verweigern die Mitarbeit, widersetzen sich, sind Versager ... Verhaltensweisen, die Trainer Jürgen Schlicher präzise vorhergesagt hat.
›Blauäugige sind dumm, faul und aufsässig. Das liegt am niedrigen Melaningehalt ihrer Augen‹, hatte er den braunäugigen Schülern erklärt, ›ihr werdet es gleich sehen, wenn wir sie hereinrufen.‹ Die Jugendlichen hatten ihm teils stumm, teils kopfschüttelnd gelauscht. Nun erleben sie, wie sich seine Prophezeiungen erfüllen.
... Das Thema wird nicht theoretisch vermittelt, in der 9. Klasse wird heute sehr praktisch und gezielt diskriminiert. ›Hinsetzen, Klappe halten, Beine zusammen!‹ Mit diesem Kommando beginnt für die eine Hälfte der Schüler der Montagmorgen. Mit einem grünen Kragen bekleidet, werden die Blauäugigen in ein leeres Zimmer geschickt. Dort warten sie, fast eine Stunde lang. Niemand erklärt ihnen, warum. Nach dieser Stunde sind sie mürbe. Und werden danach – unwissentlich – alle negativen Vorhersagen erfüllen.
... Schlicher hat die Braunäugigen im Klassenraum mit

Saft und Keksen empfangen. Nun gibt er Erklärungen ab: ›Das Problem mit Blauäugigen ist, dass sie nichts lernen wollen. Sie hören nicht zu und vergessen alles sofort‹. Das sei wie mit Blondinen, nickt ein Junge, ›die sind auch dümmer‹.

Dann werden sie in die Regeln eingewiesen: Als Braunäugige dürfen sie sich nicht mit den anderen solidarisieren, keine Erklärungen anbieten. Sonst droht die Degradierung zum Blauäugigen. Bei Diskriminierung, so erklärt Schlicher, gehe es um Machtausübung einer Gruppe. Deswegen müsse oben und unten klar getrennt bleiben. Die einen diktieren die Spielregeln, die anderen müssen sie einhalten: ›Wir werden euren Mitschülern zwei Stunden lang zumuten, was andere Menschen ihr Leben lang ertragen müssen; nicht nur Ausländer, sondern auch Behinderte, Homosexuelle, Frauen.‹

Die zwei nach Augenfarbe sortierten Gruppen erleben den Vormittag unter gänzlich verschiedenen Voraussetzungen. Die Blauäugigen bleiben uninformiert und werden bei allem benachteiligt. Sie erleben, wie es ist, auf der falschen Seite zu stehen, keine Chance zu haben, jemals zu gewinnen. Die Braunäugigen erleben, wie willig sie sich in die Rolle der Privilegierten fügen …

Die Blauäugigen platzen wie eine Bombe ins Klassenzimmer: Laut und aggressiv weigern sie sich, auf den ihnen zugewiesenen Stühlen Platz zu nehmen. Schlicher reagiert strikt: Seine Anweisungen sind unfreundlich, aber nie aggressiv. ›Nun seht ihr es‹, sagt er über die Köpfe hinweg, ›Blauäugige können sich nicht einmal in Zweierreihen hinsetzen.‹ Die blue-eyes grölen. Die brownies reagieren angespannt, unangenehm berührt. Doch keiner muckt auf. Blue-eye Mike versucht sich als Erster als Rädelsführer. Schlicher weist ihn in die letzte Stuhlreihe: ›Ach, du spielst hier den coolen Chef!‹ Der Bursche wird rot und ist mucksmäuschenstill. Andere Blauäugige kämpfen länger – gegen die Anweisung, Plakate vorzulegen (›Blauäugige nehmen uns die Ausbildungsplätze weg, Blauäugige neigen verstärkt zur

Kriminalität‹); dagegen, sich ›Zuhör-Regeln‹ diktieren zu lassen. Jedes Fehlverhalten wird kommentiert: ›Seht ihr! Blauäugige können nicht einmal ...‹
Nach kurzer Zeit ist der Klassenverband in zwei Teile zerfallen: in die Privilegierten, etwas beklommen, aber weitgehend angepasst; und in die Benachteiligten, ein teils zorniger, teils verzagter Haufen ...
Nach zwei Stunden läutet Schlicher die Schlussrunde ein: Die Jugendlichen sollen notieren, wie sie sich gefühlt und die anderen wahrgenommen haben. Danach wird diskutiert. Viele sind wütend, legen ihre Trotzhaltung nicht ab. Andere sind in sich gekehrt. ›Das war die schlimmste Stunde meines Lebens‹, sagt Alexa. Und der blauäugige Peter, der die Übung als Braunäugiger mitgemacht hat, gesteht: ›Ich habe mich braunäugig gefühlt.‹
Die blue-eyes sind nicht nur auf Schlicher wütend, sondern auch auf die Braunen: ›Die haben sich doch total untergeordnet, uns angeguckt wie Dreck.‹ Die wehren sich: ›Wir haben uns scheiße gefühlt, dabei zuzusehen, wie der euch behandelt.‹ ...«

Vier Wochen später wird der Selbstversuch noch einmal aufbereitet.

»Auf Schlichers Frage, wer meine, etwas gelernt zu haben, heben fast alle den Finger.«[28]

Die Tricks der Psychofolter

Das ist keine »Gehirnwäsche«, wie der Text behauptet? Wahrscheinlich wäre der Begriff Psychofolter tatsächlich angebrachter. Mit allen bekannten Tricks und vorhersagbaren Ergebnissen arbeitet der Trainer in diesem Workshop. Was hier neu an deutsche Schulen kommt, ist in den Vereinigten Staaten seit dreißig Jahren erprobt. Jetzt wurden die ersten europäischen Trainer in den Rollenspielen des »Blue-Eyed«-Konzeptes geschult. Die gezielte Erniedrigung im Rollenspiel ist noch sehr viel länger bekannt: aus dem Arsenal der Psychofolter von bestimmten Sekten, die die Persönlichkeitsstruktur ihrer Anhänger vollständig umkrempeln; aus Seminaren zum Persönlichkeitstraining für Manager. Die modernen Gurus, die an den Seelen ihrer Opfer basteln, schwören auf die Methode: Erst werden die Teilnehmer zermürbt, dann im Sinne der Rattenfänger wieder aufgebaut. Die Tricks, mit denen auch verstockte Manager kirre gemacht werden, sind bekannt: Sie werden mit Schlaf- und/oder Essenentzug aus der gewohnten Rolle gestoßen, sie werden bei Rollenspielen erniedrigt – und am Ende steht der Liebesentzug. Das ist das wirksamste Mittel von allen. Jeder will gemocht werden, die Furcht, nicht geliebt zu werden, gehört zu den Urängsten des Menschen. Es wird von gestandenen Managern berichtet, die unter solcher Psychofolter vollkommen zusammenbrachen, die fluchtartig und innerlich zerstört derartige Gehirnwaschanlagen verließen. Der gleichen Methoden bedient sich »Blue-Eyed«. Wenn lebenserprobte Manager dazu zu bringen sind, im Rollenspiel Schuld auf sich zu laden oder sich in die Rolle des Opfers drängen zu lassen, um wieviel einfacher ist es dann, Jugendliche zu manipulieren? Sie stecken in einem Lebensalter, das gewöhnlich von einem starken Gerechtigkeitssinn geprägt ist, das nach sozialer Gleichheit verlangt, in dem sie von der Gemeinschaft abhängig sind.

Ein Sachse für die Werbung

Sam Njankouo Meffire ist ein guter Zeuge gewesen, um die Fremdenfeindlichkeit der Deutschen zu belegen. Dazu war er sogar ein schulbuchtauglicher Zeuge. In der gleichen Rolle war er auch ein vorzüglicher Zeuge der Medien, die aus ihm vorübergehend einen Star machten, als er es zum ersten farbigen Polizisten Sachsens gebracht hatte. Als er wegen bewaffneter Raubüberfälle vor Gericht stand, war er kein guter Zeuge mehr. Sam Njankouo Meffire wurde zu neun Jahren und neun Monaten Gefängnis verurteilt.
Mit ernstem Gesicht blickte Meffire 1992 von Plakaten, mit

denen für Toleranz und gegenseitiges Verständnis geworben werden sollte. »Ein Sachse« prangte in fetten Lettern über seinem Kopf. Ein Sachse ist Sam Njankouo Meffire tatsächlich, geboren 1970 in Sachsen als Sohn einer Deutschen und eines Mannes aus Kamerun. Aber er war der falsche Zeuge für eine Kampagne für Toleranz und gegenseitiges Verständnis. Weit hatte der Zeitgeist Meffire die Tür geöffnet, als er antrat, Polizist zu werden. Und möglicherweise auch etwas zu unkritisch. Der dunkelhäutige junge Mann paßte einfach zu gut ins gängige Klischee. Auch ins Schulbuchklischee. Dort findet sich in der Broschüre »Was heißt hier fremd?« allerdings nur der erste Teil seiner Geschichte, der zweite Teil, der sich erst ereignete, als die Broschüre bereits erschienen war, hätte auch schwerlich dazu gepaßt (gleichwohl wird die Broschüre mit unverändertem Text weiterhin ausgeliefert). Die Schulbuchgeschichte geht (in Auszügen) so:
Überschrift:

»Das komplizierte Leben des Sam Njankouo Meffire«

Unterzeile:

»Welchen Zerreißproben ein Sachse mit schwarzer Hautfarbe ausgesetzt ist, der sich in den Kopf gesetzt hat, ein guter Polizist in Deutschland zu werden«

Text:

»Die Sehnsucht des Sam Njankouo Meffire aus Dresden braucht nicht mehr Raum als ein Zimmer. Er stelle sich vor, sagt Sam, einfach dazuliegen, während ein anderer Mensch, eine Freundin vielleicht, danebensitzt und liest oder schreibt. Und dabei selbst kein bißchen Angst zu spüren, sich ganz sicher und geborgen zu fühlen. Sam sagt, dieses Glück habe er nur ganz selten in seinem Leben erfahren. Wenn Sam Njankouo Meffire seine Prüfung schaffen sollte, wird er Polizist in Sachsen sein.
Sam ist Sachse. Sein Leben hat er bislang zwischen Leipzig und Dresden verbracht. Es muß mehr mit den Menschen in dieser Umgebung als mit der Erfahrung eines besseren Lebens in einem anderen Land zu tun

haben, daß er sich selbst dennoch als ›Afro‹ bezeichnet und nicht als Deutscher, der er in Wirklichkeit ist; er, der weder seinen Vater noch das Land seiner Väter jemals kennenlernte. Und dabei hat er sich die schier wahnwitzige Aufgabe vorgenommen, der erste schwarze Polizist in den neuen Bundesländern zu werden, jenem Teil Deutschlands, der in den vergangenen drei Jahren in die Schlagzeilen geriet, weil Menschen wie Sam dort wie Freiwild gejagt wurden.
Als die Mauer fällt, wird Sam plötzlich angefeindet. Mal ist es ein Einkaufswagen, der ihm im Kaufhaus von jungen Männern im Blaumann mit Vorsatz in die Beine gestoßen wird. Mal sind es irgendwelche Passanten, die ›Nigger‹ hinter ihm zischen. Sam hat Angst. Nicht erst seitdem ihn junge Nazis mit Leuchtspurmunition beschossen oder seine Wohnung in Dresden-Mitte stürmen wollten. Manchmal geht er tagelang nicht aus dem Haus. Eine Freundin will ihn in Sicherheit bringen und vermittelt ihm Ende 1990 ein Zimmer in Radebeul bei Dresden.
In Radebeul schlägt Sam dem Sozialamt vor, einen Jugendtreffpunkt einzurichten. Das Amt stellt Räume in einem heruntergekommenen Schlößchen am Stadtrand zur Verfügung. Täglich begegnet er hier jungen Neonazis, die ihn respektieren und wohl auch ein bißchen mögen. Das habe sie, sagt Sam, aber nicht abgehalten, bei anderer Gelegenheit loszuziehen, um Vietnamesen zu ›klatschen‹ oder Afros halb totzuschlagen. Im Jugendtreff ›Kontakt‹ in Radebeul sitzen fast nur rechtsradikale Jugendliche. Sam läßt sich davon nicht abschrecken. Er zeigt inzwischen Selbstbewußtsein, er ist körperlich gut trainiert. Als er das Lokal betritt, bleiben die Neonazis ruhig, einer grüßt freundlich. Dennoch, sagt er, dürfe man sich von der augenscheinlichen Friedfertigkeit nicht täuschen lassen – wenn sie betrunken seien oder einer nur richtig hetzt, dann könnten aus denselben harmlos wirkenden Jugendlichen Mörder werden.«

Wie das mit Sams Familie begann

»Anfang der sechziger Jahre kommt ein junger Mann aus Kamerun nach Leipzig, um zu studieren – Samuel Njankouo Meffire steckt voller Pläne, er ist ehrgeizig. Bald heiratet er eine Deutsche. Die Familie der Deutschen terrorisiert die junge Christine. Sam bewahrt noch den Brief eines Onkels an seine Mutter auf. Darin beschwört er sie, den Schwarzen zu verlassen: Sie laufe Gefahr, das Kulturgut von zweitausend Jahren Abendland in ihren Genen zu verspielen; jenem indes gehe es nur darum, vor seiner Sippe mit einer blonden weißen Frau anzugeben.
Sieben Jahre lang kann Christine ihre eigene Mutter nur heimlich in Leipzig aufsuchen, der Vater will sie nicht mehr sehen. Später werden die Großeltern eine Art Wiedergutmachung dadurch versuchen, daß sie den damals fünfjährigen Sam eine Weile bei sich aufnehmen. Für den Jungen wird es die schönste Zeit seines Lebens.
Offiziell heißt es, er (Sams Vater, d. A.) sei an einem Leberabszeß gestorben. Seine Frau hat daran nie geglaubt. Aber erst lange nach der Wende traut sie sich, dem Sohn Unterlagen auszuhändigen, die diese Zweifel untermauern. Sam hat dann eine Anzeige gegen Unbekannt aufgesetzt. Drei Monate vor seinem Tod klagte Sams Vater über Magenkrämpfe und Erbrechen; er hatte Lähmungserscheinungen, zuletzt erblindete er. Samuel Njankouo Meffire ging zur Polizei. Er verdächtigte zwei Deutsche, ihn vergiftet zu haben. Man glaubte ihm nicht. Doch als er starb, kam es zu merkwürdigen Vorfällen. Zunächst wurde der Vater begraben, ohne daß Familie und Freunde benachrichtigt wurden. Dann verweigerten sich die Behörden dem Wunsch seiner Angehörigen, den Leichnam nach Kamerun zu überführen. Erst zwei Jahre später wurde die Leiche exhumiert und nach Kamerun geflogen – wieder ohne die Familie zu informieren. Wenn Sam die

Umstände dieses Todes zu erklären versucht, mischt sich seine Erfahrung der Ausgrenzung mit der Bewunderung für den Vater: ›Er war intelligent, er hat sich durchgesetzt. Er hat eine weiße Frau geheiratet. Wahrscheinlich hat er sich den Neid und den Haß seiner Kommilitonen zugezogen.‹ Daß aus solchen Gründen ein Schwarzer umgebracht wurde, so vermutet Sam, habe nicht in das Selbstbild der DDR gepaßt – darum seien alle Nachforschungen unterdrückt oder geheimgehalten worden …
Viel Zuwendung hatte sie (Sams Mutter, d. A.) für ihre Kinder offenbar nicht zu verschenken. Sam sagt, sie habe an ihrer Liebe für seinen Vater schwer tragen müssen. Vor einiger Zeit hat sie ihrem Sohn zu verstehen gegeben, daß sie glaubte, es sei für einen Afro besser, ihn von klein auf abzuhärten, statt ihm eine Geborgenheit zu vermitteln, die er nirgendwo mehr finden werde!
Sam ist ein überzeugter Polizist, gewiß. Und doch bleibt er ein Fremder im eigenen Land. ›So wie Sie aussehen‹, sagt ihm der Inhaber eines Geschäfts, ›wird man Sie nicht richtig akzeptieren.‹ Er meint Bürger, wie er selbst einer ist, nicht Neonazis. Sam hat darauf nicht reagiert, wiewohl seine Gesichtszüge erstarrten: ›Ich habe Angst davor, was passiert, wenn ich meine ganze Aggression mal rauslasse.‹«[29]

Fortsetzung folgt

Soweit der schulbuchtaugliche Teil der Geschichte. Sam Njankouo Meffire ist Polizist geworden. Im Schnellverfahren hatte man ihm alle Wege geebnet, aus dem ehemaligen Maurer und Gelegenheitsjobber einen Polizisten gemacht. Einen Vorzeigepolizisten sogar, einen, mit dessen Konterfei man Plakatwände bekleistern konnte; einen, der von Anzeigen in Tageszeitungen lächeln konnte; einen, der bei Talk-Shows ein gerngesehener Gast war. Nur leider – die Sache hielt nicht lange. Genaugenommen hielt Sam Meffire nur zwei Jahre durch, nachdem sein sehnlichster Wunsch in Erfüllung gegangen war. Er observierte Verbrecher, fahndete als Sachbearbeiter nach gestohlenen Autos – und empfand die Arbeit als fad, den Polizeiapparat als zu starr. Darum quittierte er den Dienst nach nur zwei Jahren und machte sich mit einem eigenen Sicherheitsdienst selbständig. Jedenfalls versuchte er es. Ausgerechnet im Dresdner Szene- und Rotlichtviertel Neustadt suchte er nach Auftraggebern. Als das nicht klappte, heuerte er als Handlanger eines Bordellbesitzers an. Um sein eigenes Unternehmen aus den finanziellen Schwierigkeiten zu bringen, überfiel er mit mehreren Mitarbeitern seines »Sicherheitsdienstes« ein Rentnerehepaar in dessen Wohnung, eine Postfiliale und zwei Nachtclubs. Die Beute war dürftig, Meffire setzte sich nach Zaire ab und wurde wenig später an Deutschland ausgeliefert.

Es ist klar, daß diese Geschichte, vollständig berichtet, nicht schulbuchtauglich ist. Sie stellt das mühsam zusammengekittete Bild der Multikulti-Welt auf den Kopf, in der die freundlichen Fremden stets die Opfer und die engstirnigen Deutschen mit ihren Stammtischparolen stets die Täter sind. Ein Ausweg ließe sich allerdings konstruieren: Schließlich ist Sam Meffire Deutscher, er sieht nur eben etwas anders aus. Und geriet er nicht nur deshalb auf Abwege, weil ihm sein fremdartiges Aussehen das Leben so schwer machte? So funktioniert der Rassismus mit umgekehrten Vorzeichen dann wieder: deutsch schlecht, fremd gut.

In der rechten Ecke

Der häßliche Deutsche steht rechts. Dort wird jeder zwangsangesiedelt, der sich kritisch mit dem anhaltenden Zustrom von Ausländern auseinandersetzt. Ohne Zögern wird er zum Fremdenfeind erklärt. Und deren Zahl ist groß. Ihre Hochburg ist der Stammtisch. Wenn Vater wieder einmal zum Stammtisch geht, werden die Kinder nach dieser Lektüre wissen, was sich dort abspielt:

»›Des Luder braucht uns ned als Nazis hinstell'n‹, belfert ein Veteran und meint jene Gewerkschafterin, die da in Rosenheim sagte: ›Uns sind tausend Ausländer lieber als ein Nazi.‹ Dann bildet er zwischen Zeigefinger und Daumen eine zinnsoldatengroße Spanne und fügt hinzu: ›Aber so a ganz kloaner Führer g'hört wieda her, so a ganz kloaner!‹ Der Stammtisch in Rieden brodelt. ›Und was machen wir dann mit so einem Mini-Hitler?‹ fragt ein jüngerer in die Runde. ›Füttern, daß a ganz groß wird!‹ antwortet ein anderer. Bert, der Wirt, fügt hinzu: ›Mit da Flasch'n täten sie ihn aufziehn.‹ Dann kramt er einen Totenkopfring der Waffen-SS aus der Schublade, den Skorzeny, der Mussolini-Befreier, getragen hatte – gewidmet von Heinrich Himmler ...
Der Stammtisch, das kleinste und lauteste politische Forum im Lande: hier dreht sich alles um die (schlechte) Politik. Sie ist auch im Hinterland spannender geworden – und eindimensional geblieben. Wenn über die ›Ausländerschwemme‹ diskutiert wird, kriecht dumpfer Fremdenhaß aus den Bierkrügen.«[30]

Daß diese Momentaufnahme vom deutschen Stammtisch kein vereinzeltes Bild zeigt, versteht sich nach ausgiebiger Schulbuchlektüre. Denn:

»Für viele Menschen gehören Begriffe wie ›Spagettifresser‹ oder ›Zigeuner‹ zum alltäglichen Sprachgebrauch. Dahinter stehen weit verbreitete Vorurteile gegenüber anderen Lebensformen. Diese können sich zu einem Gefühl der Ablehnung und Bedrohung bis hin zur Fremdenfeindlichkeit steigern, wenn in Zeiten politischer und wirtschaftlicher Krisen in der Öffentlichkeit ausländische Menschen zu ›Sündenböcken‹ für bestehende Mißstände gemacht werden.«[31]

Wie »weit verbreitet Vorurteile« sind, wie viele Menschen bedenkliche Ansichten vertreten, wird selbstverständlich auch belegt:

»Eine Untersuchung für das gesamte Gebiet der alten Bundesrepublik, die SINUS-Studie von 1980, ergab

eine Zustimmung von 13 Prozent der Wahlbevölkerung zu Aussagen wie:
›Wir sollten wieder einen Führer haben, der Deutschland zum Wohle aller mit starker Hand regiert.
Parteien und Gewerkschaften schaden dem Allgemeinwohl.
Gäbe es bei uns wieder Arbeitslager, käme Zucht und Ordnung von alleine.
Wir sollten streng darauf achten, dass wir das Deutschtum rein erhalten und Völkermischung unterbinden.‹
Regional begrenzte Untersuchungen belegen, dass seit 1980 inzwischen noch mehr Menschen einzelnen oder gar allen Aussagen (…) zustimmen. Eine Forschergruppe stellte 1990 fest, dass die Zustimmung dazu in Westberlin bei 8 und in Ostberlin bei 17 Prozent der Wahlbevölkerung lag. Die Auswertung einer Umfrage bei Jugendlichen im südlichen Niedersachsen zeigt, dass 36 Prozent der Jungen und 15 Prozent der Mädchen nationalistische, fremdenfeindliche oder gar insgesamt rechtsextremistische Einstellungen hatten.«[32]

Die rechtsextremistischen Grundvorstellungen werden wie folgt aufgelistet:

»1. Die natürliche Ungleichheit der Menschen:
- Die ›nordeuropäischen Rassen‹ seien von Natur aus besser als andere, ›minderwertigere‹ Menschen (Rassismus).
- Man könne auf Deutschland extrem stolz sein (Nationalismus).
- Der Stärkere habe das Recht, sich immer durchzusetzen (Sozialdarwinismus).
- Mann und Frau könnten von Natur aus nicht gleichberechtigt im Leben stehen.
2. Gewaltanwendung als Mittel zur Lösung von Streitigkeiten zwischen Menschen und Staaten:
- Betonung autoritärer Umgangsformen.
- Eintreten für autoritäre Staatsformen oder das ›Führertum‹.

- Gewaltanwendung gegen Andersdenkende.
- Krieg als legitimes Mittel der Politik.
3. Ablehnung der demokratischen Prinzipien des Grundgesetzes:
   - Beschränkung der Freiheit der Person, Ungleichheit der Menschen.
   - Ablehnung demokratischer Willensbildung in gewählten Parlamenten.
   - Diktatorische Regierungen ohne Kontrolle durch Parlamente.
   - Aufhebung der Gewaltenteilung in Gesetzgebung, ausführende Gewalt (Regierung) und Rechtsprechung.«[33]

Das soll ganz oder doch zumindest teilweise das Gedankengut von sechsunddreißig Prozent der Jungen und fünfzehn Prozent der Mädchen im südlichen Niedersachsen sein? Die Region war bislang mehr durch ihre idyllischen Fachwerkstädtchen und reizvolle Dörfer bekannt, keinesfalls als Problemzone. Wenn dort schon derartig schlimme Erkenntnisse zutage gefördert werden, wie viel dramatischer muß es dann in den sozialen Brennpunkten der Republik aussehen? Immerhin, durch das südliche Niedersachsen führt ein Teil der Deutschen Märchenstraße, vielleicht bietet dieser Umstand teilweise eine Erklärung. Oder aber – und das führt wahrscheinlich eher zu einer Antwort – es ist zu fragen, wer die Fragen nach der politischen Einstellung der Jugendlichen stellte. Sollten die Interviewer aus dem Dunstkreis der Göttinger Autonomen kommen, ist das Ergebnis der Recherche wenig überraschend. Schließlich kursieren Handbücher über den Rechtsextremismus in Deutschland, in denen selbst Wolfgang Schäuble Aufnahme als Rechtsradikaler fand.

Die Suche nach den Ursachen

Zu fragen ist allerdings auch, wo die Ursachen einer solchen Entwicklung zu suchen sind. Und da darf man sich getrost wieder auf Schulbücher verlassen. Weil Schuld immer bei den anderen liegt, scheiden Schulen und Schulbücher als Verursacher der Drift nach rechts in die Fremdenfeindlichkeit aus:

> »In keinem Bundesland kann aufgrund der offiziellen Lehrpläne von einem antidemokratischen politischen Unterricht gesprochen werden. Dennoch ist zu beachten, daß gerade bei den Jugendlichen der Anteil an Wählern der DVU und der Republikaner, die es strikt ablehnen ›rechtsextrem‹ zu sein, etwas über dem Durchschnitt liegt ....
>
> Selten wird als eine mögliche Ursache für das Abdriften von vielen Jugendlichen nach rechts ein Politik- beziehungsweise Geschichtsunterricht angesehen, in dem Lehrer, selbst fast Großväter, ihren einstigen Aufstand gegen ihre noch vom Nationalsozialismus beeinflußte Vätergeneration in den ausgehenden sechziger Jahren immer noch für jugendgemäß halten. Auch der Fortschritt konserviert sich, und daß Väter Widerspruch provozieren, scheint doch keine Binsenweisheit zu sein. Die zunehmende Überalterung der Lehrerkollegien, in denen junge Konkurrenten und Konkurrentinnen mit einem neuen Verständnis für die Probleme der Jugendlichen fehlen, ist als Generationsproblem zu spät erkannt worden.«[34]

Auch wenn in diesem Text durchaus (selbst-)kritische Töne anklingen, die eigentliche Schuld liegt allenfalls bei den Politikern, die keinen Platz für jüngere Lehrer schaffen. Die eigentliche Ursache für den Drang nach rechts ist damit nicht benannt. Das ist auch keineswegs beabsichtigt. Denn die eigentliche Ursache ist der Typ des Rechten an sich. Zwar sind alle Menschen gleich, egal woher sie kommen, egal welche Kultur, welche Erfahrungen sie geprägt haben. Aber keine Regel ist ohne Ausnahme. Darum wird eingeschränkt: Fast alle Menschen sind gleich. Die Rechtsgepolten nämlich sind nicht gleich. Sie sind ein Produkt ihres Typs, oder doch zumindest ihrer Erziehung. Rechts steht »der zum Ducken Erzogene«. Warum das so ist, wird folgendermaßen erklärt:

»Die moderne Sozialwissenschaft, insbesondere die sogenannte Frankfurter Schule um Adorno und Horkheimer, hat herausgearbeitet, daß nicht nur kulturelle Unreife und wirtschaftliche Unsicherheit Fremdenhaß hervorbringen, sondern daß zum Fremdenhaß auch ein ganz bestimmter Menschentyp gehört. Sie haben diesen Typ den ›autoritären Charakter‹ genannt. Ein solcher Menschentyp kommt überall dort heraus, wo Kinder autoritär erzogen werden. Solche Kinder lernen früh, daß die Gesellschaft aus Herrschenden und Beherrschten, Gehorsam fordernden Vätern und gehorchenden, geduckten Söhnen besteht – und daß sie selbst immer zu den letzteren gehören werden. Der zum Ducken erzogene Mensch aber braucht, um sich ertragen zu können, immer noch einen, der unter ihm steht und den er demütigen, kleinmachen kann. Dazu eignet sich am besten seine eigene Frau und sein eigenes Kind – so pflanzt sich der autoritäre Charakter immer weiter fort. Aber dazu eignet sich dann ganz hervorragend der Fremde in seiner Umgebung. Der autoritäre Charakter – das ist der Anti-Nigger, der Antitürke, der Antisemit. Der Fremdenfeind ist nicht nur kulturell und wirtschaftlich, sondern auch seelisch ein Schlechtweggekommener. So kann man auch umgekehrt von der Stärke der Fremdenfeindschaft in einem Land auf den Zustand seiner Familien, auf die seelische Gesundheit seiner Väter, Mütter und Kinder schließen.«[35]

Diagnose: Kranke Volksseele

Dem ist sicherlich zuzustimmen – von Fall zu Fall. Unter den Glatzköpfen, die in Springerstiefeln mit dem Baseballschläger losziehen, um »Türken zu klatschen«, sind übergenug, die von ihren Vätern durch ihre Kindheit geprügelt wurden, weil deren Väter wiederum den Vater durch dessen Kindheit prügelten. Und wie viele sind darunter, die ihren Vater weder prügelnd noch sonstwie kennenlernten? Die so antiautoritär erzogen wurden, daß man es gewöhnlich als Vernachlässigung bezeichnet? Nicht nur die Väter dreschen auf die »zum Ducken Erzogenen« ein, die Gesellschaft prügelt gewaltig mit. Vor allem die Gesellschaft jener Wohlmeinenden, die nach rechts ausgrenzt und abgrenzt, was von ihrem Tugendkanon abweicht, die jedem Strolch ein dutzendmal die helfende Hand reicht und nach rechts schubst. Die absolut nichts daran schlimm findet, von der »seelischen Gesundheit« der Väter, Mütter und Kinder zu schwadronieren, wenn es nur in die negative Schablone paßt. Man muß diesen Satz ganz genau lesen, um seine Infamie zu erkennen:

> »So kann man auch (...) von der Stärke der Fremdenfeindschaft in einem Land auf den Zustand seiner Familien, auf die seelische Gesundheit seiner Väter, Mütter und Kinder schließen.«

Hatten die Deutschen die Vokabeln von den seelisch gesunden Vätern, Müttern und Kindern nicht gerade in unseliger Vergangenheit unablässig hören müssen, als den seelisch gesunden Müttern das Mutterkreuz verliehen wurde, als die Volksgemeinschaft seelisch gesund war? So wurde ein Zustand bezeichnet, der heute als braune Krankheit der Volksseele diagnostiziert wird. Jetzt also geht es umgekehrt: Aus der (unterstellten kollektiven) Fremdenfeindlichkeit wird die kollektive Diagnose für den Gesundheitszustand der Volksseele gestellt. Das Ergebnis: Die Deutschen, zum Ducken erzogen, sind seelisch krank.

Möglicherweise ist ja sogar etwas daran. Wer von seinen selbsternannten Volkserziehern unablässig seine Schuld um die Ohren geschlagen bekommt, fühlt sich schuldig. Er entwickelt Komplexe, aus denen er sich selbst nicht befreien kann. Und das ist dann der letztendliche Beweis der Schuld.

Wie man Sündenböcke schafft

In dieser Lesart machen sich die Deutschen aus purem Egoismus schuldig, laufen sie wieder rechten Rattenfängern hinterher. Soziale Probleme und Enttäuschungen werden danach den Fremden angelastet. Jede kritische Äußerung wird als fremdenfeindlich und damit rechts abgestempelt. »Wähler der extremen Rechten« werden dann im Schulbuch so zitiert:

»Eigene und gesellschaftliche Schwierigkeiten werden auf diese ›Fremdgruppen‹ projiziert – der in der politischen Psychologie geläufige Sündenbock-Mechanismus: Die derzeit drängendsten politischen Probleme (die in der Wahrnehmung unserer Befragten alle mehr oder weniger zusammenhängen) – Arbeitslosigkeit, Rentenprobleme, Finanzkrise des Staates, Wohnungsnot, Verslumung der Großstädte, steigende Kriminalität – seien durch die übergroße Zahl von Ausländern, Asylanten und Aussiedlern verursacht oder zumindest dramatisch verschärft worden.
Die im Grunde Aufrichtigen und Gutmütigen würden dabei von cleveren ›Ausländern‹ ausgenutzt, deutsche Arbeitnehmer und Rentner benachteiligt. Die Bundesrepublik als ›Sozialamt der Welt‹:
›Ausländer nützen unseren Sozialstaat aus, und die Regierung unterstützt die noch durch ihre Maßnahmen wie zum Beispiel der finanziellen Unterstützung der Aussiedler. Da staut sich schon etwas in einem auf – so mit der Zeit. Ich kann es einfach nicht akzeptieren, daß Leute rüberkommen, die unseren Sozialstaat ausnutzen, das Geld in Empfang nehmen und sich hier einen schönen Lebensabend machen oder ein schönes Leben führen auf Kosten der Steuerzahler.‹ (Metallarbeiter, 26, Ost-Württemberg)
›Der Ausländer kriegt eine Wohnung, nur der Deutsche nicht. Die kriegen alles, und wir kriegen nichts.‹ (Betriebsarbeiter, 52, Mannheim)
›Ausländer beuten uns aus und erhöhen die Kriminalität um 200 Prozent.‹ (Landwirt, 46, Berchtesgadener Land)
›Es ist ein Ding der Unmöglichkeit, wie schnell Asylanten eine Wohnung bekommen, wie schnell denen

geholfen wird. Zuerst sollte man an die Deutschen denken, aber die sind benachteiligt. Man kann es sich nicht mit ansehen.‹ (Landschaftsgärtner, 24, Mannheim)«[36]

In einem Deutschland, in dem es so vom Stammtisch brodelt und wabert, dennoch zu leben, kommt im Schulbuch einem täglichen Spießrutenlauf gleich. Und es ist nicht nur der Stammtisch, der dem fremd aussehenden Menschen zusetzt, es ist der Staat selbst. Auszug aus einem Interview mit dem als »Mitglied einer türkischen Streetgang« vorgestellten zwanzigjährigen Mehmed:

»Diskriminierung gibt es von allen Seiten. Beispielsweise auf dem Wohnungsmarkt. Viele von uns wollen von zu Hause ausziehen, aber wir bekommen nichts. Genauso ist es auf dem Arbeitsmarkt. Wir wissen, daß wir in unseren Bereichen nicht wahrgenommen werden. Wir können sagen, was wir wollen, aber es wird nichts für uns gemacht, weil wir nicht wählen dürfen und unsere Stimme somit unwichtig ist. Diskriminierung kommt von allen Seiten. Das fängt sicherlich in der Familie an. Unsere Lebensschizophrenie bringt uns ja dazu, daß wir sehr unsicher sind, ob wir nun Türken sind oder Deutsche. Das sind alles Konflikte, wo man sich dann später Gleichgesinnte sucht. Und es sind eben die Gleichdenkenden und Gleichfühlenden, die dann die Banden bilden. Das ist dann wie ein Staat. Wir Jugendlichen, die in so einem Land wie der Bundesrepublik leben, merken, daß wir selber keine Regierung haben. Wir können uns mit diesem Staat nicht identifizieren. Die CDU, Kohl und solche Leute, die im Wahlkampf ausländerfeindliche Parolen plakatieren, können niemals unsere Regierung sein. Das hat nichts damit zu tun, daß ich die CDU nicht mag. Ich könnte sie als Regierung trotzdem akzeptieren. Aber ich kann niemals eine Regierung akzeptieren, die generell gegen mich ist. Dann hole ich mir halt meine eigenen Leute und versuche, meine eigenen Regeln, unsere eigenen Gesetze zu machen.

Es gibt ja unterschiedliche Möglichkeiten, mit diesen Konflikten fertig zu werden. Die einen schlagen ständig zu oder bedröhnen sich oder werden durch Raubüberfälle eine große Nummer.
(Frage:) Wie gehst du damit um?
Ich bin mit diesen Problemen anders fertig geworden. Ich bin mir sehr früh klargeworden, daß ich Abitur machen muß, daß ich studieren muß, um hier in diesem Land zu leben. Ich habe mir immer vor Augen gehalten, wenn du hier in Deutschland leben willst, mußt du besser sein als die Deutschen.
(Frage:) Mit wieviel Jahren hast du das so empfunden?
In der siebenten Klasse. Da habe ich gemerkt, daß ich mehr lernen muß als die Deutschen. Schon wegen meiner Vergewaltigung der deutschen Sprache. Meine Lehrer haben kein bißchen Rücksicht darauf genommen, daß ich verschiedene Sprachen sprechen muß. Zu Hause Aserbeidschanisch, in der Schule Deutsch, mit Freunden Türkisch. Das änderte sich erst, als ich im elften Schuljahr an eine Kreuzberger Schule wechselte. Daß ich mehr bringen muß als die Deutschen, damit habe ich mich abgefunden. Nur, ich kann mich nicht mit dem Gedanken anfreunden, daß ich hier immer noch Ausländer bin, obwohl ich seit achtzehn Jahren hier lebe.
(Frage:) Du hast die deutsche Staatsbürgerschaft angenommen. Was hat sich dadurch geändert?
Ich kann jetzt frei auf der Straße rumlaufen. Wenn Streß angesagt ist, dann brauche ich nicht mehr den Kopf zu nicken, nach dem Motto: ›Okay, ich bin ein Kanake‹, nur weil ich befürchten muß, ich könnte ihm eine auf die Fresse hauen und dann abgeschoben werden. Abschiebung war immer meine größte Angst. Auch auf Demos. Ich hatte immer Angst, daß die Polizei mich mitnimmt, mir vorwirft, ich hätte Steine geschmissen, und dann versucht, mich abzuschieben. Das ist der einzige Grund, weshalb ich die deutsche Staatsbürgerschaft beantragt habe, die Angst vor Abschiebung. Gut ist natürlich, ich kann jetzt wählen.

> (Frage:) Und was bleibt trotz neuem Paß wie früher?
> Mein Aussehen. Ich finde mich zwar völlig schön. Aber in den Augen der Deutschen bleibe ich Ausländer. Aber das ist mir scheißegal. Mich stört nur, wenn sie so diskriminierend von oben runter gucken.
> (Frage:) Warum war dein Vater dagegen, daß du die deutsche Staatsbürgerschaft annimmst?
> Er war der Meinung, wie viele andere Väter und leider auch Jugendliche, daß ein Türke sich durch den türkischen Paß charakterisiert. Ich würde mich übrigens nicht als Deutschen bezeichnen, sondern als jemanden, der die deutschen Rechte hat.«[37]

Wer meint, diese Sicht sei vielleicht ein bißchen einseitig, wird sich eine andere Lektüre suchen müssen. Denn seit aus dem Kampf der Klassen der Kampf der Rassen wurde, ist die Rolle der Opfer neu besetzt: Der Fremde ist immer das Opfer. Und nach der reinen Lehre der Political Correctness steht dem Opfer jedes Recht zu, auch das der Einseitigkeit. In gutmenschlichen Schulbüchern wird davon reger Gebrauch gemacht. Denn alles, was zu Beginn dieses Kapitels behauptet wurde, haben die zitierten Schulbücher schließlich ausführlich belegt: Die Deutschen sind fremdenfeindlich. In Deutschland schlägt Ausländern Haß entgegen. Deutsche Polizisten machen Jagd auf Ausländer. Deutsche Beamte drangsalieren Ausländer. Die Wirtschaft des Standortes D beutet Ausländer aus.

Postskriptum
Deutsche, einig Tätervolk
von Alexander von Stahl

Die ausländerfeindlichen Mord- und Untaten zu Beginn der neunziger Jahre, für die die Ortsnamen Hoyerswerda, Solingen und Mölln zu einem Synonym geworden sind, haben in den Köpfen der Deutschen zwei Dinge bewirkt:
Zum einen haben sie die Positionen der medien- und meinungsbeherrschenden Linken gefestigt, die sich nach dem Zusammenbruch des real existierenden Sozialismus mit seinen desaströsen wirtschaftlichen und psychologischen Folgen allenthalben desorientiert auf dem Rückzug befand. Lichterketten glommen überall im Lande auf und signalisierten den neuen/alten Feind, der eine Fortschreibung der liebgewonnenen eigenen Ideale ermöglichte.
Hatten nicht die Nationalsozialisten Polen, Juden und Zigeuner ermordet? War nicht der Faschismus nach Dimitroff die Vorhut des Kapitalismus, der die Reichen immer reicher werden ließ und der zudem auch noch aus Gründen der Gewinnmaximierung die Umwelt zerstörte? Der durch seine Gene erblich belastete Deutsche zeigte seine böse Fratze. Betroffenheit paarte sich mit Selbsthaß. »Wehret den Anfängen« schallte und schallt es durch das Land – und Goldhagen spielte die Begleitmusik dazu.
Daß es sich bei diesen Verbrechen um Einzelfälle handelte, die nicht von organisierten Banden von Extremisten begangen wurden beziehungsweise daß Spannungen zwischen ethnischen und gesellschaftlichen Gruppen fast überall in der Welt auch Gewaltakte auslösen können, das wurde nicht zur Kenntnis genommen.
Zum anderen hat diese medienpolitische Grundhaltung dazu geführt, daß über Probleme, die die massive Einwanderung von Angehörigen aus fremden Kulturen – meist aus der unteren Mittelschicht – betreffen, nicht kritisch nachgedacht werden darf, will man nicht von den Gutmenschen jedweder Couleur als Ausländerfeind und damit als Neonazi entlarvt werden.

Zahlen belegen das Gegenteil

Die behauptete Ausländerfeindlichkeit läßt sich schon durch die Tatsache eindrucksvoll widerlegen, daß Deutschland in den Jahren von 1990 bis 1997 nach den Angaben des Bundesinnenministeriums mehr als die Hälfte aller nach Westeuropa (also über die EU hinaus) einströmenden Asylbewerber aufgenommen hat und mindestens genauso viele Asylbewerber und Flüchtlinge in diesen Jahren aufgenommen hat wie Australien, Kanada und die USA zusammen.
Der Ausländeranteil stieg in Deutschland in den letzten zwanzig Jahren von 1977 bis 1997 von 6,4 auf 8,9 Prozent, wobei die neuen Bundesländer mit einem Anteil von nur jeweils zwei Prozent (Ausnahme Brandenburg – ca. 2,5 Prozent) kaum ins Gewicht fallen.
Deutschland hat damit nach der Schweiz (18 Prozent) den höchsten Ausländeranteil in Europa, wenn die höheren Zahlen in Belgien (neun Prozent) und Luxemburg (32 Prozent) unberücksichtigt bleiben, die auf die zeitweilige Anwesenheit gutverdienender Eurobürokraten und von Bank- und Versicherungsangestellten zurückzuführen sind.
Auch Jahre nach dem Anwerbestopp für Gastarbeiter von 1972 beruhte die Ausländerpolitik der Bundesregierung auf dem rotierenden System, das heißt, man ging davon aus, daß die in Deutschland arbeitenden Ausländer nach einer Reihe von Jahren in ihre Heimatländer Italien, Jugoslawien, Portugal oder die Türkei zurückkehren würden.
Nachdem diese Fehleinschätzung spätestens zu Beginn der achtziger Jahre offensichtlich geworden war, begann die Phase der Integrationspolitik, an deren Ende wir nach meiner Überzeugung jetzt stehen, weil sie an der Quantität und an der kulturellen Verschiedenheit der eingewanderten Population gescheitert ist.
Ich meine damit nicht die hier lebenden Westeuropäer, die demselben Kulturkreis angehören, der sich nach Samuel P. Huntington (»The Clash of Civilizations«) durch im Grunde gemeinsame Traditionen auszeichnet:

- die Rezeption des »klassischen Erbes«, der griechischen Philosophie, des römischen Rechts, der lateinischen Sprache und des Christentums;
- den Katholizismus und den Protestantismus in ihrer Dualität;
- die romanischen und germanischen Sprachen;
- die Trennung von weltlicher und geistlicher Macht;
- die Rechtsstaatlichkeit (rule of law);
- den gesellschaftlichen Pluralismus;
- das politische Handeln durch Repräsentativorgane und den
- Individualismus, der in der übrigen Welt außerhalb der westlichen Hemisphäre bedeutungslos ist.

Ich meine vor allen Dingen diejenigen, die aus der Welt des Islams kommen und denen diese Wertvorstellungen im allgemeinen fremd sind. Die Wertung, ob die Integration dieser Ausländergruppen gelungen oder gescheitert ist, läßt sich an zwei Faktoren messen:

- an den Kriminalitätsstatistiken – sie geben einen Einblick in die Akzeptanz der gesellschaftlichen Normen des Gastlandes;
- an den Sozialstatistiken – sie sind Ausdruck der wirtschaftlichen und sozialen Eingliederung der Ausländer.

Während die Zahl der Deutschen, die in den Jahren von 1976 bis 1996 rechtskräftig verurteilt wurden, von 626 028 auf 556 375 sank, stieg die Zahl der ausländischen Verurteilten im gleichen Zeitraum von 73 331 auf 207 315.

In diesem Zeitraum war die Anzahl der in Deutschland lebenden Ausländer von rund vier Millionen auf 7,3 Millionen gestiegen. Die Anzahl der Verurteilten hatte sich jedoch verdreifacht.

Während der Anteil der türkischen Bevölkerung an der ausländischen Bevölkerung fast konstant bei 28 Prozent liegt, haben die absoluten Zahlen der türkischen Verurteilten von 15 457 im gleichen Zeitraum auf 43 781 zugenommen. Ähnliche Zuwachsraten weisen nur noch Bürger aus dem ehemaligen Jugoslawien auf.

Während die Verurteiltenstatistiken die Daten der Justiz zur Grundlage haben, stützen sich die Kriminalstatistiken auf die Daten der Polizei.
Die Kriminalbelastungsziffer gibt an, wie viele Tatverdächtige (nicht gleichzusetzen mit Verurteilten) auf 100 000 Einwohner mit denselben Merkmalen (also zum Beispiel Alter, Nationalität) entfallen. Diese Vergleichszahlen sehen in der polizeilichen Kriminalstatistik für Baden-Württemberg im Jahre 1996 wie folgt aus:

	Erwachsene	Heranwachsende	Jugendliche	Kinder
Deutsche	1431	4524	4996	1497
Ausländer	4554	9925	9373	3635

Bedrückend an diesen Zahlen ist, daß die Ausländer unter einundzwanzig Jahren, die zum größten Teil hier aufgewachsen sein dürften, eine doppelt so hohe Kriminalitätsbelastung wie ihre deutschen Altersgenossen aufweisen.
Über Frankfurt am Main, wohl die Stadt mit dem höchsten Ausländeranteil von 28,5 Prozent weiß die Bundeskriminalstatistik zu berichten:
»In Frankfurt am Main waren über 3/5 der tatverdächtigen Jugendlichen (62,7 Prozent) und fast 3/4 der Heranwachsenden (71,2 Prozent) Nichtdeutsche. Frankfurt am Main zeigt auch unter den tatverdächtigen Kindern in den Großstädten den höchsten nichtdeutschen Anteil mit 58,1 Prozent vor Stuttgart mit 49 Prozent, München mit 46,7 Prozent, Köln mit 52,5 Prozent und Wiesbaden mit 40,3 Prozent.«
Bei einem Ausländeranteil im Jahre 1996 von 8,9 Prozent betrug der Anteil der Ausländer an den Tatverdächtigen 31,1 Prozent. Die polizeiliche Kriminalstatistik führt hierzu ergänzend aus:
»Überdurchschnittlich sind nichtdeutsche Tatverdächtige in den alten Ländern mit Gesamtberlin jedoch auch bei gravierenden Gewaltdelikten wie Raub 41,0 Prozent, Vergewaltigung 38,1 Prozent sowie Mord und Totschlag 37,2 Prozent vertreten. Hier schlagen sich unter anderem die Unterschie-

de in der Alters- und Sozialstruktur sowie in den Wohn- und Lebensverhältnissen zwischen Deutschen und den sich hier aufhaltenden Nichtdeutschen nieder.«
Ein Blick in die Berliner Kriminalstatistik von 1997 weist aus, daß die Zahl der deutschen Tatverdächtigen von 1996 auf 1997 um 7,3 Prozent – schon ein erschreckend hoher Zuwachs –, die Zahl der türkischen Tatverdächtigen jedoch um 17 Prozent und die der libanesischen Tatverdächtigen um 31,9 Prozent gestiegen ist.
Im April 1998 waren von 471 Insassen im Jugendbereich des Strafvollzuges der Berliner Justiz 226 Ausländer bei einem Bevölkerungsanteil von unter 16 Prozent.
Diese Zahlen, die einen überproportional hohen Anteil der Ausländer an den Normverletzungen dokumentieren (insbesondere im Jugendbereich, und dort mit erheblichen Zuwachsraten), zeigen, daß wir von einer Integration weit entfernt sind.

Wanderer zwischen den Kulturen

Die ausländischen Jugendlichen und Heranwachsenden sind nicht schlechter als ihre deutschen Altersgenossen. Als Wanderer zwischen den Kulturen mit schlechteren Arbeitsplatz- und Ausbildungschancen neigen sie in viel größerem Maße dazu, die Gesetze des Gastlandes nicht zu respektieren, sich in ihre Minderheitenidentität zurückzuziehen und sich Banden und Gangs Gleichgesinnter anzuschließen, um dort Halt und Anerkennung zu finden.
Ein Blick in die Sozialstatistiken zeigt ein ähnlich bedrückendes Bild.
Während sich die Zahl der deutschen Sozialhilfeempfänger (im alten Bundesgebiet) von 1980 bis zum Jahre 1996 gut verdoppelt hat (1980 – 840 733; 1996 – 1 785 044), hat sich die Zahl der ausländischen Unterstützungsempfänger insgesamt mehr als verdreizehnfacht (1980 – 81 413; 1996 – 618 418 Sozialhilfeempfänger plus 452 539 Asylbewerber).
Die Kosten allein dieser Unterstützung betrugen für 1996 17,2 Milliarden DM. Hierin sind nicht mit eingerechnet die

anderen sozialen Wohltaten wie Kindergeld, Wohngeld etc. oder der Umstand, daß über eine Million ausländischer Kinder kostenlos unsere Schulen besuchen.
Die Zahl der arbeitslosen Ausländer ist doppelt so hoch wie die der Gesamtbevölkerung (Gesamtbevölkerung 10,1 Prozent, Ausländer 18,9 Prozent, Türken 24,4 Prozent; Italiener 20,6 Prozent) und stellt damit eine überproportionale Belastung der Arbeitslosenversicherung dar. Die Eingliederungsprogramme und Berufsförderungsprogramme für Ausländer von Bund, Ländern und Kommunen werden ebenfalls mit einigen hundert Millionen Mark zu Buche schlagen.
Selbst wenn Steuern und Beiträge der Ausländer mit diesen Kosten saldiert würden – eine volkswirtschaftliche Gesamtrechnung ist mir nicht bekannt und wird von der Bundesregierung auch wohlweislich nicht vorgelegt –, käme immer noch eine Summe heraus, die dem Betrag entspräche, der eine akzeptable Steuerreform ermöglichen würde.

Gefahr durch Fundamentalisten

Darüber hinaus gilt folgendes: Die Wertvorstellungen des Islams und des Westens sind nicht nur verschieden; in der fundamentalistischen Ausprägung des Islamismus stellen sie eine latente Gefahr für die innere Sicherheit dar, die sich jederzeit in eine akute Gefahr verwandeln kann. Es sei als Beispiel nur an die Ermordung von vier Exilpolitikern in Berlin im Jahre 1993 durch iranische Stellen erinnert.
Die Grundaussagen des Islamismus (nicht der islamischen Religion) sind:
- Der Islam ist die alleinige Wahrheit.
- Er kann nur durch den auf Koran und Scharia gegründeten islamischen Gottesstaat verwirklicht werden.
- Das bedingt die Verpflichtung zum Kampf gegen alle Ungläubigen, die einen islamischen Gottesstaat nicht anstreben.
- Notwendig ist daher die politische und soziale Revolution im Wege des »Dschihad«, die sowohl gewaltsam als auch daneben auf politischem Wege erfolgen kann.

- Alle der Ursprungsfassung von Koran und Scharia entgegenstehenden Wertvorstellungen sind abzulehnen und zu bekämpfen –
- und damit auch die Demokratie.

Es gelten die geoffenbarten Gesetze Allahs. Die Parlamente sind Teufelswerk, weil sie mit ihren Gesetzen in die Gesetze Gottes eingreifen. Mit freiheitlich-demokratischer Grundordnung und Pluralismus hat dies nichts zu tun.
Zudem ist der Islamismus in hohem Maße antisemitisch, eine Haltung, die durch einen militanten Antizionismus kaschiert wird.
Der Islamismus hat gesiegt im Iran, im Sudan und in Afghanistan; an der ganzen Südflanke Europas von der Türkei bis Algerien tobt ein heftiger Kampf.
Unter den 7,3 Millionen Ausländern in Deutschland leben rund 2,3 Millionen ausländische Muslime, von diesen gehören nach Auffassung der Verfassungsschutzämter rund 30 000 extremistischen Organisationen an.
Bedenkt man jedoch, daß die Verfassungsschutzämter bei 80 Millionen Einwohnern das gesamte rechts- und linksextremistische Potential in der Bundesrepublik auf ca. 80 000 einschätzen und die Zahl der gewaltbereiten Extremisten von links und rechts mit 14 000 beziffern, erhält die Zahl von 30 000 fundamentalistischen Extremisten ein ganz anderes Gewicht.
Die größte dieser Gruppen ist die islamische Gemeinschaft Milli Görüs e.V., die das Sammelbecken islamistischer Auslandstürken in Europa darstellt. Sie hat ihren Sitz in Köln und soll in Deutschland über 26 000 Mitglieder mit mehr als 500 Zweigstellen haben. Ihr Ziel ist darauf gerichtet, die laizistische Staatsordnung in der Türkei abzuschaffen. Daneben strebt sie die Islamisierung der ganzen Welt an. Sie leistet Basisarbeit unter den in Deutschland lebenden Muslimen, um sie zur Wahrung der islamischen Identität zu gewinnen. Nichtislamische Schulen und Kindergärten lehnt sie als Verrat am Islam ab. Ihre Mitglieder zeichnen sich durch ein hohes Maß an Intoleranz aus; aber auch durch Gewaltbereit-

schaft gegen Türken, die sich ihren Vorstellungen nicht beugen. Kontakte zu Deutschen und deren (Schweinefleisch-Drogen-Sex-)Kultur sollen möglichst unterbleiben. Der Einfluß der Anhänger von Milli Görüs auf junge Türken wächst beständig, wie die Verfassungsschutzämter feststellen. Das Problem der Zuwanderung aus Regionen außerhalb des westlichen Kulturkreises wird weiter wachsen. Nur eine Politik, die diese Gefahren erkennt, wird sie auch eindämmen können. Es ist verwerflich, wenn aus politischem Kalkül in Schulbüchern diese Probleme in ihr Gegenteil verkehrt werden, wie Klaus J. Groth und Joachim Schäfer so treffend nachgewiesen haben.

Alexander von Stahl, geboren 1938 in Berlin, Rechtsanwalt, 1967–1966 Regierungsrat beziehungsweise Oberregierungsrat beim Berliner Senator für Inneres, 1975–1989 Staatssekretär der Justizverwaltung Berlin, 1990–1993 Generalbundesanwalt, leitet heute als Geschäftsführer einen überregionalen Verband unabhängiger Finanzdienstleistungsunternehmen. Außerdem politisches Engagement für die FDP: 1969–1970 Wissenschaftlicher Assistent der Fraktion im Abgeordnetenhaus Berlin, 1970–1975 deren Fraktionsgeschäftsführer, kandidierte 1998 in Berlin für die Wahl zum Bundestag.

Das süße Gift des Sozialismus
Marx gut, Erhard schlecht

Kennen Sie Ludwig Erhard? Wenn Sie diese Frage mit »Ja« beantworten, gehören Sie wohl zu den »letzten Mohikanern«, für die der Vater der sozialen Marktwirtschaft noch nicht unter ideologischem Mehltau begraben liegt.
Beantworten Sie diese Frage mit einem lauten »Nein« oder einem zarten »Jein«, dann gehören Sie mit Sicherheit zu der Generation, die ihr geistiges Rüstzeug über Wirtschafts- und Gesellschaftsordnungen den heute eingesetzten Lehrmitteln zu verdanken hat.
Ein besonders krasses Mißverhältnis in der Darstellung der Leistungen und Philosophien von Friedrich Engels und Karl Marx auf der einen und Ludwig Erhard auf der anderen Seite liefern die »Gleichheitsprediger«, sprich die Autoren von »Entdecken und Verstehen«, einem Meisterwerk für mutierte Politpropaganda.
Es hätte mit Sicherheit die Zensurabteilungen der seinerzeit zuständigen DDR-Behörden ohne Probleme passiert, werden doch die Grundzüge und Intentionen des Sozialismus in epischer Breite dargestellt. Rund vierzig Seiten des insgesamt dreihundertelf Seiten umfassenden Lehrbuches widmen sich auch rund zehn Jahre nach Ende des kalten Krieges immer noch einem System, dessen Bankrotterklärung bis auf wenige Länder wie Kuba oder Nordkorea von allen Staaten des ehemaligen Ostblocks unisono unterschrieben wurde. Daher sei die Frage erlaubt, ob es den Verfassern darum geht, dem gescheiterten Sozialismus postum einen politischen Persilschein auszustellen oder gar den Sozialismus über den Weg der pädagogischen Indoktrination zu rehabilitieren.
Daß die aufgeworfene Frage durchaus realen Hintergrund hat und nicht in die »Spekulationsschublade« gehört, zeigt sich schon im Einstiegskapitel.
Eine überdimensionierte Collage aus dem Jahr 1996 stellt die Situation einst und jetzt dar: Kinderarbeit im 19. Jahrhun-

dert, Kinder im Sozialismus im 20. Jahrhundert. Links im Bild: geknechtete Buben und Mädchen in Spinnereien und Bergwerken, »denen es nicht darum ging, ihr Taschengeld aufzubessern, sondern um ihre Familie und sich selbst zu ernähren« (Originalton der entsprechenden Textpassage). Rechts im Bild: Pimpfe der FDJ, adrett gekleidet vor einer Leninbüste; ein wie Gott Vater wirkender Karl Marx (mit retuschiertem Rauschebart) und eine DDR-Betriebskampfgruppe (die Kalaschnikow darf nicht fehlen), die Wehrhaftigkeit gegenüber dem Klassenfeind symbolisieren soll.
Die Buchautoren heben in Begleittexten die zum damaligen Zeitpunkt herrschende akute wirtschaftliche Not der Industriearbeiterinnen und -arbeiter hervor und schildern plastisch, wie einige wenige unternehmerisch tätige Ausbeuter immer reicher wurden. Um Not und Armut abzuwenden, seien neue Wege erprobt worden. Zitat:

>»Kein Weg führte gleich zum Ziel. Der Erfolg schien lange unsicher. So entstand damals auch die Vorstellung vom Sozialismus, einer radikal anderen Gesellschaftsordnung, die materielle Gleichheit und Gerechtigkeit schaffen sollte.«

Und so endet dann das Einstiegskapitel mit den bedeutungsvollen Sätzen:

>»Schließlich geht es um die Frage, was Sozialismus heute noch bedeuten kann. Sind seine Vorstellungen überholt? Ist der Sozialismus nach dem Scheitern der Sowjetunion noch eine Alternative zum marktwirtschaftlichen System?«

Daß die Lösung der Aufgabe (ein pointiertes Ja!) nicht gleich mitgeliefert wird, grenzt bereits an ein methodisch-didaktisches Wunder.
Die nachfolgenden Seiten widmen sich dem Weber-Aufstand von 1844, zu dem der Schriftsteller Wilhelm Wolff 1845 schrieb:

>»Nur eine Reorganisation, eine Umgestaltung der Gesellschaft auf dem Prinzip der Solidarität, der Ge-

genseitigkeit und Gemeinschaft, mit einem Wort: der Gerechtigkeit, kann uns zum Frieden, zum Glück führen.«

Die Schüler werden aufgefordert, in Stichworten zusammenzustellen, was der Autor fordert. Danach wird Friedrich Engels auf einer dreiviertel Buchseite zitiert:

> »Die Krämer und Fabrikanten verfälschen alle Nahrungsmittel auf eine unverantwortliche Weise und mit der größten Rücksichtslosigkeit (…). Unter den Zucker wird gestoßener Reis oder andere wohlfeile Sachen gemischt und zum vollen Preis verkauft (…). Kakao wird sehr häufig mit feiner brauner Erde versetzt, die mit Hammelfett gerieben ist.«

Die nun folgende Aufgabe für die Gymnasiasten erinnert an marxistisches Kasperletheater, so als ob es die Absicht der Schulbuchautoren gewesen wäre, den Schülern Klassenkampfparolen ins Herz zu implantieren:

> »Sucht in den Medien Beispiele für vergleichbare Zustände in der heutigen Welt.«

Das Elend der Arbeiter: Ausbeutung durch Kapitalisten

Die nächsten drei Buchseiten beschäftigen sich erneut ausführlich mit Karl Marx und Friedrich Engels. Beide kommen bei dem Unterkapitel »Ursachen des Elends der Arbeiter: Ausbeutung« mit einem Beispiel zu Wort:

> »Wie ein Pferd mehr leisten kann, als sein Futter wert ist, kann die Arbeitskraft mehr Waren herstellen, als der Lohn kostet. Die von den Arbeitskräften hergestellten Waren gehören jedoch dem Unternehmer. Durch den Verkauf der Waren macht er sich den Unterschied von Lohnkosten und der Leistungsfähigkeit der Arbeitskraft zunutze.«

Es folgen ausführliche Auszüge aus »Das Kapital« und »Manifest der kommunistischen Parteien« sowie eine Lithographie der »linken Bibel« und graphisch herausgehobene Lebensläufe von Karl Marx und Friedrich Engels, die einer Jubelorgie gleichen.
Über die Haltung des langjährigen SPD-Vorsitzenden und Bundeskanzlers Willy Brandt zur Veränderung der Klassengesellschaft erfahren die Jugendlichen:

»Die Oberschichten – Großarier und Fabrikherren – bezogen ihr Einkommen für ein nicht selten luxuriöses Leben, ja oft ohne eigene Arbeit, aus ihren Verfügungsrechten aus feudalem Grundbesitz und Produktivkapital, während die große Mehrheit der Menschen ihr Leben nahezu ausschließlich mit harter Arbeit zu verbringen hatte; für viele reichte es trotzdem nicht zu mehr als zum Vegetieren.«

Brandt schrieb diesen Satz in der Einleitung zu einem Bildband im Jahr 1988. Und was ein Friedensnobelpreisträger 1988 geschrieben hat, dürfte doch auch noch zehn Jahre später seine Gültigkeit haben – oder?
Weitere Kapitel behandeln Lenins Theorien vom Weg zum Sozialismus (Vita inbegriffen), die Situation Rußlands vor der Revolution; Leo von Bronstein, genannt Trotzki, erfährt ebenfalls eine herausgehobene Würdigung, und auch der Kriegskommunismus von 1917 bis 1921 findet seinen Niederschlag auf mehr als vier Buchseiten.
Hier eine Kostprobe:

»Trotz des Bürgerkriegs wurde die Neuorganisation der Gesellschaft nach den Grundsätzen des Sozialismus energisch vorangetrieben. Mit immer neuen Verordnungen wurden
– alle ständischen Privilegien abgeschafft
– die unehelichen Kinder den ehelichen gleichgestellt
– die Scheidung erleichtert
– die allgemeine Schulpflicht eingeführt
– Schuluniformen und Noten abgeschafft
– die Zulassungsprüfungen zu den Universitäten abgeschafft

– die Religion zur Privatsache erklärt
– die Kirche vom Staat getrennt
– das Kirchenvermögen enteignet
– der Religionsunterricht verboten
– die bürgerlichen Presseorgane verboten
– die bürgerlichen Parteien verboten
– die nicht bolschewistischen Parteien verboten.

Die Schüler werden animiert zu diskutieren, welche dieser Maßnahmen größere Chancengleichheit der Menschen bezweckten.

Ist es nicht geradezu fahrlässig, junge Menschen mit solchen Aufgaben zu konfrontieren? Natürlich fördern die allgemeine Schulpflicht und die Gleichstellung unehelicher Kinder mit ehelichen die Chancengleichheit der Menschen. Wenn derartige Selbstverständlichkeiten aber mit der Enteignung von Kirchenvermögen und dem Verbot des Religionsunterrichts in einen Topf geworfen werden, sollte dies hellhörig machen.

Die Oktoberrevolution: human, menschlich, sozial ...

Verklärung – nicht Aufklärung, Idealisierung – nicht kritisches Hinterfragen, ziehen sich wie ein roter Faden durch den Abschnitt, der sich mit dem »Alltag unter dem Sozialismus« beschäftigt. Besonders der Frauenalltag wird in hellen, bunten Farben geschildert. Gelobt wird der weitaus höhere Prozentsatz der Frauen an russischen Hochschulen als in Frankreich oder Deutschland. Hervorgehoben wird der hohe Bildungsstand der weiblichen Parteimitglieder, und es wird gerühmt, daß Frauen in Leitungspositionen stärker als üblich vertreten waren. Heroisiert wird eine der führenden Frauen der sozialistischen Emanzipationsbewegung. Die Rede ist von Aleksandra Kollontaj, die nach der Revolution von Oktober 1917 bis März 1918 als »Volkskommissarin für staatliche Fürsorge« die erste Frau in einem Regierungsamt war. »Sie setzte sich besonders für die vollkommene Gleichberechtigung der Frauen in der neuen sozialistischen Gesellschaft ein«, loben die Buchautoren. Umfangreich wird eine Vorlesung der Volkskommissarin aus dem Jahr 1921 gewürdigt:

> »Unsere Arbeiterrepublik kann mit Recht auf unsere Sozialgesetzgebung auf dem Gebiet des Mutterschutzes und der Säuglingsfürsorge stolz sein. (...) Der Staat garantiert allen Frauen, die physische Arbeit verrichten, 16 Wochen Schwangerschaftsurlaub. (...) Die Höhe des staatlichen Urlaubsgeldes entspricht dem bisherigen durchschnittlichen Arbeitsverdienst. (...) Stillende Mütter erhalten während der ersten neun Monate nach der Geburt zusätzlich noch finanzielle Unterstützung.«

Entsteht hier nicht der Eindruck, daß es in Rußland nach der Revolution humaner, menschlicher und sozial gerechter zuging als es heute in Deutschland an der Tagesordnung ist? Ein Schelm, der Böses dabei denkt.

Zusammengefaßt wird das Kapitel über die Oktoberrevolution, indem man prominente Kommunisten zu Wort kommen läßt: so Rosa Luxemburg (einschließlich Kurzbiographie), aber auch Michail Gorbatschow, den letzten Generalsekretär der Kommunistischen Partei der Sowjetunion. Gerade Gorbatschow, der sich um die Wiedervereinigung Deutschlands verdient gemacht hat und der hohes Ansehen in Deutschland genießt, muß herhalten, um »die Oktoberrevolution als eine Sternstunde der Menschheit« zu apostrophieren:

> »Die Oktoberrevolution war ein machtvolles Aufbegehren von Millionen Menschen, in dem die grundlegenden Interessen der Arbeiterklasse, die in Jahrhunderten gehegten Hoffnungen und Wünsche der Bauernschaft, der Friedenswille der Soldaten und Matrosen und die unbezwingbare Sehnsucht der Völker des multinationalen Rußland nach Freiheit und Licht zu einer Einheit verschmolzen.«

Was zählt bei so viel Lobhudelei noch die Wiedergabe eines Interviews des Nachrichtenmagazins »Der Spiegel« mit dem russischen Historiker Juri Afanassjew über die Oktoberrevolution. Afanassjew bezeichnete in dem Gespräch den Kommunismus als eine von Anfang an »abgelebte Idee«. Er – so der Historiker weiter – sei heute davon überzeugt, daß in den ganzen zweiundsiebzig Jahren Macht in der Sowjetunion niemals etwas anderes gewesen sei als die Inkarnation von Gewalt und Terror.

Das unterschwellige Credo der Spätmarxomanen

Nach einer kurzen Episode, in der die Novemberrevolution in Deutschland aus dem Jahr 1918 abgehandelt wird und in der bereits im Vorspann die historische Wahrheit verbogen wird (»Der vom deutschen Reich 1914 ausgelöste Erste Weltkrieg ...«), muß der junge Leser auf weiteren knapp drei Seiten der Frage nachgehen, »inwieweit das Anliegen des Sozialismus immer noch berechtigt ist und was Sozialismus heute noch bedeuten kann«. Kurzum: Brauchen wir den Sozialismus als Alternative oder Anreiz zur Veränderung, oder hat sich die Idee überlebt?
Letzteres scheinbar nicht, so das Credo der Spätmarxomanen. Als Beleg dient ihnen unterschwellig ein UNO-Report aus dem Sommer 1996, über den die »Süddeutsche Zeitung« mit der Überschrift »358 wiegen die halbe Menschheit auf« berichtete. Der Jahresreport des Entwicklungsprogramms der Vereinten Nationen (UNDP) berichtete von dreihundertachtundfünfzig Milliardären, die soviel besitzen wie fast die Hälfte der Menschheit, wobei bei dieser Modellrechnung »sogar noch Reichtum (der Milliardäre) und Einkommen (der Milliarden) miteinander verglichen werden«, kommentieren die Verfasser. »Würde man den Vergleich«, heißt es in dem Text weiter, »nur auf das Vermögen beschränken, tendierte der Unterschied ins Unendliche – aus einem schlichten Grund: Die Ärmsten der Armen besitzen buchstäblich nichts.«

Die Erben Honeckers als Alternative

Was will uns diese Botschaft sagen? Natürlich das, daß der Sozialismus sehr wohl eine Alternative zur bestehenden Wirtschaftsordnung ist. Als Kronzeuge dient der britische Wissenschaftler John E. Roemer, in dessen Agitationsaufguß »Eine Zukunft für den Sozialismus« Marx in gezielten Dosen verabreicht wird:

> »Um zu verstehen, wie kurz siebzig Jahre in der Menschheitsgeschichte sind, muß man sich daran erinnern, wie beharrlich der Kampf der Menschheit gegen Ungleichheit und Ungerechtigkeit gewesen ist und wie dauerhaft die Probleme sind, die schon vor zweihundert Jahren sozialistische Ideen hervorbrachten. Es ist nicht so, daß wir nichts aus den siebzig Jahren sowjetischer Erfahrung gelernt hätten. Wir haben massiv gelernt. Wer verkündet, der Kapitalismus habe gewonnen oder wir hätten das Ende der Geschichte erreicht, beweist nur seine Kurzsichtigkeit. Der Kapitalismus mag gewonnen haben, aber es ist ein bißchen früh, darüber zu reden.
> Es gibt mit Marx immer noch starke Gründe dafür, daß die wirkliche Geschichte, die den Mangel als unüberwindliches Hindernis der Selbstverwirklichung abschafft, für die Mehrheit der Menschen noch gar nicht begonnen hat.«

Und daß der Sozialismus in Deutschland auch heute noch sehr wohl seine Chance erhalten muß und seine Daseinsberechtigung hat, wird durch einen Auszug aus dem Parteiprogramm der SED/PDS belegt. Während ähnlich umfangreiche Darstellungen aus Parteiprogrammen liberaler oder konservativer Parteien wie selbstverständlich in »Entdecken und Verstehen« keinen Platz finden, können sich die Erben Honeckers ausführlich ins rechte (linke) Bild rücken:

> »Sozialismus ist für uns ein notwendiges Ziel – eine Gesellschaft, in der die freie Entwicklung der einzelnen zur Bedingung der freien Entwicklung aller geworden ist. Sozialismus ist für uns eine Bewegung gegen die

Ausbeutung des Menschen durch den Menschen, gegen patriarchalische Unterdrückung, gegen die Ausplünderung der Natur, für die Bewahrung und Entwicklung menschlicher Kultur, für die Durchsetzung der Menschenrechte, für eine Gesellschaft, in der die Menschen ihre Angelegenheiten demokratisch und auf rationale Weise regeln. Sozialismus ist für uns ein Wertesystem. (…) Die Existenzkrise der Zivilisation macht die Umwälzung der herrschenden kapitalistischen Produktions- und Lebensweisen zu einer Frage menschlichen Überlebens.«

In diesen Sprechblasen wird der vermeintlichen Objektivität wegen François Furet, der selbst von 1949 bis 1956 Kommunist war, zitiert, wobei besonders die bedauernden Untertöne des 1997 verstorbenen Historikers hervorgehoben werden:

»Er (der Kommunismus) war untrennbar mit einer grundlegenden Illusion verknüpft.
(…) Ich verstehe darunter (…) daß der Errichtung der ›Diktatur des Proletariats‹ (…) ein wissenschaftlicher Charakter bescheinigt wurde: eine Illusion (…) Sie ist (…) einem religiösen Glauben nicht unähnlich (…) Die kommunistische Welt hat sich über das hinaus, was sie darstellt, immer damit gerühmt, was sie sein und infolgedessen auch werden würde. Diese Frage wurde mit ihrem Verschwinden geklärt. Heute wissen wir, daß sie ausschließlich der Vergangenheit angehört.«

Hier wurde ein merkwürdiger Cocktail gemixt: Ein Schierlingsbecher, dessen Gemisch aus der Dekadenz der Unbelehrbaren und der Resignation der Nostalgiker besteht und das als das »süße Gift des Sozialismus« den in sich noch nicht gereiften jungen Menschen eingeflößt werden soll.
Wie sonst wäre der Schlußsatz des Gesamtkapitels zu verstehen:

»Auch nach dem Zusammenbruch der Sowjetunion 1991 und anderer sozialistischer Regime in Osteuropa bleibt die Idee des Sozialismus lebendig. Die grundle-

genden Unterschiede zwischen den Armen und Reichen haben sich nicht verändert, und der Ausgleich zwischen den Menschen ist noch nicht geleistet.«
Und nahezu naiv fügen die Klassenkampfdogmatiker zur Abrundung hinzu:

»Aber es bleibt auch die Frage nach dem Gesicht des Sozialismus: Kann er auf demokratische Weise verwirklicht werden, oder ist eine Verwirklichung mit Gewalt und einer Diktatur verbunden?«

Als ob diese Frage nicht schon durch die Geschichte beantwortet wäre.

»Die Reichen werden immer reicher ...«

Während alle Großkopferten des Sozialismus ihren angestammten Platz in »Entdecken und Verstehen« erhalten, findet Ludwig Erhard nicht statt. Pardon, ganz so ist es nicht. Immerhin wird der Vater der sozialen Marktwirtschaft im Fließtext zweimal erwähnt, und zwar einmal auf Seite 218 (»1948 wurden im Wirtschaftsrat von Ludwig Erhard [CDU] die Weichen für eine marktwirtschaftliche Ordnung gestellt.«) und auf Seite 221, indem hier Ludwig Erhard als deutscher Bundeskanzler in der Zeit von 1963 bis 1966 in der Reihe aller Bundeskanzler der Bundesrepublik Deutschland seinen Platz findet. Was die Schüler über Erhards Aufbauleistung und über das, was man gemeinhin als Wirtschaftswunder bezeichnet, erfahren, grenzt an Blasphemie:

»CDU/CSU und FDP einigten sich auf das Programm der Sozialen Marktwirtschaft. In diesem System sollte der Wettbewerb und das Streben nach Gewinn und Privatbesitz die Wirtschaft anregen. Sozial sollte die Marktwirtschaft dadurch sein, daß sie alle Bürger am wirtschaftlichen Wohlstand teilhaben läßt, allen Bürgern Eigentum ermöglicht und soziale Absicherung im Alter, bei Krankheit oder Unfall und bei Arbeitslosigkeit gewährleistet.«

Das Wunder habe ganz reale Ursachen gehabt, befinden die Schulbuchpublizisten, weil der bereits begonnene Wirtschaftsaufbau durch den Marshallplan verstärkt worden sei und neue Produktionsanlagen der Konkurrenz aus dem Ausland überlegen waren. Außerdem habe der große Nachholbedarf nach dem Zweiten Weltkrieg und während des Koreakrieges den Export anschnellen lassen. Das war's!
Weit umfangreicher geht es zu, wenn die »Gefahren der Sozialen Marktwirtschaft« dargestellt werden. Herhalten hierfür muß ein Auszug aus dem Godesberger Programm der SPD aus dem Jahre 1959:

»Im demokratischen Staat muß sich jede Macht öffentlicher Kontrolle fügen. Das Interesse der Gesamtheit muß über dem Einzelinteresse stehen. In der vom Gewinn- und Machtstreben bestimmten Wirtschaft und Gesellschaft sind Demokratie und soziale Sicherheit und freie Persönlichkeit gefährdet.
(…) Wettbewerb soweit wie möglich – Planung soweit wie nötig.«

Nicht ganz so herbe und in Teilbereichen ausgewogener kommt die soziale Marktwirtschaft in Peter J. Schneiders und Manfred Zindels handlungsorientiertem Politikbuch »Moment mal …« weg. Allerdings wird zur Einstimmung eindeutig zweideutig darauf hingewiesen, daß Wirtschaft und Politik eng miteinander verbunden und oft voneinander abhängig seien. Politische Macht bedeute nicht selten auch wirtschaftliche Macht; und wirtschaftliche Macht ginge mit politischer Einflußnahme einher. Originalzitat: »Wer das Geld hat, hat auch die Macht.« Der Lauterkeit halber sei hinzugefügt, daß im Einstieg in den Themenkreis IV »Wirtschaft und Politik« der sozialen Marktwirtschaft konstatiert wird, sie sei Garant für den im Vergleich zu anderen Ländern sehr hohen Lebensstandard der Deutschen, für eine beispielhafte soziale Absicherung bei gleichzeitig möglichst großer wirtschaftlicher und politischer Freiheit und Selbstbestimmung.
Gleichwohl ergäben sich wegen dieser Freiheit Spannungsfelder (Wer will das bestreiten!), nämlich die zwischen Kapital

und Arbeit, Armen und Reichen, Arbeitenden und Arbeitssuchenden sowie bei Wirtschaftswachstum und Umweltschutz. Auch dieses Buchkapitel beginnt mit der industriellen Revolution im 19. Jahrhundert. Dort wird die freie Marktwirtschaft, also die damalige Wirtschaftsordnung, gegeißelt. Sie sei Motor für Fortschritt und Elend gewesen, so Peter J. Schneider und Manfred Zindel, deren Philippika lautet:

»Die Reichen wurden immer reicher, die Armen immer ärmer.«

Ein Spruch, der heute – gewerkschaftsbestimmt – die politischen Debatten prägt.
Nur eine zufällige Duplizität der Ereignisse?
Der Zentralwirtschaft wird ein ähnlich schlechtes Zeugnis (Gott sei's gelobt) wie der freien Marktwirtschaft eines Adam Smith ausgestellt, wobei dann im nächsten Kapitel Ludwig Erhard doch noch so etwas wie Satisfaktion erfährt:

»Nach harten Auseinandersetzungen fiel, begünstigt durch die Wünsche der amerikanischen Besatzungsmacht und durch den engagierten Einsatz des späteren Wirtschaftsministers und Bundeskanzlers Professor Dr. Ludwig Erhard, die Entscheidung zu Gunsten des Systems der Sozialen Marktwirtschaft, die – aufbauend auf der Freien Marktwirtschaft – zum Schutz des wirtschaftlich Schwächeren dem Staat Möglichkeiten läßt, lenkend oder kontrollierend in das Wirtschaftsgeschehen einzugreifen.«

Erläuternd folgt danach, was unter staatlichen Eingriffen in das Wirtschaftsgeschehen zu verstehen ist, also Gesetze zum Schutze des Wettbewerbs und der Arbeitnehmer sowie die Grundzüge der sozialen Sicherung und einer gerechten Einkommens- und Vermögensverteilung. Alles hier Geschilderte wurde auf – man höre und Staune – neun Buchseiten abgehandelt. Was dann aber kommt, könnte den geneigten Leser fast erschlagen. Auf dreiundneunzig Seiten werden die »Spannungsfelder der Sozialen Marktwirtschaft« unter die Lupe genommen.

Die Spannungsfelder der sozialen Marktwirtschaft

Es ist eine Binsenweisheit, daß es auch in einer sozialen Marktwirtschaft keine Garantie gegen schwarze Schafe gibt. Daß Giftmüllaffären, Waffenschmuggel sowie Spekulanten und Absahner das Bild dieser Wirtschaftsordnung beschädigen. Aber warum wird der Eindruck erzeugt, als ob die Ausnahme die Regel wäre? Oder daß rund 2,5 Millionen mittelständische Unternehmer, deren Einkommen vielfach nicht höher sind als die eines Facharbeiters, durch ihren Fleiß, durch ihre Innovationsbereitschaft diesen Staat finanzieren, wie es der Hannoveraner Finanzwissenschaftler Eberhard Hamer in einer vielbeachteten Studie ermittelt hat. Warum werden Spannungsfelder zwischen Arbeitnehmer und Unternehmer aufgebaut, die höchstens in Großbetrieben zutage treten, nicht aber in einem mittelständischen Betrieb des Handwerks? Warum wird immer noch die Mär vom rechtlosen Arbeitnehmer in der sozialen Marktwirtschaft verbreitet, wie dies eine Karikatur des DGB-Landesbezirks NRW weismachen will, durch die suggeriert werden soll, daß Gewerkschaften und Arbeitgeber mit ungleichen Waffen kämpfen – beispielsweise in der Frage von Streik und Aussperrung? Die Zeichnung zeigt einen Arbeitnehmer, in der Hand eine Latte, auf der das Wort »Streik« steht. Der Arbeitgeber ist bis an die Zähne bewaffnet (Pistolen inbegriffen), hat aber ebenfalls eine Latte bei sich, auf der »Aussperrung« zu lesen ist. Unterlegt ist die Karikatur mit der Frage: »Wollen Sie mir etwa das Recht auf gleiche Waffen absprechen?!«
An anderer Stelle des Buches wird der Eindruck erweckt, Arbeitnehmer seien rechtlos. »Achtung! Sie verlassen den demokratischen Sektor der Bundesrepublik!« ist auf einem Schild zu lesen, mit dem Arbeiter beim Betreten des Fabrikgeländes konfrontiert werden.
Aber mit solch kleinen versteckten Nickeligkeiten kann und muß man leben, weil sie heute einfach dazugehören und eine wirkliche Ausgewogenheit in Problemschilderung und Darstellung – je nach Blickwinkel – unrealistisch ist oder inzwischen in das Reich der Fabel gehört.

Die ökologischen Krisenszenarien

Nach ideologischer Verbrämtheit riecht es allerdings, wenn ein Spannungsfeld zwischen sozialer Marktwirtschaft und Umweltschutz konstruiert wird. Unter dem Stichwort »Unser täglich Gift« wird ein Horrorszenario zusammengefaßt:

> »Von Industrieeinleitungen verdreckte Flüsse, in denen die Fische sterben; hochgiftige Chemikalien und Pestizide, die Boden und Grundwasser verseuchen; radioaktives Molkepulver, das nicht entsorgt werden kann; Kälber, die mit verbotenen Hormonen gedopt werden – während das Umweltbewußtsein der Bevölkerung steigt, künden täglich Horrormeldungen von neuen Katastrophen. Der Wald stirbt weiter, die Nordsee kippt, Giftstoffe in Lebensmitteln bedrohen die Gesundheit der Verbraucher. Es gibt noch viel zu tun – denn: schon lange haben uns verantwortungsvolle Bürger/-innen gemahnt: Die Luft wird immer mehr belastet (...) Die Abholzung des Regenwaldes verändert unser Klima (...) Unfälle in Chemiewerken beziehungsweise Kernkraftwerken führen zu großen Katastrophen.«

Wachgerüttelt seien die Menschen nicht durch das langsame Siechtum der Natur, sondern durch Katastrophen wie zum Beispiel die hohe Zunahme von Hautkrebs durch das Ozonloch.
Angst statt Aufklärung feiert fröhliche Urständ.
Aber mal ehrlich. Sind die geschilderten Gefahren die Ausgeburt der sozialen Marktwirtschaft? Ist es nicht so, daß gerade das sozialistische Wirtschaftssystem einen unvorstellbaren Raubbau mit der Natur getrieben hat? Sind die Dreckschleudern von Kraftwerken in der ehemaligen DDR, der beißende Braunkohlengestank oder die Dunstglocke über dem polnischen Kattowitz schon in Vergessenheit geraten? Schon vergessen, daß erst nach dem Fall der Mauer Fische in der Elbe wieder eine reale Überlebenschance haben? Steht der Reaktor von Tschernobyl nicht in einem Land, dessen Führer den Sieg des Sozialismus/Kommunismus über den

Kapitalismus durch den wegweisenden technischen Fortschritt glaubten propagieren zu müssen?

Wer also von einem Spannungsfeld zwischen Umweltschutz und sozialer Marktwirtschaft spricht, sollte die Kirche im Dorf lassen.

Den Verantwortlichen von »Moment mal ...« wird dringend empfohlen, Reginald Rudorfs Dokumentation über die Vertreibung der Eliten zu lesen. Der ehemalige DDR-Dissident und FAZ-Redakteur räumt in seinem Buch »Kopflos« mit »ökologischer Panikpropaganda« auf seine Art und Weise auf: »Die grüne Doktrin trifft die neuralgische Seelenachse auf den psychologischen Punkt, zumal die Seelenverfassung des Deutschen, dessen historisch gewachsene Affinität zu katastrophischen Auf- und Untergängen (Horx) ihn zum weltweit dankbarsten Objekt des Grünstichs prädestiniert.« Rudorf verweist auf Untersuchungen, nach denen das Ozonloch schon 1930 entdeckt wurde, als es noch gar keine FCKW gab, und daß, seitdem das Ozonloch durch die Schlagzeilen der Medien geistert, die Hautkrebsrate deutlich zurückgegangen sei. Und er prangert die von Ökoaktivisten verbreitete Botschaft an, Versuche an Ratten mit Ozon in den USA hätten bei diesen Tieren eine deutlich gestiegene Tumorhäufigkeit ergeben, weil verschwiegen werde, daß diese Ratten zwei Jahre lang Ozonkonzentrationen bis zu viertausend Mikrogramm ausgesetzt wurden – Konzentrationen also, die außer im Labor nirgends vorkommen und jeden Elefanten umbringen würden. Rudorfs Fazit: Irreführende Methoden und alle möglichen Desasterszenarien, durch Computersimulationen hochgerechnet, dienen dazu, »der erschrockenen Umwelt« als bare Münze angedient zu werden.

Die toten Kinder von Birkungen

Horrormeldungen werden eingesetzt, um Stimmungen zu erzeugen und unterschwellig Ängste zu verbreiten. Dazu scheinen alle Mittel – auch auf den Wahrheitsgehalt ungeprüfte – recht zu sein. Abgedruckt wird die spektakuläre Aufmacherge-

schichte »Die Müllkippe und die toten Kinder von Birkungen« der »Hessisch-Niedersächsischen Allgemeinen« vom 7.10.1990. Diese schildert die Leidensgeschichte der 1328-Seelen-Gemeinde Birkungen, in der 16,81 Prozent aller Neugeborenen mit Mißbildungen das Licht der Welt erblickten. Die Zahl der Totgeburten sei achtmal so hoch wie im Landesdurchschnitt, heißt es in dem Bericht. Allein durch Subhead »Was ist drin in der rund zwei Kilometer entfernten Mülldeponie bei Weinrode?« werden Spekulationen Tür und Tor geöffnet. »Kripo und Staatsanwaltschaft ermitteln inzwischen«, heißt es weiter, »nicht zuletzt weil Werner Meinel, Professor an der Kasseler Universität, bei der Staatsanwaltschaft in Worbis Anzeige erstattet hat.« Die Trinkwasserversorgung werde durch die Deponie in »unverantwortlicher Weise« verseucht, und eine weitere Gefahr seien die vielen Brände auf der Deponie, die »zur Freisetzung giftiger Substanzen« führen könnten.
Die Schulbuchschreiber lassen die Berichterstattung der »Hessisch-Niedersächsischen Allgemeinen« nicht nur kommentarlos stehen – mehr noch, sie lassen die Leser im Nebel stochern. Da hilft es auch nicht weiter, wenn in einer Fußnote angemerkt ist, die Darstellung sei nur ein Beispiel, das aufrütteln und Denkanstöße geben soll, »sich dieser Problematik bewußt zu werden«.
Als 1994 das Schulbuch erschien, also rund vier Jahre nach dem Bericht der »Hessischen Allgemeinen«, war der Öffentlichkeit längst bekannt, daß die Todesfälle und Mißbildungen von Birkungen nicht in Kausalität zur benachbarten Mülldeponie standen. Derartige Tricksereien gehören in die Kategorie »geistpolitische Verwahrlosung«, meint selbst ein ausgewiesener Umweltschutzexperte wie Heinz Hug aus Wiesbaden. Ihn erinnere, schrieb der um eine Stellungnahme gebetene Naturwissenschaftler, dieser Fall fatal an einen Vorgang aus dem Jahr 1978. Damals habe Wolfgang Moser, Redakteur des ARD-Magazin »Report«, sensationsheischend über einen Artikel berichtet, den er im »Niedersächsischen Ärzteblatt« entdeckt hatte und in dem über einen sogenannten »Leukämiereport« berichtet wurde. Verfaßt wurde dieses Pamphlet von einem gewissen Walther Soyka, der sich über

eine angebliche Häufung von Leukämiefällen im Umkreis des Kernkraftwerkes Emsland (Lingen) ausließ. Durch Ansprechen von Totengräbern und Friedhofsgärtnern und mit Hilfe von Suchanzeigen in den örtlichen Zeitungen wurden die Namen von verstorbenen Kindern ermittelt, um zu beweisen, Kernkraft verursache Blutkrebs. In keinem Fall wurden von Ärzten festgehaltene Krankheitsgeschichten verwertet – sie wurden schlicht unterschlagen.

Das Pikante an der Sache: Soyka, SS-Freiwilliger, war Aufseher im KZ Hallein, der gemeinsam mit einem Rassisten reinsten Wassers namens Harm Menkens sein Unwesen trieb, schreibt Reginald Rudorf, der den Skandal enthüllte. Rudorf zitiert die Auschwitz-Leugner: »Die Juden wollen das Volk ausrotten … Die Vernichtung im embryonalen Zustand geschieht im Unterelberaum durch den Betrieb von Kernkraftwerken.«

Man darf gespannt sein, in welchem Schulbuch der neueren Generation KZ-Wächter Soyka als Kronzeuge für die bevorstehende Apokalypse herhalten muß. Überraschend wäre es nicht. Übrigens: Von den bereits erwähnten zirka hundert Seiten, die sich mit den Spannungsfeldern der sozialen Marktwirtschaft beschäftigen, fallen exakt einunddreißig Seiten auf das »Spannungsfeld Umweltschutz«, wobei das Unterkapitel »Spannungsfeld Energie« mit zehn Seiten, das sich mit den »Stationen des atomaren Teufelskreises« beschäftigt, nicht einmal eingerechnet ist.

Es ist also nicht unlauter festzustellen, daß unter dem Deckmäntelchen »Wirtschaft und Politik« gezielt der Nebenkriegsschauplatz des ökologischen Krisenszenarios eröffnet wurde. Eine Meisterleistung von pädagogisch-politischem Ökochauvinismus.

Ein fader Nachgeschmack …

Gibt es also wirklich keine Literatur für die Sekundarstufen eins oder zwei, die ein zumindest einigermaßen ausgewogenes Bild der Prinzipien einer sozial orientierten marktwirtschaftlichen Ordnung zeigt? Doch, es gibt sie – genauer gesagt, es gab sie.

Mit einer Erstauflage von fünftausendfünfhundert Stück erschien 1995 im Verlag Moritz Diesterweg (Frankfurt) von Bernhard Keller eine Unterrichtsmaterialie, die Entstehung, Konzeption und Probleme der sozialen Marktwirtschaft gleichermaßen beleuchtet.

Zwar wird auch in der Einleitung auf Mängel und Gefahren hingewiesen (»Soziale Gegensätze, die lange Zeit als überwunden galten, sind in neuer Form wieder aufgebrochen ...«), aber Keller bewegt sich durch die schwierige Materie ohne rosarote oder ökogrüne Indoktrinierungsbrille. Er geht detailliert auf die Entstehung der sozialen Marktwirtschaft ein, berichtet in klarer und sauberer Sprache über Leistungswettbewerb in Verbindung mit sozialem Ausgleich, erläutert in verständlicher Sprache Ziele und Instrumente der Wettbewerbspolitik, bröselt die internationale Verflechtung der Marktwirtschaft auf und fragt, ob eine ökologisch-soziale Marktwirtschaft frei nach der neueren Terminologie der CDU ein Zukunftsmodell oder nur ein Trugbild ist.

Abgerundet wird dieses Lehrbuch, das diesen Namen wirklich verdient, durch informative GLOBUS-Graphiken und übersichtliche Tabellen.

Scheinbar hat Bernhard Keller aber den Fehler begangen, daß er die Information und weniger die geistige Nötigung in den Vordergrund seiner Ausarbeitung gestellt hat. Auf Rückfrage der Autoren beim Diesterweg-Verlag sah man sich außerstande, über die tatsächlichen Gründe Auskunft zu geben, warum Bernhard Kellers Buch keine zweite Auflage verdient hat.

Zurück bleibt in der Tat mehr als nur ein fader Nachgeschmack.

»Fortschrittliche« Gedichte, Karikaturen und Spottlieder

Gefährliche Tendenzen in Schulbüchern sah bereits im Jahr 1978 der Wirtschaftsrat der CDU. Als Resultat dieser Erkenntnis gab er eine Untersuchung in Auftrag, die eine Auswertung der zuvor gestarteten »Aktion Schulbuch« zum Schwerpunkt erhob. Federführend waren die Münsteraner

Studiendirektor Rudolf Willeke und der bekannte Historiker Klaus Hornung von der Universität Reutlingen.
Die »Aktion Schulbuch« wurde mit dem Ziel durchgeführt, Schulbücher und Unterrichtsmaterialien daraufhin zu untersuchen, »ob die Staats-, Gesellschafts- und Wirtschaftsordnung der Bundesrepublik Deutschland in ihnen dem Inhalt und dem Umfang nach angemessen und sachlich richtig dargestellt wird«. Die Wissenschaftler kamen zu einem niederschmetternden Ergebnis: Eine beachtliche Zahl von Schulbüchern trage dazu bei, die freiheitliche Staats-, Gesellschafts- und Wirtschaftsordnung zu diskreditieren. Eine objektive Information der Schüler finde nicht statt. »Fortschrittliche« Gedichte, Karikaturen und eingängige Spottlieder seien beliebte Mittel, um Schüler auf angebliche Mißstände und Auswüchse aufmerksam zu machen. Dabei sei die soziale Marktwirtschaft eine beliebte Zielscheibe der Kritik. Wörtlich heißt es in der Studie: »Der Geschmacklosigkeit sind dabei kaum Grenzen gesetzt.«
Harsche Kritik üben Klaus Hornung und sein Mitstreiter an den Kultusministern der Länder. Diese hätten tendenziöse und indoktrinierende Bücher zugelassen oder sogar durch ihre Rahmenrichtlinien provoziert.
Der Brisanz der Untersuchung bewußt, versuchten einige Verlage die Veröffentlichung der Studie mit rechtlichen Einwänden zu verhindern. So wurde der Abdruck von Zitaten verweigert, man widerrief bereits gewährte Zustimmungen und drohte Rechtsmittel an.
Wie die Autoren dieses Buches kommen auch Klaus Hornung und Rudolf Willeke zu dem Ergebnis, daß in den meisten Schulbüchern die soziale Marktwirtschaft unter »ferner liefen« behandelt wird, daß man der Wirtschaftsordnung der Bundesrepublik Deutschland weniger Platz einräumt als der Erörterung der LPGs in der DDR und daß Gefahren und Probleme der sozialen Marktwirtschaft breiten Raum einnehmen. Exemplarisch verweist Klaus Hornung auf die achte Auflage von Wolfgang Hillegens Standardwerk »sehen – beurteilen – handeln«. Dort ist unter dem Stichwort »Wie funktioniert die Soziale Marktwirtschaft?« zu lesen:

»Was man hören kann:
›Die Armen werden immer ärmer, und die Reichen werden immer reicher!‹
›Die Unterschiede zwischen Arm und Reich sind in letzter Zeit geringer geworden.‹
›Nein, sind größer geworden.‹
›Die Preise steigen immer mehr.‹
›Das Geld verliert jedes Jahr an Wert.‹
›Der Wohlstand steigt jedes Jahr.‹
›Die Löhne müssen erhöht werden, weil die Preise steigen.‹
›Die Preise steigen nur, weil die Arbeiter zu hohe Löhne verlangen.‹
›Der Staat müßte die Preise festsetzen.‹
›Alle müßten am Einkommen des ganzen Volkes gerecht beteiligt werden.‹«

Dann folgt die Aufgabe an die Schüler:

»Welche Auffassungen über Ziele und Ergebnisse der Wirtschaftspolitik lassen sich aus diesen Aussprüchen ablesen?«

Klaus Hornung: »Hier waren Demagogen statt Pädagogen am Werk.«

Der Arbeitskampf als Mittel der Problemlösung

Rudolf Willeke war zudem maßgeblich an einer empirischen Untersuchung (Titel: »Was uns deutsche Schulbücher sagen«) aus dem Jahr 1982 beteiligt, die Deutsch-, Politik- und Religionsbücher auf »die Einwirkung der emanzipatorischen Pädagogik« auf die Lehrmittel beleuchten sollte. Herausgegeben wurde die Dokumentation von der Forschungsstelle Jugend und Familie (Bonn). Unter die Lupe genommen wurden mehr als dreihundert Lehrbücher. Auch hier kommen die Verfasser der Studie weitgehend zu dem Schluß, daß das Konfliktlösungsmodell der sozialen Marktwirtschaft (konzertierte Aktion, Tarifautonomie) den Schulbuchautoren nicht bekannt oder bedeutsam genug war, um die Schüler damit zu

konfrontieren. Statt dessen wird der Arbeitskampf als Mittel der Konfliktlösung bei rund dreißig Prozent der analysierten Deutschbücher angeboten. Als Beispiel führt Willeke das häufig übernommene Gedicht »Die schlesischen Weber« von Heinrich Heine an, das anstelle von objektiver Schilderung der Sachverhalte Platzhalterfunktion eingenommen habe. Hauptansatzpunkt der mißbilligenden Wertung: Die Autoren sammelten Texte, die auf Bedrückendes im System »Wirtschaft« aufmerksam machen wollten, gäben diese für wesentlich aus und interpretierten damit die Wirtschaft, die Gesellschaft und die ganze Wirklichkeit kritisch-verneinend. »Nicht der einzelne Text ist problematisch und zu beanstanden«, hebt Rudolf Willeke hervor, »sondern die parteilich-einseitige Auswahl und Darstellung und die damit beabsichtigte Sichtverengung der Schüler.« Die Strukturen der modernen Welt würden nicht in das Klassenzimmer geholt und den Schülern wahrheitsgetreu vor Augen geführt, sondern in einer Weise beschrieben, die bei den Schülern eher Angst, Abwehr und Ausweichverhalten erzeuge, denn »rationale Durchdringung« ermöglichten. Dies, weil die Schulbuchautoren selbst zwischen Literatur und ökonomischer Wirklichkeit nicht unterschieden und das für Realität ausgäben (und von den Schülern analysieren und kritisieren ließen), was in Wirklichkeit Dichtung und nicht sprachlich interpretierte Wirklichkeit sei.
Wie gesagt: Die »Aktion Schulbuch« stammt aus dem Jahr 1978; die Willeke-Untersuchung wurde 1982 veröffentlicht – beide haben (leider) bis heute nichts an Aktualität verloren, wie eine Studie des Bundesministeriums für Bildung, Wissenschaft, Forschung und Technologie aus dem Jahr 1997 hervorhebt.

Die Stiefkinder der deutschen Schulbuchfamilie

Alter Wein in neuen Schläuchen, so ließe sich der fünfhundert DIN-A4-Seiten umfassende Wälzer kurz und knapp auf einen Nenner bringen. In einer Presseerklärung vom 23.6.1997 kommt der zu diesem Zeitpunkt amtierende Ressortminister Jürgen Rüttgers zu dem Ergebnis:

- Wichtige Lebensbereiche wie Wirtschaft, Technik und Beruf sind in den deutschen Schulbüchern weitgehend unbeschriebene Blätter.
- Jugendliche und Heranwachsende erhalten keine umsetzbaren Ratschläge für die Bewältigung einer zukünftigen beruflichen Lebenswirklichkeit.
- Moderne Technologien (Gentechnik, Informations- und Kommunikationstechnologien), die Veränderung der Arbeit oder die Globalisierung werden im Schulbuch allenfalls am Rande thematisiert. Neue Technologien erscheinen nur in negativem Licht – als Arbeitsplatzvernichter, nicht als Problemlöser.
- In den führenden deutschen Schulbüchern gibt es praktisch kein Bild vom Unternehmer. Der ideenreiche und kreative Unternehmer bleibt für deutsche Schüler eine unbekannte Größe. Arbeit und Beruf sind Stiefkinder der deutschen Schulbuchfamilie.
- Wirtschaft und Wirtschaftsgeschichte sind entweder ein depersonalisierter »autonomer Prozeß« oder interessenbestimmte gesellschaftliche Praxis, geprägt durch spezifische Herrschafts- und Machtstrukturen.

Die Schulbuchstudie bestätigt eindrucksvoll: Deutsche Schulbücher stehen neben der Zeit. Doch das Problem liegt tiefer. »Der Konsens darüber, was Schule leisten muß«, resümiert Rüttgers, »ist in Deutschland verlorengegangen.« Auch fänden sich in deutschen Schulbüchern keine befriedigenden Antworten auf die ökonomischen Herausforderungen der Gegenwart, moniert die Forschungsgruppe des Instituts für arbeitsorientierte Allgemeinbildung an der Universität Bremen, die für die Studie verantwortlich zeichnet. So sei keine Rede davon, wie findige Ingenieure und Unternehmer in Deutschland den Grundstein für wirtschaftliches Wachstum und industrielles Leistungsvermögen gelegt hätten. »Unternehmertypen, die die Schüler auch aus ihrem eigenen Erfahrungshorizont kennen – der selbständige Arzt, der Leiter einer Sparkasse und der Kioskbesitzer –, finden sich nicht in den Schulbüchern.«

Rüttgers zieht ein ernüchterndes Fazit: Die Schilderung der Wirtschaft bleibt in den Schulbüchern gesichtslos, uninteressiert und altbacken. Deshalb fordert der ehemalige Zukunftsminister eine stärkere Verankerung der Themen Wirtschaft, Technik und Beruf in allen Bereichen der Schulbildung. »Die Schulbücher müssen auf Vordermann gebracht werden«, so der eindringliche Appell des CDU-Politikers an die Kultusminister. »Wenn das mal kein frommer Wunsch bleibt«, unkt Michael Peter in der »Wirtschaftswoche« vom 26.6.1997. Schließlich habe (Alt-)Bundeskanzler Helmut Kohl die Kultusministerkonferenz als »reaktionärste Einrichtung der Bundesrepublik« abgemeiert.

Ist Marktwirtschaft unmenschlich?

Ein steter Tropfen höhlt den Stein. Diese Binsenweisheit bekommt Bedeutung im doppelten Sinn, weil sie zeigt, wie sehr die Arbeit der pädagogischen Leistungsverweigerer von Erfolg gekrönt ist.

»Ist Marktwirtschaft unmenschlich?« fragte Renate Köcher vom Institut für Demoskopie Allensbach und brachte dabei Überraschendes (?) zutage. Besonders in den neuen Bundesländern ist die Meinung der Bevölkerung über die soziale Marktwirtschaft auf einem Tiefpunkt angekommen. Nur vierunddreißig Prozent der Befragten stehen hinter dem System. (Zum Vergleich: Im Frühjahr 1990, also noch vor Anschluß der DDR an die Bundesrepublik Deutschland, beurteilten siebenundsiebzig Prozent der Einwohner des sich in der Auflösung befindlichen Arbeiter- und Bauernstaates die soziale Marktwirtschaft ausgesprochen positiv.) Aber auch in den alten Bundesländern haben die Bedenkenträger fast obsiegt. Nur vierundfünfzig Prozent der Bürger zogen eine positive Bilanz.

»Wer zwischen dem Ostdeutschland im Frühjahr 1990 und den neuen Bundesländern im Sommer 1995 Vergleiche ziehen kann, kommt in Versuchung, verständnislos, ja, mit einem Gefühl zorniger Gekränktheit, auf die reservierte Haltung gegenüber einem Wirtschaftssystem zu blicken, dessen Ein-

führung von einer beispiellosen Verbesserung der ökonomischen Lebensverhältnisse begleitet war«, schreibt Frau Köcher in der FAZ vom 16. August 1995.
Besonders herausragend: fünfunddreißig Prozent der Bürger in den alten und gar siebenundsechzig Prozent in den neuen Bundesländern verbinden Marktwirtschaft mit der Ausbeutung von Menschen. Planwirtschaft hat dagegen für die große Mehrheit der ostdeutschen Bevölkerung mit Ausbeutung nichts zu tun; nur einundzwanzig Prozent können hier eine Verbindung herstellen.
Wer wie die Menschen in Thüringen, Sachsen oder Mecklenburg-Vorpommern jahrzehntelang dem Propagandaeinfluß unterlag, hat natürlich Probleme zu erkennen, welche Ausbeutung erst ein ineffizientes Wirtschaftssystem wie die Planwirtschaft bedeutet, weil hier Leistung nicht mit einem adäquaten Gegenwert belohnt wird. Daß aber fünfunddreißig Prozent der Befragten in Schleswig-Holstein, Hessen oder Nordrhein-Westfalen ebenfalls in der Marktwirtschaft ein Instrument der Ausbeutung sehen, ist erschreckend und dürfte zu einem großen Teil auch darauf zurückzuführen sein, daß es den von den Altachtundsechziger regierten Bildungseinrichtungen und ihren Vasallen in den Kultusministerien in überaus geschickter Art und Weise gelungen ist, Karl Marx zu propagieren und Ludwig Erhard zu verschweigen. Denn: Die Vorstellung, die Marktwirtschaft sei ein unbarmherziges, unmenschliches System, ist in den alten Bundesländern inzwischen weit verbreitet. »Marktwirtschaft und Menschlichkeit, das paßt nicht zusammen. Eine Freie Marktwirtschaft führt immer zu einer Gesellschaft, die nicht menschlich ist« – diesen Sätzen stimmten zum Zeitpunkt der Befragung immerhin achtunddreißig Prozent der westdeutschen Bevölkerung sofort zu. Die gleiche Zustimmung fand die Auffassung, im marktwirtschaftlichen System stünde Gewinnmaximierung zu sehr im Mittelpunkt, die menschlichen Bedürfnisse dagegen im Hintergrund.
Diese Umfrageergebnisse sind um so erstaunlicher, da in Westdeutschland nur einundzwanzig Prozent und siebenundzwanzig Prozent der Befragten in Ostdeutschland per-

sönlich unter Konsequenzen gelitten haben, die ein Wirtschaftssystem wie die soziale Marktwirtschaft nun einmal mit sich bringt. Gegen die Härten eines freiheitlichen Systems revoltierten jedoch auch jene, die selbst noch keine negativen Erfahrungen gemacht hatten. Von den Kritikern eines marktwirtschaftlichen Systems meinten siebzig Prozent, Marktwirtschaft sei von Ausbeutung nicht zu trennen. Hierzu Renate Köcher: »Heute fehlt ein Ludwig Erhard, der so überzeugend um Vertrauen für die Soziale Marktwirtschaft wirbt, wie Erhard es in den fünfziger und sechziger Jahren in Westdeutschland tat.«
Merke: Was Hänschen nicht lernt, lernt Hans nimmermehr.

Der Verrat an der Marktwirtschaft

Wird also die soziale Marktwirtschaft durch unsere Bildungsapostel und Schulbuchkoryphäen verraten? Uwe Greve, einst Ghostwriter bedeutender Persönlichkeiten der deutschen Wirtschaft und Politik, jetzt als freier Publizist in Kiel lebend, meint »ja«. Vor allem in der Krise all jener Werte und Moralvorstellungen, auf denen das Gebäude der sozialen Marktwirtschaft aufgebaut sei, und die auch in den Schulbüchern ihren Niederschlag fände, liegt nach Greves Auffassung der Hund begraben. Allerdings begründet Greve den »Verrat an der Marktwirtschaft«, so auch der Titel seines Buches aus der Reihe »Ullstein-Report«, nicht nur in der unzureichenden Darstellung des Systems an sich, sondern allumfassender, indem er feststellt, Wissenschaftlichkeit werde aus Lehrplänen und Lehrbüchern herauskatapultiert. »An ihre Stelle tritt«, fährt Greve fort, »ein Gemisch aus Radikalliberalismus, Feminismus und Antikapitalismus.« In einem ausufernden Pluralismus, den er als »die Unverbindlichkeit der Werte« bezeichnet, sieht Greve die größte Gefahr, weil sich nach seiner Meinung soziale Marktwirtschaft nicht betreiben läßt, wo die lebens- und gemeinschaftsnotwendigen Tugenden zum freien Angebot verkümmern. »Warum«, fragt Greve, »wird die Selbstverwirklichung zum Fetisch gemacht;

und warum sind all jene Gemeinschaftstugenden im Abwind, die als Wurzel der Marktwirtschaft bezeichnet werden können?« Also die Bereitschaft zur Übernahme von Verantwortung, Solidarität, Gemeinsinn und der Wille, private und unternehmerische Entscheidungen auch mit dem Blick auf das Wohl des Ganzen zu fällen, erläutert Greve seine Philosophie.

Die Übernahme persönlicher Verantwortung und damit gegebenenfalls unternehmerischer Verantwortung wird nach Greves Erkenntnis nicht gefördert, sondern unterdrückt.

In der Tat: Ein Blick in die Statistik zeigt, daß etwas faul ist im Staate Deutschland.

Hatten wir im Jahr 1970 – ohne Berücksichtigung der Betriebe aus Land- und Forstwirtschaft – noch zirka drei Millionen mittelständische Unternehmer in der damaligen Bundesrepublik, so ist diese Zahl heute in den alten Bundesländern auf rund zwei Millionen gesunken. Diese Entwicklung allein auf Konzentrationsprozesse zurückzuführen, wäre zu kurz gegriffen. Sie hängt – und da hat Greve recht – damit zusammen, daß unternehmerfähiges Potential im Schüleralter nicht zielgerecht erfaßt beziehungsweise gefördert wird. Soll heißen: Schon von frühester Kindheit an werden die Weichen für eine qualifizierte Unternehmerausbildung falsch gestellt. Statt individuelle Begabungen zu optimieren, ist Nivellierung angesagt, Neidkampagnen (»Die Reichen werden immer reicher – die Armen werden immer ärmer«) tun ein übriges, um unternehmerisch veranlagten Schülern eine Tätigkeit als Selbständiger gründlich zu vermiesen. Zuletzt deshalb darf sich unsere Gesellschaft nicht über die inzwischen aufgetretene »Unternehmerlücke« wundern.

Der Hannoveraner »Mittelstandspapst« Eberhard Hamer hält es für untragbar, »daß in diesem System keine Initiativkraft, keine Führungsfähigkeit, kein Leistungsstreben und keine Selbstverantwortung gedeihen können – Eigenschaften, die für künftige Unternehmer unverzichtbar sind«.

Wenn darüber hinaus Unternehmertum in Schule und Schulbüchern nicht als etwas Erstrebenswertes herausgehoben, sondern Mittelstand mit Mittelmaß gleichgesetzt und Unternehmertum mit Ausbeutung auf eine Stufe gestellt wird, dann sind all die gefordert, die die Marktwirtschaft nicht zu einem Fragment verkommen lassen wollen.

Der Unternehmer: kriminell, fremdenfeindlich und korrupt

Dienlich für ein rigoroses Ausmisten »linker Unterrichtsmaterialien« zugunsten einer einigermaßen realistischen Darstellung der Wirklichkeit könnte Hanne Brauns Veröffentlichung »Unternehmer und unternehmerische Wirtschaft im Schulbuch« sein. Die Wissenschaftlerin beschreibt in ihrer Untersuchung nicht nur besondere Auffälligkeiten und Knackpunkte, die es abzustellen gilt, sondern geht auch mit dem Funktionärsirrationalismus bestimmter Schulbuchschreiberlinge hart ins Gericht. Diese würden besonders die Unternehmer als Rollen- und Funktionsträger in den Dreck ziehen. In den meisten der untersuchten Schulbücher klinge stets unterschwellig die Frage mit, ob die marxistischen Prognosen einer Zweiklassengesellschaft nicht auch heute noch Gültigkeit besäßen. Theoretische Gerüste würden mit Definitionen der Begriffe Kaste, Stand, Klasse, Sozialstruktur und sozialer Konflikt erweitert. Untersucht würde vor allem, welche Sozialstruktur, welche sozialen Schichten oder Klassen und welcher Grad an Durchlässigkeit der einzelnen Kategorien in der heutigen Gesellschaft vorherrschten. Dabei kämen die unterschiedlichsten Autoren zu Wort; häufig der allseits bekannte Günter Wallraff mit einer Industriespionage, die nach dem bekannten Strickmuster des »Ihr da oben – wir da unten« zusammengeschustert wurde. In dem von Hanne Braun geschilderten Beispiel beschreibt Wallraff, wie nach seiner Auffassung die Zweiklassengesellschaft im heutigen Unternehmen bis in den persönlich-intimen Bereich hineingeht. Schauplatz ist eine Werft im Norden Deutschlands. Auf einer Arbeitertoilette fehlen Türen, was einen dort beschäftigten Mitarbeiter zu dem Ausspruch veranlaßt:

»Wir könnten uns ja mal ein paar Minuten ausruhen auf dem Scheißhaus, eine Zigarette rauchen, eben mal wegtreten. So hat man uns selbst aber dort noch unter Kontrolle. Das Ganze ist zwar Humbug. Schließlich machen wir ja Akkord und müssen uns die Zeit selbst einteilen. Aber wir sind eben nur Arbeiter!«

Zu der Fragestellung »Welche Macht üben Unternehmer aus?« ist Hanne Braun dahingehend fündig geworden, daß in den von ihr untersuchten Schulbüchern der Begriff »Macht« in einen speziellen Bezug zum Unternehmer gestellt wird. »Hier beginnt die erste Phase der Indoktrination, weil sich sehr leicht die Schlußfolgerung aufdrängt, nur Unternehmer verfügen über wirtschaftliche Macht«, unterstreicht Hanne Braun. Macht sei im Sinne der Schulbuchautoren gefährlich und schlecht; also seien Unternehmer auch schlecht und gefährlich, soll den Schülern eingetrichtert werden. Macht, so Hanne Braun weiter, die aus dem Besitz von Produktionsmitteln erwachse, werde abgelehnt. »Textstellen, die sich auf wirtschaftliche Macht der Gewerkschaften beziehen, waren in den untersuchten Schulbüchern nicht zu finden.« Hanne Braun erstöberte nur ein einziges (!) Lehrbuch, das explizit nennt, welches Vermögen sich hinter den (damals noch) gewerkschaftseigenen Unternehmen wie »Neue Heimat« oder »Bank für Gemeinwirtschaft« oder »Alte Volksfürsorge« verbarg.

Hanne Braun faßt zusammen: »Textstellen, die sich ausschließlich auf die Gewerkschaft beziehen, bringen diese selten in Verbindung mit politischer Macht; wobei Textstellen, die sich dagegen nur mit den Unternehmern und ihren Verbindungen befassen, häufig den Vorwurf der Machtkonzentration beinhalten.«

Das schwache Geschlecht wird ausgenutzt. Dieses Zerrbild fiel Hanne Braun besonders auf, wenn es um Unternehmer als Arbeitgeber geht. Besonders hervorgehoben werden Frauenlohngruppen, weil diese als ungerecht empfunden werden. Apropos Lohn: In einer anderen von Hanne Braun gefundenen Textpassage will Schulbuchautor Hans Herman Hartwig aufzeigen, wie das Argument der »untragbaren Lohnerhöhungen« für Unternehmer eine Alibifunktion einnehmen kann. In einer Karikatur wird ein Unternehmer vorgeführt, der mit zwei Angestellten vor der Kulisse einer gigantischen High-Tech-Maschine steht. Dargestellt werden soll wohl ein wenig lohnintensiver Betrieb. Der Text (Sprechblase) dazu aus dem Mund des Unternehmers lautet: »… und müssen wir wegen einer 20prozentigen Lohnerhöhung die Preise um diesen Satz erhöhen.« Unterschwellig soll wohl durch diese Abbildung zum Ausdruck gebracht werden, daß durch Preissteigerungen der Unternehmer wesentlich mehr in sein eigenes Portemonnaie erwirtschaftet, als ihn die höheren Löhne kosten. Im übrigen entsprechen solche Gedanken auch der bisher geäußerten Gewerkschaftsmeinung, die besagt, Verbraucher müßten höhere Preise in Kauf nehmen, damit die Unternehmer ihre eigenen Taschen füllen können.

Eintönige Arbeiten während der Ausbildung, ausbildungsfremde Tätigkeiten, eine nur unzureichende Ausbildungsplatzausstattung und ein diskriminierendes Verhalten der Ausbilder gegenüber den Auszubildenden scheinen für einen großen Teil der Autoren, deren Bücher Hanne Braun unter die Lupe genommen hat, nicht die Ausnahme, sondern die Regel zu sein. Zitiert werden angeblich »objektive Berichte« von Jugendlichen, die ihrer Unzufriedenheit wie folgt Ausdruck verleihen:

»Ich war der erste, den sie da aufgenommen haben als Jungarbeiter. Das wollten sie wohl mal ausprobieren. Die haben da so eine Nietmaschine. Und die mußte ich immer auf- und zudrehen. Das war die ganze Arbeit, den ganzen Tag. Das war ziemlich eintönig …
Und abends dann immer fegen.«

Ein weiterer Zeitzeuge kommt zu Wort:

»Als ich anfing, wurde ich gleich am ersten Tag angebrüllt vor den Kunden. Das war, glaube ich, das Schlimmste, daß die Leute alle dabei waren. Salon kehren, Becken putzen, Spiegel polieren, Handtücher richtig legen und so weiter. Hier wurde ich wohl eher zur Putzfrau ausgebildet.«

Mit diesen Zitaten soll wohl das alte Kapitalistenimage des Unternehmers konserviert werden. Unter anderem wird in dem Text nämlich auch von Hauptschulabsolventen berichtet, die ohne Bezahlung bei Lehrherren auf Probe arbeiten mußten, da sie sonst keine Beschäftigung gefunden hätten. Dieses Verhalten des Unternehmers wird in dem untersuchten Schulbuch als »moderner Sklavenhandel« bezeichnet.

»Gastarbeiter in Öl – ohne Rückgrat (mit Haut)«

Gastarbeiter – oder politisch korrekt formuliert: berufstätige ausländische Mitbürger – werden nach Ansicht von Kurt Gerhard Fischer von Unternehmern nur für Schmutz- und monotone Fließbandarbeiten eingesetzt. So jedenfalls soll es eine Karikatur suggerieren, die folgende Situation ins Bild rückt: Viele fremdländisch gekleidete Menschen liegen zusammengepreßt in einer geöffneten Ölsardinendose mit der (makabren) Aufschrift: »Garantiert dritte Klasse. Gastarbeiter in Öl. Ohne Rückgrat (mit Haut).« Ein Zusatz, der da lautet: »Getestet und amtlich geprüft«, soll die staatliche Legitimierung des Zustandes versinnbildlichen. In erster Linie zwar ein Pauschalvorwurf gegen die Bundesrepublik Deutschland als Staat an sich, bedient sich dieser doch Menschen gleich einer Ware. Dennoch auch der massive Vorwurf gegenüber den Unternehmern; handelt es sich doch um Arbeitnehmer (Arbeiter ohne Rückgrat mit Haut).
Welche Ziele mit solchen Aussagen verfolgt werden, wird in dem Schulbuch nicht einmal verschwiegen: Die Industrie spart Ausbildungskosten und erhöht gleichzeitig »die eigene kapitalistische Akkumulationsrate«.
Daß eine zwingend notwendige gegenteilige Darstellung, verbunden mit einer Gegenmeinung, zu diesem Zusammenhang fehlt, sei nur der Ordnung halber am Rande erwähnt.
Lassen wir es mit einem schlimmen Zitat bewenden, wenn es um Unternehmer und Wirtschaftskriminalität geht:

»Wohlhabende Wirtschaftskriminelle kehren gewöhnlich nach Absitzung der Strafe in ihren althergebrachten Lebenskreis zurück oder verschwinden irgendwo in der Welt, meist in sonnigen Gegenden, um ihr bürgerliches Leben fortzusetzen, als wäre nichts geschehen.« Daß derart pauschale Verunglimpfungen in einem Schulbuch expressis verbis formuliert werden dürfen, ist nach Hanne Brauns Ansicht durch nichts zu entschuldigen. Warum ist es aber in dieser Republik überhaupt möglich, derartige Bösartigkeiten zu verbreiten? Offensichtlich liegt es daran, daß einige Schulbuchautoren versuchen, ihre alten ideologischen Träume zu Lasten der heranwachsenden Generation zu verwirklichen.

»Was diesen Schreibtischtätern an Bildungsqualität fehlt, ersetzen sie durch ein Gemisch von Bösartigkeit, Halbwahrheit und politischer Verbohrtheit«, schreibt Willi Peter Sick in seinem Sammelband »Mittelstandspolitik ist Gesellschaftspolitik«, räumt allerdings ein, daß diese »fortschrittlichen Autoren« vielfach selbst einer gewissen Nivellierung ausgesetzt waren und sie daher zwangsläufig nur ihren eigenen Orientierungsmangel weitergeben. Sick will damit zum Ausdruck bringen, daß die Achtundsechziger-Generation, aus der viele Schulbuchautoren stammen, sich vorwiegend in den Bereichen Politik und Sozialwissenschaften getummelt hat und deshalb für sie Risikodenken, Verantwortungsbewußtsein, Innovation und Initiative böhmische Dörfer sind. »Dieser Personenkreis steht deshalb immer konträr zu denjenigen, die im Bereich des wertekonservativen Spektrums angesiedelt sind«, legt Sick den Finger in die Wunde. Und zu diesem Personenkreis gehören nach seiner Ansicht auch die mittelständischen Unternehmer in ihrer Vielzahl und Vielfalt, die es dann naturgemäß zu bekämpfen gelte.

»Scheißhausgespräche« als reine Lehre

Unternehmer als Parasiten glaubt Heinz Ide in Verbindung mit dem Bremer Kollektiv ausfindig gemacht zu haben. Als

Alibi gilt ein »Scheißhausgespräch«, dessen Urheber ein gewisser Gerd Sowka ist. Hören wir einmal rein in den Dialog:

>»Warum so schlechte Luft – warum kein Ventilator?«
>»Du sollst dich hier nicht erholen, scheißen sollst du ..., dann wieder an die Arbeit. Geh in die zweite Etage, wo der Chef sein Ei legt ... Nicht nur Fenster, auch Entlüftungsanlage vorhanden, Handtücher, Seife, alles vorhanden – und hier? Die Hände trocknen wir an ölverschmutzten Hosen ab.«

Gäbe es den »Pannemann« für den besten dogmatisierenden Zuchtmeister für kryptomarxistisches Dummgeschwätz, Heinz Ide wäre seinen Mitkonkurrenten um Längen voraus. Sein Werk »Projekt Deutschunterricht, Sprache und Realität – Manipulations- und Verschleierungstechniken« hätte beste Aussichten, heißer Anwärter auf den alternativen Literaturpreis zu werden. Neben einer aggressiven Werbung für die Kommunisten (O-Ton: »Mir hat ein Gewerkschaftsfunktionär geraten, die SPD zu wählen, wäre eine Arbeiterpartei, sagte er. Das nächste Mal wähle ich die wahre Arbeiterpartei, die DKP.«) läßt er um der reinen Lehre willen seinen geistigen Mitstreiter, Dieter Süverkrüp, zu Wort kommen:

>»Denn was dem Unternehmen nützt, das nützt auch
>dir, mein Junge.
>Und wenn du unterm Arme schwitzt, weil dir die
>Angst im Nacken sitzt,
>daß dir dein Job verlorengeht – das hebt die
>Produktivität
>und hält's Geschäft im Schwunge,
>und nützt dem Unternehmer sehr und drum auch dir,
>mein Junge.«

Ins gleiche Horn stößt Harald Riebe (»Arbeitswelt und Literatur«, Heft 18, aus: »Sprachhorizonte, Arbeitsunterlagen für den Sprach- und Literaturunterricht«, Herausgeber: Günther Jahn), indem er Klassenhasser Günther Hinz mit einem Sechsstrophengedicht zu Wort kommen läßt:

»Die Stoppuhr regelt unseren Lohn,
beim Krauter wie bei Thyssen,
Sie treibt dich an, mach schneller schon,
Sie sagt dir, wann du fressen darfst,
wann scheißen oder pissen.

Der Boß ist hier der Herr im Haus,
trotz manchem Schönheitspflaster,
er stellt uns ein und schmeißt uns raus,
drückt unsern Lohn und saugt uns aus,
wir malochen, er macht Zaster.

Genau gesehen liegt's am System,
laßt uns den Kampf beginnen,
wenn wir die Herren heißen gehn,
erst dann wird unser Leben schön ,
der Anfang: Mitbestimmen.«

Da diese vier Strophen den Gesamtinhalt des Gedichtes repräsentativ wiedergeben, soll es damit genug sein. Die Liste der Verdammung des Unternehmertums ließe sich anhand einer Unmenge ähnlich gelagerter Beispiele beliebig fortsetzen. Was bleibt, ist die Frage, ob die »Gesinnungsethiker des Kommunismus« ihr Ziel erreichen konnten, indem ihre Schutzbefohlenen beziehungsweise Leser die Politpropaganda rundweg verinnerlichten. Um es vorwegzunehmen: Ja und nein, wie eine großangelegte Umfrage der »Wirtschaftswoche«, erschienen am 12. Oktober 1995, ans Tageslicht bringt.

Die Sprachlosigkeit zwischen Schöngeistern und Ökonomen

Die Seherin vom Bodensee und Altmeisterin der deutschen Meinungs- und Medienforschung Elisabeth Noelle-Neumann ließ durch ihre Mitarbeiter über einen Zeitraum von sechzehn Jahren mehr als zweitausend Personen über das Unternehmerbild interviewen. In einem komplizierten Verfahren wurden Karten mit positiven und negativen Eigenschaften von Unternehmern vorgelegt. Jeder Befragte wurde gebeten, alle Karten herauszulegen, die nach seiner Ansicht auf Unternehmer im allgemeinen zutreffen – wobei es den Interviewten freigestellt blieb, wie viele der vorgegebenen Charakterzüge sie auswählten. In der Fachsprache der Meinungsforscher: Mehrfachnennungen waren möglich.

Die gute Nachricht zu Anfang: Neundsechzig Prozent der Befragten bezeichneten Unternehmer als »energisch«, jeweils einundsechzig Prozent bescheinigten ihnen, sie seien »tüchtig« und »gute Organisatoren«, und achtundfünfzig Prozent sagten, sie seien »fleißig«. Die Fünfzig-Prozent-Marke überschritten auch die Attribute »ideenreich«, »fortschrittlich« und »wagemutig«.

Nun zu den schlechten Nachrichten: Das frühkapitalistische Bild vom Unternehmer als »Ausbeuter« ist (überrascht es?) weit verbreitet. Er »nutze andere für sich aus«, sei sowohl »raffiniert« wie auch »raffgierig« und »könne nie genug bekommen«, meinen im Schnitt dreiundvierzig Prozent der Bevölkerung. Der Unternehmer als Rambotyp.

Elisabeth Noelle-Neumann hat aber noch etwas anderes Interessantes ermittelt: An altersspezifischen Unterschieden im Unternehmerbild läßt sich der Ausfluß des Wertewandels – wie von Uwe Greve in seinem Buch ja sehr zutreffend formuliert – deutlich erkennen. Stehen bei den über Sechzigjährigen die positiven zu den negativen Urteilen noch im Verhältnis 1,4 zu 1, sinkt die Relation mit abnehmendem Alter: Bei den Sechzehn- bis Neunundzwanzigjährigen wird Positives und Negatives in der Einschätzung des Unternehmers bereits gleich gewichtet.

Zudem widmete die »Wirtschaftswoche« Ende 1997 ihre Titelgeschichte dem Projekt »Schule und Wirtschaft«. Bereits die Subhead sagte aus, was Stand der Dinge ist: »In der Schule lernen unsere Kinder das Mißtrauen gegen Unternehmen und den Markt.«

Nur in Bayern scheinen die Uhren anders zu gehen – hier wird »Wirtschaft« ab der Mittelstufe an Gymnasien als Pflichtfach unterrichtet. Andere Bundesländer begnügen sich mit den segensreichen Wirkungen des Politik-, Gesellschafts- und Sozialkundeunterrichts. Nicht einmal ein Viertel der Lehrer dieser Fächer aber, so ergaben die Recherchen von Redakteurin Ursula Weidenfeld, fühlt sich berufen, den Schülern ein positives Verhältnis zum Wirtschaftssystem zu vermitteln. Zu den Philologen aber »finden wir keinen Zugang«, kritisiert ein bekannter Münchner Brillenhersteller die Sprachlosigkeit zwischen Schöngeistern und Ökonomen. Und diejenigen, die Abhilfe schaffen müßten, bremsen nach Kräften: die Kultusminister der Länder, schrieb der NRW-Landesvorsitzende des Bundes der Selbständigen, Hans Peter Murmann, in einer Kolumne der Verbandszeitung »Der Selbständige«. Wenn Kultusminister ein abgrundtiefes Mißtrauen gegen Unternehmer und Wettbewerb pflegen, pflanzt sich diese Grundhaltung durch Ministerialbürokratie und Schulaufsichtsbehörden bis in das letzte Lehrerzimmer fort, resümiert Ursula Weidenfeld. Sie weiß über einen Vorfall zu berichten, in dem der damals amtierende Präsident der Länderministerriege, der Niedersachse Rolf Wernstedt, im Kreis seiner Kollegen lamentierte: »Seit 1989 kann sich der Kapitalismus ungehemmter entfalten als jemals zuvor. Es wird sich die Frage stellen, inwieweit unsere Bildungsvorstellungen standhaft genug sind, sich dem Beschleunigungstakt der Verwertung von Kapital, Information und Konsumgütern entgegenzustemmen.« Bildung soll die Schüler in die Lage versetzen, sich der »Kultur des rüden Winner-and-Loser-Spiels« zu widersetzen, wünschte sich Wernstedt und stellte sich damit in Widerspruch zu seinem Ministerpräsidenten Gerhard Schröder, der bei jeder Gelegenheit den großen Ökonomen herauskehrt und sich besonders gern zusammen mit Wirtschaftsbossen in der Öffentlichkeit zeigt.

»Im Extremfall werden nur negative Aspekte wirtschaftlicher Entwicklung in den Vordergrund gestellt. Armut und Hunger werden thematisiert; Obdachlosigkeit, Umweltverschmutzung und Klassenunterschiede stehen im Mittelpunkt«, schreibt Ursula Weidenfeld und macht die »Rezepte« der Linksausleger auch sofort fest: Umverteilung und den Wunsch nach Solidarität – selten Leistung, Wettbewerb oder Wirtschaftswachstum.

Das Standardrepertoire der »vierten Gewalt«

Daß Schulbuchautoren als Klassenkampfdogmatiker mit ihrer leistungsverneinenden technophobischen und hedonistischen Null-Bock-Ideologie durchaus erfolgreich operieren, zeigt sich zu einem späteren Zeitpunkt an anderer Stelle – und dies mit weitreichenden Konsequenzen. Schulbuchagitation fällt besonders bei denjenigen auf fruchtbaren Boden, die zum Kartell der »vierten Gewalt« gehören, also innerhalb der Informationslandschaft das einmal Gelernte über elektronische oder auch Printmedien weitergeben. Es gehört zum Standardrepertoire der »vierten Gewalt«, den Unternehmern Drückebergerei bei den Sozialabgaben vorzuwerfen, indem sie ein Heer von Scheinselbständigen schafften. In der Debatte über die Steuerreform wurde zu herausragenden Sendezeiten den Unternehmern pauschal unterstellt, praktisch in Deutschland keine Steuern mehr zu zahlen, weil sie ihre Gewinne ins Ausland transferierten. Der Begriff von den »Steuerschlupflöchern« machte die Runde.
In Zeiten sozialer und wirtschaftlicher Verwerfungen werden Sündenböcke gebraucht, die man für alle Mißstände verantwortlich machen kann, kommentiert Rainer Zitelmann in der »Welt« vom 16. Januar 1998. Denn es sei einfacher, komplexe Zusammenhänge auf einfache Ursachen zu reduzieren; oder einfacher noch: diese zu personalisieren. »Während jedoch ansonsten Kritik an Minderheiten in Deutschland tabu ist, scheint es umgekehrt zum Tabu zu werden, die Minderheit der Unternehmer gegen ungerechtfertigte Attacken in Schutz zu nehmen«, formuliert Zitelmann mutig und wenig zeitgeistkonform.
Aber nicht nur in Nachrichten und Dokumentationsbeiträgen, sogar in unpolitischen Fernsehsendungen wird der Unternehmer als Figur zunehmend madig gemacht. So wie im englischen Standardkriminalroman immer der Mörder der Gärtner ist, werden heute auf deutschen Bildschirmen regelmäßig Selbständige oder Manager als Nichtstuer, Verschwender, Bösewichter und/oder Straftäter in Szene gesetzt. Dabei

werden diese Unternehmer nicht mehr grundsätzlich nur mit Glatze, dickem Bauch und Zigarre dargestellt, sondern vor allem als stinkreiche und skrupellose Großindustrielle, die dem normalen Durchschnittsbürger im Alltag nicht als Person entgegentreten und deshalb als »negative Märchenfigur« aufgebaut werden. Positive Gestalten wie der »alte Bellheim« sind selten.

Daß die Masse der Unternehmer aus dem Mittelstand kommt und nicht aus Spekulanten und Playboys besteht, sondern aus arbeitsamen Handwerkern, Einzelhändlern oder Freiberuflern, wird (aus gutem Grund?) nicht deutlich gemacht. Es ist somit kein Wunder, daß sich dieses grundsätzlich falsche Mehrheitsbild zum gängigen Klischee entwickelt, das durch die ständige Wiederholung auch irgendwann geglaubt und aufgenommen wird.

Eine alte Binsenweisheit spricht davon, daß der Krug so lange zum Wasser geht, bis er bricht. Will sagen: Es gibt Anzeichen dafür, daß ein großer Teil der Unternehmer nicht länger bereit ist, die Rolle des »Fußabtreters der Nation« zu spielen. Erst jüngst veröffentlichte das Magazin »impulse« das Ergebnis einer Umfrage der Arbeitsgemeinschaft Selbständiger Unternehmer e. V. (ASU) unter dreihundertfünfundsiebzig Mitgliedsfirmen. Über siebzig Prozent der Befragten unterstellten Schule und Medien eine sehr negative Einstellung gegenüber der Wirtschaft. Um die offensichtliche Imagemisere zu beenden, sollte die Wirtschaft nach Ansicht von dreiundsechzig Prozent der Unternehmer in Zukunft offensiver ihre Leistungen für die Gesellschaft nach außen tragen. Zweiundsechzig Prozent sind zudem der Ansicht, mehr Unternehmer als bisher müßten politische Ämter übernehmen.

Wenn dies kein frommer Wunsch bleibt, dann bestünde in der Tat eine gewisse Chance, daß der Unternehmer bei Lehrern, in Schulbüchern und in den Medien den Platz eingeräumt bekommt, den er aufgrund seiner herausragenden Leistungen für Staat und Gesellschaft verdient.

Postskriptum
Deutschland braucht ein zeitgemäßes Unternehmerbild an Schulen und Universitäten
von Walter Döring

Die Weltwirtschaft befindet sich im Umbruch. Der immer härter werdende internationale Wettbewerb ist ein ständiger Prozeß des Aufholens, des Überholens und auch des Zurückfallens. Besitzstände kann niemand geltend machen, allein die Leistung zählt. Darauf muß sich der Produktionsstandort Bundesrepublik Deutschland rechtzeitig einstellen, damit das hohe Wohlstandsniveau in unserem Land auch in Zukunft gesichert werden kann.
Deutschland kann sein Wohlstandsniveau nur halten, wenn es gelingt, auch in Zukunft zur Spitze zu zählen. Dies bedeutet, modernste Technik in Produkte und Produktionsverfahren umzusetzen, zukunftsfähige Dienstleistungen zu erbringen und als Gesellschaft insgesamt innovationsfähig zu sein. Es geht nicht nur um Lohnnebenkosten und die Erfüllung der Maastricht-Kriterien, sondern es geht vor allem um einen Anpassungsprozeß, um die Fähigkeit zu technischen Höchstleistungen, um die Entfaltung von Talenten und die Förderung menschlicher Kreativität als Gegenmodell zur Verteilung von Arbeit und der Zuteilung von Bildungschancen.
Für ein rohstoffarmes Land wie Deutschland ist das Humankapital, also gutausgebildete Fachkräfte, der eigentliche Reichtum. Aber dieses Kapital wird heute durch neues Wissen in sehr viel kürzeren Zeitspannen als früher entwertet. Deshalb werden Lernfähigkeit und Anpassungswilligkeit in Zukunft maßgeblich über die Standortqualität unseres Landes entscheiden. Insoweit ist der internationale Wettbewerb der Unternehmen längst auch ein Wettbewerb der Gesellschaften geworden. Lernfähige und anpassungswillige Menschen werden in Zukunft maßgeblich über die Standortqualität eines Landes entscheiden.

Die Bundesrepublik ist für diesen Bildungswettbewerb keineswegs schlecht gerüstet. Die deutschen Unternehmen können auf motivierte und qualifizierte Mitarbeiter zurückgreifen, die sich durch ein hohes Maß an Aus- und Weiterbildungsbereitschaft auszeichnen. Das duale Ausbildungssystem der Berufsvorbereitung ist vorbildlich und findet weltweit Anerkennung und Beachtung. Wir dürfen uns jedoch nicht auf dem Standortvorteil »Ausbildung« ausruhen. Andere Länder verbessern ihre Berufsausbildung ständig. Wir werden uns noch mehr anstrengen müssen, wenn wir auf Dauer unseren Vorsprung behalten wollen.

In einer Aufbruchstimmung der sechziger Jahre hat sich die Bildungspolitik in Deutschland zu Recht darum bemüht, Begabungsreserven zu erschließen, Barrieren beim Zugang zu weiterführenden Schulen abzubauen und mit guter Absicht durch die Einführung der Förderstufe auch denjenigen noch eine Chance zu geben, deren Leistungskurve nicht auf den Stichtag genau nach einer vierjährigen Grundschule eine gesicherte Prognose erlaubte. Seither haben sich Bildungsreformer aber in manches Vorurteil verstrickt und vermeintliche Wohltaten zur Plage werden lassen.

Nach der lebhaften, breiten Diskussion der sechziger Jahre über die »deutsche Bildungskatastrophe« ist es seit den Reformen vom Ende jenes Jahrzehnts niemals wieder zu einer großen, umfassenden Debatte über den Zustand unseres Bildungswesens gekommen. Man kann die Schläfrigkeit des Landes, den Mehltau auf allen öffentlichen Angelegenheiten kaum irgendwo sonst so deutlich nachweisen wie im Bereich der Bildungspolitik. Man verkennt, daß es sich hier um den wohl wichtigsten Faktor der Zukunftssicherung handelt.

Die vielen, heute ganz offenkundigen Indizien dafür, daß unser Bildungswesen nicht in allen Punkten leistungsfähig ist, hätten uns längst alarmieren müssen. Erst so langsam hört man laute Klagen, daß in diesem Bereich vieles im argen liegt. Zu der Bildungsproblematik gesellt sich eine weitere Entwicklung, die den Bildungs- und Wirtschaftsstandort Deutschland erheblich schwächt:

Die Hochschulen und Schulen sind in ihrer bildungspolitischen Orientierung auf das sozialversicherungspflichtige Beschäftigungsverhältnis ausgerichtet. Die Möglichkeit, sich an Hochschulen und Schulen über die Selbständigkeit, über das Unternehmertum zu informieren, ist nur unzureichend vorhanden. Jürgen Rüttgers, Ex-Bundesminister für Bildung, Wissenschaft, Forschung und Technologie, ließ deshalb von der Universität Bremen deutsche Schulbücher untersuchen. Die Studie kommt, so Jürgen Rüttgers, zu alarmierenden Ergebnissen: Wichtige Lebensbereiche wie Wirtschaft, Technik und Beruf sind in den führenden deutschen Schulbüchern für die Fächer Deutsch, Englisch, Erdkunde und Geschichte weitgehend unbeschriebene Blätter. Jugendliche und Heranwachsende erhalten keinen greifbaren Eindruck von ihrer zukünftigen beruflichen Lebenswirklichkeit. Unternehmertypen, die Schüler aus eigener Erfahrung kennen – der selbständige Handwerker, der Bäcker oder der Kioskbesitzer –, finden sich so gut wie gar nicht in den Büchern. Es gibt in führenden deutschen Schulbüchern praktisch kein Bild vom Unternehmer. Wirtschaft und Wirtschaftsgeschichte sind Prozesse ohne Persönlichkeiten oder »Interessen bestimmter gesellschaftlicher Praxis, bestimmt durch spezifische Herrschafts- und Machtstrukturen«.
Die Bremer Untersuchung erbrachte weiter, daß Deutsch-, Geographie- und Geschichtsbücher vorwiegend sozialwirtschaftliche Themen behandeln. Schwerpunkte sind staatliche Wirtschaftspolitik, Bevölkerungsentwicklung und die Umstellung von agrarischen auf industrielle Produktionszusammenhänge. Wer nach modernen betriebswirtschaftlichen Zusammenhängen sucht oder Fragen nach neuen Arbeitsformen stellt, findet in deutschen Schulbüchern keine befriedigenden Antworten. Keine Rede davon, wie findige Ingenieure, fleißige Handwerker und Unternehmer in Deutschland den Grundstein für wirtschaftliches Wachstum und industrielles Leistungsvermögen gelegt haben.
Sollten diese Ergebnisse tatsächlich der Realität entsprechen, und daran habe ich keinen Zweifel, dann bleibt die Wirtschaft

in den Schulbüchern fast völlig unberücksichtigt. Es verwundert nicht, wenn sich die Absolventen des deutschen Schulsystems für wichtige Themenfelder des Wirtschaftsbereichs nicht interessieren.

Die Schüler und Studenten in der Bundesrepublik Deutschland werden somit nicht mit dem Unternehmertum und der selbständigen Existenz vertraut gemacht. Statt dessen erhalten sie Beratungen durch die Arbeitsämter und Kenntnisse, die sie für das Abschließen eines Arbeitsvertrages benötigen. Sie werden, wie bereits festgestellt, auf ein sozialversicherungspflichtiges Beschäftigungsverhältnis vorbereitet und nicht auch auf wichtige Kenntnisse für eine selbständige Existenz. Der strukturelle Änderungsprozeß in Wirtschaft und Arbeitsmarkt – gekennzeichnet durch Internationalisierung, Globalisierung und Europäische Währungsunion – erfordert von der jüngeren Generation eine entsprechend geänderte und darauf ausgerichtete Berufs- und Lebensplanung. So müssen sich die heute vor dem Berufseintritt stehenden Jugendlichen viel mehr mit der Möglichkeit einer etwaigen selbständigen Berufsausübung auseinandersetzen. Die entsprechenden Einstellungen und Verhaltensmuster erfordern einen deutlich längeren Entwicklungsprozeß als noch vor ein paar Jahren.

Einen wichtigen und vielleicht sogar entscheidenden Anstoß könnten meiner Meinung nach eindrucksvolle Beispiele aus der Praxis für eine erfolgreiche Existenzgründung und Unternehmensführung bewirken. Deshalb haben wir in Baden-Württemberg das Konzept »Unternehmer an die Schulen« entwickelt. Es sieht vor, daß bekannte Unternehmerpersönlichkeiten im ganzen Land an die Schulen gehen und mit Schülern der zehnten und elften Klassen diskutieren. Themen sind Grundsatzfragen zum Unternehmertum und zur Selbständigkeit, zu den neuen Technologien und der Internationalisierung bzw. Globalisierung.

Wir müssen an unseren Schulen Aufgeschlossenheit gegenüber den neuen technologischen Entwicklungen als Grundlage unseres Wirtschaftens erzielen und den Mut zum Risiko fördern. Dies ist auch ein wichtiger Beitrag zur Sicherung der internationalen Wettbewerbsfähigkeit unseres Wirtschaftsstandorts. Daß an den Schulen hierfür Handlungsbedarf besteht, zeigen folgende Entwicklungen:

a) Der Anteil der Selbständigen an den Erwerbstätigen ist zwar seit den achtziger Jahren wieder gestiegen, und mit vierhundertdreißigtausend selbständigen Existenzen hat z. B. Baden-Württemberg bereits eine gute Position erreicht. Angesichts der Herausforderung auf dem Arbeitsmarkt muß aber die derzeitige Selbständigenquote von zehn Prozent noch weiter erhöht werden. Daß hier wachsende Chancen bestehen, zeigen allein schon die in der Zukunft anstehenden Betriebsübernahmen. Rund achtundvierzigtausend Mittelständler müssen in den nächsten Jahren in Baden-Württemberg einen Nachfolger suchen. Diese Chancen sollten auch bei den Berufswahlüberlegungen mit berücksichtigt werden.

b) Wachsende Sorge bereitet die Nachwuchssituation im Ingenieurbereich. So ist seit Jahren in den ingenieurwissenschaftlichen und naturwissenschaftlichen Studiengängen in Baden-Württemberg wie auch im gesamten Bundesgebiet ein teilweise dramatischer Rückgang der Studienanfängerzahlen zu registrieren. Die entsprechenden Studienplätze werden derzeit an den Universitäten nur noch zu etwa fünfzig Prozent und an den Fachhochschulen nur noch zu rund siebzig Prozent nachgefragt. Bei einem Anhalten dieser Entwicklung ist eine nachhaltige Beeinträchtigung der Wettbewerbsfähigkeit der deutschen Wirtschaft zu befürchten. Ein Ziel der Aktion »Unternehmer an die Schulen« ist es daher, Schülerinnen und Schüler unmittelbar durch Unternehmer und Führungskräfte über die verbesserten beruflichen Perspektiven und die Einstiegschancen von jungen Ingenieuren in den Betrieben zu informieren.

c) Trotz einer gestiegenen Anspannung auf dem Lehrstellenmarkt gibt es in manchen gewerblich-technischen Berufen einen Nachfragemangel. Dem steht eine hohe Präferenz für kaufmännische und verwaltende Berufe gegenüber. Hier ist noch zuwenig im Blickfeld, daß eine gewerblich-technische

Berufsausbildung neben Arbeitsplätzen in der Produktion auch Tätigkeiten im dienstleistenden Bereich ermöglicht. So sind die Verkaufsbereiche »Anlagen«, »Ersatzteile« und »Komponenten« bei Unternehmen des Maschinen- und Anlagebaus sehr stark mit technisch qualifizierten Mitarbeitern besetzt. Entsprechende berufliche Perspektiven können im Rahmen der eingeleiteten Aktion durch Betriebspraktika glaubhaft und eindrucksvoll vorgestellt werden.

Die Aktion »Unternehmer an die Schulen« ergänzt und erweitert die Berufsinformationen an allgemeinbildenden Schulen. In einer umfangreichen Briefaktion hat das Wirtschaftsministerium in Baden-Württemberg bei Unternehmern im Land angefragt, ob sie sich für Diskussionsveranstaltungen mit Schülern zur Verfügung stellen würden. Die Resonanz war mehr als positiv. Etwa achtundneunzig Prozent aller angeschriebenen Unternehmer im Land beteiligen sich an dieser Aktion.

Es reicht m. E. nicht mehr aus, nur die Arbeitsberater der Arbeitsämter in die Schulen zu schicken, denn das sozialversicherungspflichtige Beschäftigungsverhältnis ist nicht die einzige Möglichkeit zur Sicherung des Lebensunterhalts. Die Untersuchung der Universität Bremen hat gezeigt, daß zwingend eine Kursänderung herbeigeführt werden muß. Alle Überlegungen, wie Deutschland den Herausforderungen der Globalisierung und des technologischen Wandels begegnen kann, stehen und fallen mit der Qualität unseres Bildungs- und Ausbildungssystems, das die Menschen in die Lage versetzen muß, individuell ihr Leben in einer sich rasant verändernden Welt zu meistern. Hierzu müssen sich auch die Bildungsinhalte an den deutschen Schulen entsprechend anpassen. Ein zeitgemäßes Unternehmerbild ist hierfür zwingende Voraussetzung.

Walter Döring, geboren 1954 in Stuttgart, studierte nach dem Abitur in Schwäbisch Hall an der Eberhard-Karls-Universität in Tübingen bis 1975. An dieser Universität legte er auch das Staatsexamen in Geschichte 1978 und in Anglistik 1979 ab. 1981 Promotion zum Dr. phil.

Referendarausbildung in Heilbronn, Öhringen und Crailsheim. 1982 Studienassessor am Gymnasium in der Taus in Backnang. Lehrbeauftragter der Fachhochschule Polizei in Villingen-Schwenningen.

Walter Döring ist seit 1981 Kreisvorsitzender der FDP in Schwäbisch Hall und seit 1983 ständiges Mitglied im FDP-Landesvorstand. Von 1985 bis 1988 war er Landesvorsitzender der FDP/DVP in Baden-Württemberg, seit 1995 erneut Landesvorsitzender. Von 1988 bis 1996 Vorsitzender der FDP/DVP-Landtagsfraktion. Seit 1995 Vorsitzender der Kommission Parteistrukturreform und Mitglied der Grundsatzkommission der FDP, zudem Mitglied des FDP-Bundespräsidiums. Seit dem 12. Juni 1996 ist Walter Döring Wirtschaftsminister und stellvertretender Ministerpräsident des Landes Baden-Württemberg.

Döring ist verheiratet und in seiner Freizeit aktiver Sportler und Handballtrainer (mit Lizenz). Zudem betätigt er sich als Autor und hat mehrere Bücher zu gesellschaftspolitischen Themen veröffentlicht.

Der Klassenkampf im Klassenzimmer
Die neue deutsche Harmonielehre heißt Konflikt

Wer wissen möchte, was in deutschen Klassenzimmern gelehrt wird, der mache eine Umfrage unter Lehrern. Das Ergebnis dürfte für viele überraschend sein:
80,9 Prozent der hessischen Junglehrer sind der Ansicht, daß nicht die Klassenharmonie, sondern der Klassenkonflikt »ein Grundbestandteil unserer Gesellschaft« ist.
Ein Drittel der hessischen Junglehrer lehnt die Forderung ab: »Als Beamter sollte der Lehrer dafür sorgen, daß die Verfassung in Amt und Würden bleibt.«
75,5 Prozent der hessischen Junglehrer sind davon überzeugt, daß »unser Wirtschaftssystem« die Privatbesitzer der Produktionsmittel bevorzugt und »die Interessen der Mehrheit« verletzt.
56,7 Prozent der hessischen Junglehrer halten den Bundestag für ein Herrschaftsinstrument ökonomischer Machtgruppen.
48,6 Prozent der hessischen Junglehrer meinen: »Unsere Hauptwirtschaftsbetriebe sollten vergesellschaftet werden und allen Werktätigen gehören.«
42,5 Prozent der hessischen Junglehrer meinen: »Die etablierten Parteien sind so weit weg von meinen konkreten Wünschen und Interessen entfernt, daß ich mich durch sie nicht mehr repräsentiert fühlen kann.«
26,5 Prozent der hessischen Junglehrer vertreten die Ansicht, »unsere kapitalistische Gesellschaftsordnung« könne nur durch eine »revolutionäre Veränderung zu einer humanen und demokratischen Ordnung kommen«.
Mit anderen Worten: Mit der Verfassung nimmt es ein Viertel der Junglehrer nicht so genau!
Moment mal, hatten wir die Revolution schon? Oder steht sie unmittelbar bevor? Weder das eine noch das andere ist der Fall. Die Aussagen sind nicht mehr ganz frisch. Sie stammen aus einer Umfrage, die, 1970 gestartet, 1974 die Gemüter er-

regte, als sie Arnulf Hopf durchaus zustimmend in seinem Buch »Lehrerbewußtsein im Wandel« vorlegte. Also olle Kamellen, Schnee von gestern, über den die Zeit hinwegging? So beruhigend einfach ist die Sache allerdings auch nicht. Als das Ergebnis dieser Umfrage veröffentlicht wurde, traten die Achtundsechziger gerade ihren langen Marsch durch die Institutionen an, setzten sie an, das System von innen aufzurollen, sich seiner Mittel zu bedienen. Sie haben es gründlich und erfolgreich getan. Die Früchte der Gedanken von damals werden heute geerntet. Manches klingt heute etwas weniger radikal – aber: es klingt nur so. Erstens wird auch linker jugendlicher Sturm und Drang gelegentlich durch reifende Einsichtsfähigkeit etwas gedrosselt. Zweitens driftet Staat und Gesellschaft seither nach links, so daß radikale Forderungen von einst heute nahezu moderat klingen. Oder sich erfüllt haben.

Klassenkampf im Klassenzimmer

Ganz vorne wurde beim langen Weg durch die Institutionen in den Schulen marschiert. Der Klassenkampf wurde ins Klassenzimmer verlegt. Gerade in den sogenannten »Gesinnungsfächern« – Sozialkunde, Deutsch und Religion – wurde Gesellschaftskritik zum Hauptfach. Das Aufzeigen von Konflikten rangiert vor der Darstellung von Lösungen.
Die Welt, in der Jugendliche heranwachsen, ist nicht frei von Konflikten. Es wäre deshalb vollkommen falsch, sie im Unterricht auszusparen. Auseinandersetzung und Streit um den richtigen Weg hat es zu allen Zeiten gegeben, und wer Politik vermitteln will, muß auch Argumente und Positionen des Streits benennen. Mittlerweile jedoch dominiert der Streit, bestimmen die Konflikte die Tonlage in Schulbüchern. In Ordnung ist eigentlich nichts, Auseinandersetzung ist alles. Harmonie wird als »heile Welt« abqualifiziert. Es kommt den Autoren solcher Bücher nicht darauf an, dem Jugendlichen Möglichkeiten zu zeigen, sich in der Welt einzurichten, auch wenn sie nicht perfekt ist. Durch wiederholte Darstellung von Konflikten und ungelösten Problemen verunsichern die Verfasser selbst gefe-

stigt wirkende Schüler. »Soziales Lernen im Konflikt«, wie es Gerd Köhler von der Gewerkschaft Erziehung und Wissenschaft formulierte, wurde für zahlreiche Schulbuchautoren zur Maxime. Danach bestehen »grundlegende Widersprüche der kapitalistischen Gesellschaft«, die durch »konfliktbewußtes soziales Handeln« aufzuheben seien.
Was daraus geworden ist, läßt sich heute in zahlreichen Schulbüchern der Sozialkunde nachlesen. Und es wird alltäglich in den Klagen über die Gesellschaft der Egoisten deutlich, die sich unter kräftigem Gebrauch ihrer Ellenbogen durch das Leben bewegen. Die 1970 befragten Junglehrer Hessens hatten mit dem Gemeinwohl nichts im Sinn. Sie taten es ab als »harmonistische Gemeinwohlideologie« – für die bereits zitierten 80,9 Prozent von ihnen war schließlich nicht Klassenharmonie, sondern Klassenkonflikt »Grundbestandteil unserer Gesellschaft«. In diesem Sinne galt es, die Emanzipation der ihnen anvertrauten Jugendlichen zu fördern. Denn: »Emanzipatorische Erziehung ist ... Erziehung zum Sozialismus als Aufhebung der Ausbeutung des Menschen durch den Menschen.« So wurde es 1970 in der Schrift »Erziehung in der Klassengesellschaft« formuliert. Die »emanzipatorische Erziehung« wirkt bis in die Gegenwart nach.

Die Glorifizierung des Konsums

»Die Gesellschaft, in der wir leben, ist eine Gesellschaft der Leistung und des Erfolges. Leistung und Erfolg sind die ungeschriebenen Gesetze der bestehenden Produktionsverhältnisse. Ohne die millionenfach befolgten Gesetze von Leistung und Erfolg wäre das System unfähig zu funktionieren; die Produktionsverhältnisse müßten verändert werden.
Dieses im wesentlichen ökonomische System wirkt sich auf die geistige Haltung der Menschen aus: Von der Schule bis zur Werbung werden die Starken und Gesunden, die zugleich die Konsumfähigen sind, glorifiziert. Die Schwachen, Kranken und Alten, die nicht

oder nicht mehr Leistungsfähigen, die nicht oder nicht mehr Erfolgreichen, die minderwertigen Konsumenten, zählen fast nichts. Wer aber nicht zählt, ist unnütz. Und wer zu nichts nutze ist, der taugt auch nichts. Unsere Sprache hat dafür den Begriff des Taugenichts.«[1]

In diesem Zitat aus dem Politikbuch »Moment mal ...« drängen sie sich förmlich, die Schlagworte und die Reizworte, kommen sie in bewährter Marschordnung daher: die Leistungsgesellschaft, die Produktionsverhältnisse, die millionenfach befolgten Gesetze des Systems, die glorifizierten Konsumenten. Wer sich nicht anpaßt, ist draußen. Minderwertige Konsumenten zählen nichts.

Schreit das nicht förmlich nach Systemveränderung? Oder soll das ökonomische System tatsächlich weiter die geistige Haltung der Menschen beherrschen?

Die Herausgeber des gegenwärtig benutzten Schulbuches, die dieses Zitat der Aufnahme in ihre Sammlung für wert befanden, haben möglicherweise selbst kein gutes Gefühl dabei gehabt. Immerhin weisen sie darauf hin:

> »Der Text über die Rolle der Leistungsgesellschaft stammt bewußt aus den 70er Jahren.«

Und sie stellen die Aufgabe:

> »Erörtern Sie, ob die dargestellte Rolle in dieser Form tatsächlich stimmt, ob sie überzeichnet wurde und insbesondere ob sich diese Aussagen auf die gegenwärtige Situation (uneingeschränkt) übertragen lassen.«

Das ist eine knifflige Aufgabe für einen Schüler im Prozeß der Emanzipation. Denn die Fragestellung schränkt die zuvor zitierte Aussage zwar ein, aber darf der Schüler daraus folgern, es sei eben doch nicht alles so schlimm, er wachse keineswegs nur inmitten von Konsumidioten auf? Nach ausgiebiger Schulbuchlektüre wird er sich zu solch einer Aussage nicht verleiten lassen. Denn was gut scheint, ist es bei genauerem Hinsehen nicht:

»Die unbestreitbaren Vorzüge der Sozialen Marktwirtschaft sollten aber nicht verdecken, daß sie in ihrer gegenwärtigen Form auch Mängel aufweist und Gefahren für die Zukunft birgt:
– Die Arbeitslosigkeit, die in den Jahren des ›Wirtschaftswunders‹ nach dem Krieg vollständig abgebaut werden konnte, hat wieder ein bedrückendes Ausmaß erreicht. Viele Menschen, die gerne einer Erwerbsarbeit nachgehen würden, bleiben sogar dauerhaft vom Arbeitsmarkt ausgeschlossen.
– Soziale Gegensätze, die lange Zeit als überwunden galten, sind in neuer Form wieder aufgebrochen: Dauerarbeitslosigkeit und das Entstehen einer ›neuen Armut‹ drohen die Gesellschaft in Wohlhabende und Unterstützungsempfänger zu spalten.
– Die Umweltzerstörung und gesundheitliche Folgeschäden lassen unser Wohlstandsmodell immer fragwürdiger erscheinen. Grundlegende Bedürfnisse wie saubere Luft, sauberes Wasser und unbelastete Nahrungsmittel können durch die herkömmliche Wachstumspolitik offenbar nicht hinreichend befriedigt werden.«[2]

Was ist von einem Wirtschaftssystem zu halten, das die grundlegenden Bedürfnisse nicht hinreichend befriedigen kann? Kein Wort darüber, daß die Lebenserwartung der Menschen in Deutschland immer höher wird, daß der Durchschnittsbürger dieses Landes das biblische Lebensalter überschreitet. Kein Wort darüber, daß zu keiner Zeit so vielen Menschen das Wasser in niemals zuvor gekannter Qualität Tag für Tag frei Haus geliefert wird. Kein Wort darüber, daß der Himmel über der Ruhr längst und über Bitterfeld endlich wieder blau wurde. Statt dessen die standardisierten Jammerformeln, versehen mit der Schlußfolgerung, das System der Sozialen Marktwirtschaft sei fragwürdig geworden. Nachzulesen sind sie im Vorwort zu dem Schulbuch »soziale Marktwirtschaft« von Bernhard Keller.

Konflikte wichtiger als Problemlösungen

Ganz im Sinne vielfach kopierter Rahmenrichtlinien für die Gesellschaftslehre, nach denen »ein Problembewußtsein zu schaffen (ist), das langfristig politisches Verhalten disponiert«, wird bestehenden und konstruierten Problemen ein höherer Stellenwert eingeräumt als den gelösten Problemen. Denn

»nicht Kenntnisse und Fertigkeiten sollen den Lernprozeß bestimmen, sondern Erkenntnisse und Fähigkeiten, die das, was politisch vorgegeben ist, im Sinne der Emanzipation des Menschen verändern.«

In der Konsequenz sind damit alle Werte in Frage gestellt. Denn im Sinne einer fortlaufenden Emanzipation kann es keine Werte geben, die Halt bieten – schließlich ist der Mensch niemals so gut, wie er sein sollte. Folglich hat er fortlaufend auf eine Veränderung des Systems bedacht zu sein und ist in diesem Sinne zu erziehen. Das bedeutet: unablässige Verunsicherung.
Forderungen nach einer verantwortungsbewußten Pädagogik, die das Individuum auf das Leben in der Gemeinschaft vorbereitet, indem sie die Werte der Gesellschaft anerkennt und zu verbessern sucht, finden in der vorherrschenden Konfliktstrategie der zeitgeistigen Pädagogik kein Gehör. Als Fazit einer Untersuchung von Schulbüchern für das Land Nordrhein-Westfalen formulierte der Historiker Hans-Helmuth Knütter eine Reihe von Thesen. »Nach Jahren der Fehlentwicklung«, stellte er fest, »ist die Zeit reif für eine Kurskorrektur der politischen Bildung. Aus der Diskussion der letzten Jahre soll das Brauchbare übernommen werden. Zu überwinden ist die Fixierung auf Gesellschaftskritik und Systemüberwindung.« Damit war Knütter, der zu den Wertekonservativen zählt, seiner Zeit weit voraus. Seit er seine Thesen formulierte, sind mehr als zwanzig Jahre vergangen – und noch immer beherrschen Gesellschaftskritik und Systemüberwindung die Tonlage in Schulbüchern.

These:

»Politische Bildung ist Teil einer allgemeinen Bildung. Sie darf nicht losgelöst werden von den familiären, beruflichen und sozialen Erfahrungen, die der einzelne als Teil einer Gemeinschaft in und mit seiner Umwelt macht.«

Schulbuchalltag:
Der einzelne ist nicht Teil einer Gemeinschaft. Er betrachtet die Gemeinschaft von außen, macht seine Erfahrungen nicht in ihr sondern mit ihr. Familiäre, berufliche und soziale Erfahrungen werden überwiegend negativ dargestellt.

These:

»Politische Bildung beruht auf
- der Einsicht in die unauflösliche Spannung von Individuum und Gesellschaft
- Entfaltung von Personalität und Solidarität
- Bereitschaft zur Wahrnehmung von Eigeninteressen und zum Engagement für das Gemeinwohl
- Fähigkeit zur Emanzipation und Integration
- Bereitschaft zu Anpassung und Widerstand
- Denken in Alternativen und Mut zum Parteiergreifen.

Sie beruht ferner auf der Einsicht, daß unsere freiheitlich-demokratische Grundordnung von allen anderen Gesellschaftsformen die besten Ansätze zur Verwirklichung von Freiheit und Gleichheit besitzt.

Politische Bildung hat sich deshalb an unserer freiheitlich-demokratischen Grundordnung zu orientieren.«

Schulbuchalltag:
Aus der »unauflöslichen Spannung zwischen Individuum und Gesellschaft« wurde das Individuum herausgelöst und gleichsam als Beobachter vor die Gesellschaft gesetzt. Eigeninteresse rangiert vor Gemeinwohl, bekanntlich als »harmonistische Gemeinwohlideologie« abqualifiziert. Bereitschaft zum Widerstand? Eindeutiges Ja! Widerstand gegen »die Scheiß-Gesellschaft«, gegen »die da oben«, gegen »sture Beamte und Willkür« findet sich allenthalben. Aber »Bereit-

schaft zum Anpassen«? Totale Fehlanzeige. Der Begriff Anpassung ist durchgehend negativ besetzt. Wer sich anpaßt, gibt sich als Persönlichkeit auf – so einfach und kurz wird argumentiert. Daß ohne eine Anpassung, ohne eine Einfügung eine Gesellschaft nicht funktionieren kann, wird nicht erwähnt.

These:

»Ziel politischer Bildung ist die Entwicklung und Förderung bürgerschaftlichen Selbstbewußtseins im demokratischen Gemeinwesen, ohne das bewußte und aktive Mitverantwortung nicht möglich wird. Personales und soziales Selbstbewußtsein heißt: Bereitschaft und Fähigkeit zur Wertorientierung, auch zu einer gemeinschaftlichen Grundwertorientierung, zu Selbstachtung und Nächstenliebe, zu Toleranz gegenüber Andersdenkenden, zur Bindung an eine Gemeinschaft, zur Zusammenarbeit mit anderen, zu Kritik, Initiative und Mitarbeit am Gemeinwesen.«

Schulbuchalltag:
Mit der Umsetzung dieser Forderung wird es nun ganz schwierig. Denn wo der Konflikt in den Vordergrund gestellt wird, können Werte nicht bestehen. Wo alles in Frage gestellt wird, verlieren Werte ihre Selbstverständlichkeit. Die Grundwerte, die zu Selbstachtung und Nächstenliebe führen sollen, sind in zahlreichen Schulbüchern ausradiert worden. Insofern sind Schulbücher ein Spiegel der Gesellschaft, der die Werte abhanden kamen. Wer heute über die Orientierungslosigkeit vieler Jugendlicher klagt, muß sich die Frage stellen, wo, wann und warum ihnen die Orientierung genommen wurde. Jeder Mensch hat ein Grundbedürfnis nach Orientierung, nach gesicherten Werten. Vor allem Jugendliche, die sich auf den Weg durchs Leben vorbereiten, deren Persönlichkeit noch reifen soll. Wenn weder das Elternhaus noch die Schule feste Wegmarken setzen, ist der richtige Weg schwerlich zu finden. Wo es an einer »gemeinschaftlichen Grundwertorietierung« mangelt, ist es auch um die Selbstachtung schlecht bestellt.

Wie Gutmenschen Egoisten heranbilden

Irgend etwas muß vollkommen verkehrt laufen, vergleicht man den Anspruch verbreiteter gutmenschlicher Sozialkunde und das Verhalten vieler Jugendlicher. Selbstverständlich tragen Schulbücher keine Schuld an der zunehmenden Gewalt an Schulen. Auch nicht daran, daß die Täter immer jünger und immer brutaler werden. Nach den Ursachen ist in erster Linie in den Familien zu fahnden (so sie denn überhaupt noch vorhanden sind, wenn inzwischen ein Drittel aller Elternteile zu den Alleinerziehenden zählt); bei den elektronischen Medien sicher auch (die einem Schüler bis zu seinem dreizehnten Lebensjahr – rein statistisch jedenfalls, bei vierundzwanzigstündiger Fernsehsucht und ununterbrochenem Zappen nach Killer-Highlights – zehntausend Morde frei Haus liefern). Aber bei den Schulbüchern Schuld suchen?
Die Experten sind sich keineswegs darüber einig, welche Rolle Schulbücher bei der Sozialisation Jugendlicher spielen. Es wird in Frage gestellt, daß Schulbücher in der Lage sein könnten, Verhaltensweisen zu beeinflussen. Das geschieht mit dem gleichen treuherzigen Selbstzweifel, mit dem beispielsweise auch die Medien vorgeben, das Meinungsklima nicht beeinflussen zu können. (Daß sie es dennoch nach Kräften versuchen, scheint auf einem anderen Blatt zu stehen. Eigentlich schade um soviel vergebliche Liebesmüh, die Welt zu verbessern.) Mit Schulbüchern verhält es sich durchaus vergleichbar. Eigentlich – da sind sich Autoren, Herausgeber und Lehrer durchaus einig – könne das Schulbuch herzlich wenig bewirken.
Wirklich nicht? Zu wie vielen Themen, Problemen, Wissens- und Lebensfragen gibt das Schulbuch den ersten Anstoß, vermittelt es die ersten (Er-)Kenntnisse? Erste Erfahrungen sind immer prägend, sie bestimmen das weitere Verhalten – bewußt oder unbewußt. Auch wer nach seinem letzten Schultag die Bücher in die Ecke feuerte und sie niemals mehr zur Hand nahm, wird sich sein Leben lang doch an die Schule, die Pauker und die Bücher erinnern. Der Einfluß der Schulbücher auf das spätere Denken und Verhalten kann

nicht überschätzt werden, sehr viel eher unterschätzt. Unter Berücksichtigung dieser Tatsachen ist die Frage nochmals zu stellen: Welchen Einfluß haben Schulbücher auf das soziale Verhalten?

Allenfalls im Kontext mit anderen Einflüssen – den Eltern, der Umgebung, den Medien – behaupten die gutmenschlichen Tiefstapler – könne das Schulbuch Einfluß nehmen. Daran ist durchaus etwas.
Allerdings sind die Gewichte der Einflußnahme ungleich verteilt.
Der Einfluß der Eltern zersplittert in:

- Gar kein Einfluß – entweder aus Unvermögen, aus Gleichgültigkeit oder aus antiautoritärer Überzeugung.
- Kaum Einfluß – das Kind muß lernen, im Leben zurechtzukommen.
- Gar kein Einfluß – alleine schaffe ich das nicht.
- Kaum Einfluß – die Zeit habe ich nicht.
- Gar kein Einfluß – wozu ist denn die Schule da?

Ja, wozu? Damit kommen wir zu den anderen Faktoren der Einflußnahme. Und von hier an sind sie gebündelt, setzt die konzertierte Aktion der außerfamiliären Erziehung ein: die der Umgebung, die politisch korrekt ausgerichtet ist auf die Vorgaben der Gesellschaftsschule des Wohlverhaltens – die der Medien als Bannerträger der Political Correctness – die des Schulbuchs als Acker, auf dem die Lehrer als Basisarbeiter die Saat ausbringen.

Der heimliche Lehrplan

Aus alledem wächst das Bild von der Welt, der nahen und der fernen. Dabei prägen Schulbücher nicht nur die Jugendlichen, sondern in erheblichem Maße auch die Lehrer. Diese sind schließlich keine Übermenschen, die zu jedem neuen Lehrstoff auch das entsprechende Wissen zu jeder Zeit parat haben. Bei Umfragen gaben fünfundsiebzig Prozent der Pädagogen an, sie lehnten sich bei der Aufbereitung eines

neuen Lehrstoffes eng an das zur Verfügung stehende Lehrbuch an. Das legt die Vermutung nahe, Schulbücher gäben in Fächern, in denen das aktuelle Wissen ständig ergänzt werden muß, einen heimlichen Lehrplan vor. Gerade in Fächern wie Sozialkunde ist dies häufig der Fall.
Insofern sind die durch Schulbücher vermittelten Ansichten von weittragender Bedeutung. Schließlich werden Schulbücher von ihren Autoren und Herausgebern nicht nur nach didaktischen oder methodischen Gesichtspunkten zusammengestellt. Da ist auch immer eine gehörige Portion Ideologie, politischer oder pädagogischer Absicht mit im Spiel. Damit beeinflussen Schulbücher die Ansichten und bestimmen, welche Werte nicht in den Lehrplan aufgenommen werden. Nicht vermittelte Werte beeinflussen den Lehrplan und das Denken der Schüler im gleichen Maße wie die dargebotenen Inhalte. Fehlen die Leitbilder, können sie dem Schüler auch nicht zur Orientierung angeboten werden.

Das Fehlen der Vorbilder

Soziales Verhalten wird nicht mit der Muttermilch eingesogen, es muß vorgelebt und erlernt werden. Wer die Bindung in die Gemeinschaft als »harmonistische Gemeinwohlideologie« bezeichnet, kann nicht erwarten, daß sich verantwortungsbewußtes soziales Handeln entwickelt. Wer Leitbilder und Vorbilder grundsätzlich in Frage stellt, darf sich nicht wundern, wenn sich Jugendliche Vorbilder suchen, die zum gemeinschaftlichen Leben nicht passen. Wer bestehenden Problemen im Lehrstoff prinzipiell einen höheren Stellenwert einräumt als den gelösten, darf nicht darüber klagen, wenn Schüler nicht mehr wissen, wie sie mit ihren eigenen Problemen fertig werden sollen und in der Gewalt die primitivste aller Lösungen suchen. Wer den Konflikt als permanentes pädagogisches Mittel einsetzt, darf nicht überrascht sein, wenn das ständige Leben mit Konflikten letztendlich in Aggression mündet. Eine Gesellschaft, die sich scheut, ein Grundmuster an Werten zu vermitteln, verliert den Halt.

Die Pädagogik der gutmenschlichen Selbstzweifler erntet jetzt die Früchte. Das Münchner Staatsinstitut für Schulpädagogik und Bildungsforschung befragte die Leiter von dreitausendsechshundert Schulen in Bayern nach dem sozialen Verhalten und der Gewaltbereitschaft ihrer Schüler. Die erschreckenden Aussagen: Eine »allgemeine aggressive Grundhaltung«, »fehlendes Unrechtsbewußtsein«, »Rücksichtslosigkeit und Intoleranz«, »extreme Ichbezogenheit«.
Das ist eine Bankrotterklärung der Konfliktpädagogik. Damit soll nicht unterstellt werden, diese Entwicklung sei allein durch Schulen oder Schulbücher zu verantworten. Das Versagen der Eltern und die Verführung durch die Medien zur Gewalt tragen ihren erheblichen Anteil daran. Aber es muß die Frage gestellt werden, was Schulen und Schulbücher leisten, um der Entwicklung gegenzusteuern. Die Antwort: Wenig bis gar nichts. Im Gegenteil, durch die Überbetonung der gesellschaftlichen Konflikte tragen sie ihren Teil dazu bei.

Feigheit auf dem Schulhof

Etwas anderes kommt hinzu: Flagge zeigen zählt nicht mehr zu den Tugenden. Courage auch nicht. Viele Lehrer sehen bei einer Prügelei auf dem Schulhof lieber weg, als daß sie eingreifen. Bei einer Umfrage der Deutschen Forschungsgemeinschaft unter Lehrern in Hessen gab ein Drittel der Pädagogen an, sie täten lieber so, als hätten sie nichts gesehen. Dem Institut für Demoskopie Allensbach gestanden sechsundfünfzig Prozent von neunhundert befragten Lehrern, sie fühlten »Machtlosigkeit« gegenüber ihren Schülern.
Wer selbst zum Ducken erzogen wurde, der duckt sich vor jeder Gewalt. Und Lehrer der jüngeren und mittleren Generation sind bereits das Produkt jener Gedankenwelt, die zu Beginn der siebziger Jahre das Ducken zum Generalprinzip erhob: das schlechte Gewissen wegen jedem und allem, das unablässige Bekenntnis zur Erbsünde, die Buße im alternativen Strickstrumpf. Wer Autorität grundsätzlich für ein Schimpfwort hält, verfügt nicht darüber, wenn sie benötigt wird.

Vollends auf den Kopf gestellt wird die Situation, wenn nach dem Strickmuster der Political Correctness das Verhältnis zwischen Täter und Opfer ins Gegenteil verkehrt wird. In einer Grund- und Teilhauptschule bei Nürnberg mußte eine zehnjährige Schülerin, die von drei Klassenkameraden vergewaltigt worden war, wochenlang neben den Tätern sitzen. Erst das Jugendamt veranlaßte eine Trennung, nachdem Briefe des Vaters an die Schule ohne Erfolg geblieben waren. An einer Berliner Schule wurde ein auf dem Pausenhof mißhandelter Junge gemeinsam mit dem Täter von der Direktorin in ein anderthalbstündiges »Versöhnungsgespräch« verwickelt, statt den verletzten Jungen zum Arzt zu schicken. Der Schläger war zuvor gerade zu einer Jugendstrafe auf Bewährung verurteilt worden. Vor den Konsequenzen dieses neuerlichen Gewaltausbruchs wollte die Lehrerin den Schläger schützen.

Armes reiches Deutschland

Bei der Fahndung nach den Ursachen zunehmender Gewalt unter Jugendlichen wird der Schwarze Peter eilfertig hin und her geschoben. Lediglich einem Verursacher kommt man gemeinschaftlich rasch auf die Spur: Die sozialen Verhältnisse sind es. Richtiger: die soziale Ungerechtigkeit, die im armen reichen Deutschland herrscht. Unter der Überschrift »Armut im Wohlstand – versagt die Sozialpolitik?« wird im Schulbuch dieses Bild vermittelt:

> »Über viele Jahre hat die soziale Sicherung in der Bundesrepublik den Bürgern einen ausreichenden Schutz gegen die Grundrisiken des Lebens gewährt. In den letzten zwei Jahrzehnten sind jedoch neue Gruppen sozial Benachteiligter entstanden, die durch das herkömmliche Sicherungssystem offenbar nicht mehr ausreichend geschützt sind. Dazu gehören u. a.
> – Langzeitarbeitslose, das heißt Menschen, die länger als ein Jahr keine neue Arbeitsstelle finden (1994: ca. 750 000);

– Wohnungs- und Obdachlose, die in Ersatzunterkünften, Heimen und Billigpensionen untergebracht sind (Schätzung für 1994: ca. 900 000) oder auf der Straße leben (ca. 45 000);
– Rentner mit Einkünften unterhalb des Existenzminimums (1992: ca. 600 000).
Da diese Gruppen keine wirksame Interessenvertretung haben, können sie sich gegen ihre soziale Benachteiligung kaum wehren. Dadurch ist eine neue gesellschaftliche Kluft aufgerissen, die von einigen Sozialwissenschaftlern und auch Politikern als unsolidarische Zwei-Drittel-Gesellschaft gekennzeichnet wird: Während die Mehrheit von etwa zwei Dritteln sichere Arbeitsplätze besitzt und mehr oder weniger am Wohlstand teilhaben kann, bleibt das restliche Drittel von stabilen Beschäftigungs- und Einkommensverhältnissen ausgeschlossen und gleitet vielfach sogar in Armut ab.
... Obwohl die Notlage vieler Mitbürger nicht zu übersehen ist, findet das Thema Armut in der öffentlichen Diskussion nur wenig Beachtung, wird es verschwiegen oder verdrängt. Dies verweist auf die Wertvorstellungen einer marktorientierten Gesellschaft, die das individuelle Leistungsstreben betont und nur den Arbeitenden als nützlich anerkennt. Hat das Erwerbsstreben die Menschen so egoistisch werden lassen, daß sie die Schwächeren und Bedürftigen ignorieren?«[3]

Hat es in diesem Land wirklich jemals mehr Hilfe und Fürsorge für die Armen und Schwachen gegeben? Bis an die Grenze der Leistungsfähigkeit der Bürger ist das Netz der sozialen Sicherung ausgebaut worden. Wenn der Standort D ins Schlingern geriet, dann auch, weil die Höhe der Sozialabgaben die Leistungsfähigkeit der Wirtschaft beeinträchtigt. Darüber erfährt der Schüler aus dem Buch »Soziale Marktwirtschaft« von Bernhard Keller nichts. Das entspräche auch nicht der Konfliktstrategie.
Statt dessen werden die Wertvorstellungen der Gesellschaft auf die Marktorientierung reduziert, wird die Gesellschaft in

die da oben und die da unten geteilt. Denn: Nichts ist in Ordnung – was wieder und wieder herausgestrichen wird: »Armut im Überfluß – auch eine Folge unseres Wirtschaftssystems« ist ein Beitrag betitelt, der sein Teil zur entsprechenden Beweisführung beisteuert:

>»Solche Verhältnisse sind nicht einfach ein sozialer Betriebsunfall, sondern Ausdruck gesellschaftlicher Wertvorstellungen und Präferenzen. Während für Pflegekräfte im Krankenhaus kein Geld da ist, wird Profisportlern, wenn sie nur einigermaßen Leistung zeigen, zum Teil fürstliche Entlohnung zugebilligt. Für seichteste Unterhaltung sitzt das Geld lockerer als für die Betreuung alter Menschen. Die Forderung nach Überdachung eines Fußballstadions findet eher lautstarke Befürworter als die Einrichtung von Kindergärten. Wie in München geschehen, wird eine 80jährige Frau nach rund 50jährigem Mietverhältnis aus ihrer Wohnung geklagt, weil sich bei Neuverwertung aus der Wohnung ein ungleich größerer Reibach schlagen läßt.
> Daß allenthalben die Maßstäbe verlorengehen, daß sich in einer Leistungsgesellschaft, die jahrzehntelang einseitig auf wirtschaftlichen Erfolg gedrillt worden ist, eine Mentalität der Raffgier breitmacht, ist – so paradox es klingen mag – auch eine Folge unseres Wirtschaftssystems. Denn die Marktwirtschaft, das unbestritten erfolgreichste Wirtschaftssystem aller Zeiten, basiert letzlich darauf, daß sie den wirtschaftlichen Egoismen der Bürger freien Lauf läßt und deren unterschiedliche Interessen dann auf dem Markt über Angebot und Nachfrage in Übereinstimmung bringt.«[4]

Solche Darstellungen rubrizieren unter dem Lehrauftrag »Soziale Kompetenz schaffen«. Und sie reduzieren das Bild auf Macher – Raffer – Opfer. Ob diese Bilder wirklich das vermitteln, was befragte Eltern meinten, als sie 1998 bei einer Untersuchung des Instituts für Schulentwicklungsforschung die »soziale Kompetenz« auf den fünften Rang einer Liste dessen setzten, was sie von der Schule für ihre Kinder erwarten, darf bezweifelt werden. Insgesamt gaben die Eltern der Schule dabei schlechte Noten. Jedes fünfte Elternpaar war der Ansicht, die Jugendlichen verfügten nach der Schulzeit nur über mangelhafte Kenntnisse. Ganz an der Spitze wünschten die Eltern eine bessere Vorbereitung auf das Berufsleben. Es folgten Allgemeinbildung, Förderung der Selbstdiziplin, die Fähigkeit zur Problemlösung, dann die erwähnte soziale Kompetenz und erst danach »vertieftes Fachwissen«.

Geliebte Randgruppen

Dabei darf den Verfassern und Herausgebern von Schulbüchern keineswegs der Vorwurf gemacht werden, sie vernachlässigten die sozialen Fragen. Das Gegenteil ist der Fall. Je problematischer eine Situation ist, desto ausführlicher wird auf sie eingegangen. Schließlich fällt sie in die Kategorie der Konflikte, die ja bekanntlich Vorrang vor Problemlösungen genießen. Und an Konflikten und bestehenden Problemen läßt sich nach bewährtem Schnittmuster die Gesellschaft aufteilen – die da oben, die da unten. Das schlechte Gewissen gibt es gegebenenfalls als Nebenprodukt gratis dazu. Nach »Armut im Wohlstand« und »Armut im Überfluß« nun eine weitere Leseprobe mit unwesentlich variierter Überschrift: »Obdachlosigkeit trotz oder wegen des Wohlstands?« aus dem Politikbuch »Moment mal ...« von Schneider/Zindel. Nach der obligatorischen Feststellung, mit der negative Bestandsaufnahmen dutzendfach eröffnet werden:

> »Die Bundesrepublik Deutschland gehört zu den reichsten Ländern der Welt«,

wird dann der krasse Gegensatz vorgeführt:

> »– und hat doch viel zu wenig Wohnungen. Nach jüngsten Statistiken haben weit über eine Million Bürger keinen ausreichenden Wohnraum.
> Der Mangel ist sehr unterschiedlich. Er reicht von der nackten Not eines gänzlich fehlenden Daches über dem Kopf bis hin zur zu kleinen Wohnung.

Wohnungsnot betrifft nicht nur Studenten, die eine ›Bude‹ in einer Universitätsstadt suchen, sie betrifft ebenso auch kinderreiche Familien, für die in der Gesellschaft vielfach offensichtlich kein Platz mehr ist, sie betrifft besonders hart auch die Aussiedler und Ausländer, die aus vielfältigen Gründen hier sind. Wohnungsnot betrifft auch Rentner und Sozialhilfeempfänger, die vom Markt verdrängt werden, weil sie die Mieten, die verlangt werden, nicht mehr bezahlen können. Wohnungsnot betrifft aber ebenso auch viele Berufstätige, die in Ballungszentren beschäftigt sind und täglich u. U. Hunderte von Kilometern fahren müssen, um an die Arbeit zu kommen, weil ein arbeitsplatznahes Wohnen nicht möglich ist.
›Selbstverschuldet‹ werden die einen sagen. ›Marktwirtschaft‹ werden die anderen kommentieren.‹«[5]

Womit die Ignoranten wieder einmal enttarnt wären und das System haftbar gemacht. Anschließend wird aufgelistet, wie es zur Obdachlosigkeit kommt – erstens Mietschulden und Krach mit dem Hauswirt, zweitens Eigenbedarfsklagen, aber auch der Staat trägt ein gerüttelt Maß Mitschuld. Denn:

»Im Zuge städtischer Slumsanierungen werden billige Altbauwohnungen abgerissen und durch teure Neubauwohnungen ersetzt, so daß ein Teil der einstigen Mieter, finanziell überfordert, als ›planungsverdrängt‹ in städtische Unterkünfte eingewiesen werden muß.«

Die Hausbesetzer lassen grüßen.

»Ob hilfsbedürftig oder schuldenbeladen, kinderreich oder sanierungsverdrängt, unangepaßt oder krank – alle diese Gruppen sozial Schwacher werden in den Lagern mit einer kleinen extremen Minderheit zusammengesperrt, die für die Öffentlichkeit das Image des Obdachlosen bestimmt: einem harten Kern von schätzungsweise fünf Prozent Asozialen, etwa Gewohnheitsverbrechern – also Menschen, die nicht oder nur mit besonderem Aufwand in die Gesellschaft einzugliedern sind.«

Man muß diese Aufzählung sorgfältig lesen, um ihre wahre Absicht zu begreifen: Arm und krank und kinderreich zusammengesperrt mit Gewohnheitsverbrechern! In Lager!

»Die Kinder, die dann geboren werden, lernen in ihrem Leben keine Chancengleichheit kennen. Schon früh leiden sie an Krankheiten wie Diphtherie, Ruhr, Typhus, Tuberkulose und Kinderlähmung. Ihre Eltern verlassen nur ungern die gewohnte Umgebung, um mit ihnen zum Arzt zu gehen, weil sie fürchten, außerhalb ihrer Siedlung schief angesehen zu werden. Wenn die Obdachlosen-Kinder mit ein- oder mehrjähriger Verspätung eingeschult werden, bleiben sie im Unterricht zurück: Nachmittags im Notquartier fehlt ihnen ein ruhiger Platz für die Hausaufgaben ebenso wie der Rat der Mutter; abends hält das Fernsehprogramm sie bis zur Spätausgabe der Tagesschau wach, morgens machen sie sich unausgeschlafen auf den weiten Weg zur ungeliebten Schule – wenn sie nicht vorziehen zu schwänzen. Obdachlosen-Kinder bleiben, wie in Marburg festgestellt wurde, dem Unterricht dreimal häufiger ohne Entschuldigung fern als Kinder aus Normal-Gegenden. Manche Eltern, häufig Schulversager und Schulgegner, billigen oder fördern gar das Schwänzen. Mancher Lehrer wiederum verfährt nach der primitiven Gleichung: Wohnen in Notunterkünften = angeborener Schwachsinn und schiebt die schwierigen Schüler ab auf Sonderschulen, wo früher oder später zwischen 40 und 80 Prozent der Obdachlosen-Kinder landen (Bundesdurchschnitt: drei Prozent).«

So einfach machen es sich mache Lehrer, handeln nach einer primitiven Gleichung, die auch der gesamten Gesellschaft im Schulbuch untergeschoben wird: einmal obdachlos, immer obdachlos.

Und die Autoren eines solchen Textes merken nicht einmal, was ihnen da durchrutscht: Tag und Nacht läuft der Fernseher im Wohnquartier der Obdachlosen. Das entspricht sicherlich der Realität, und das ist gewiß ein Elend. Jeder ist zu bedauern, der sich dem Dauerangriff von »Ajax«, »Lindenstraße«, »Spee Megaperls« und »Akte X« aussetzen muß. Aber wenn das als Zeichen sozialen Elends gelten soll, dann bedarf dieses Elend einer neuen Definition.

Die Verfasser dieser Lektüre formulieren ihre anschließenden didaktischen Fragen so, daß den Gefragten die Antwort gleich mit auf den Weg gegeben wird:

»1. Obdachlose befinden sich wie viele andere Randgruppen in einem Teufelskreis von Vorurteilen und unveränderbaren Situationen. Diskutieren Sie, was diesen Teufelskreis konkret ausmacht, und erörtern Sie, ob sich das Ansehen von sozial Schwachen in den letzten Jahren eher verbessert oder verschlechtert hat bzw. ob es gleichgeblieben ist. Versuchen Sie, Gründe dafür zu finden.
2. Artikel 13 des Grundgesetzes nennt das Recht auf Unverletzlichkeit der Wohnung. Diskutieren Sie, inwieweit das Grundgesetz zunächst einmal das Recht auf eine Wohnung oder Unterkunft beinhalten sollte. Erörtern Sie dabei auch die auf den Staat und das Gemeinwesen zukommenden Aufgabenbereiche einschließlich der Frage der Finanzierung solcher Rechte.«[6]

Vom Rand in die Mitte

Bei der Förderung der sozialen Kompetenz rücken Randgruppen ins Zentrum der Betrachtung. So verdienstvoll das Bemühen um Toleranz ist, so bedenklich wird es, wenn alles vom Rande der Gesellschaft in einen Topf geworfen wird, ohne Wertung, ohne Differenzierung. Ein abschließendes Beispiel hierfür liefert noch einmal das Buch »Moment mal ...« von Schneider/Zindel:

»Ob im Verein, in der Gemeinde, am Arbeitsplatz; zu allen Zeiten, in allen Völkern gab und gibt es Menschen, die durch etwas, was sie von anderen unterscheidet, aus

dem Rahmen des Üblichen, des Gewohnten, herausfallen. Sie entsprechen nicht unserer Norm, das heißt den Vorstellungen, die man sich von ›dem Menschen‹ in unserer Gesellschaft macht. Sie sind nicht einzuordnen, sie entsprechen nicht der erwarteten Leistung. Da diese Menschen im Urteil der Allgemeinheit etwas Besonderes, etwas Abweichendes sind, leben sie folgerichtig auch nicht in der Mitte, sondern eben am Rande der Gesellschaft. Mal ist es ihre Rasse, die diese Menschen in eine Außenseiterposition drängt, wie zum Beispiel Mischlingskinder und Roma, oder es ist ihre Nationalität, die eine Abkapselung bewirkt, wie meist bei den ›Gastarbeitern‹. Es können aber auch religiöse Gründe, zum Beispiel bei den Juden oder Zeugen Jehovas, maßgeblich dafür sein, daß die Betroffenen im Alltag ihr Anderssein zu spüren bekommen. Manche haben unter ihrem körperlichen, geistigen und sexuellen Anderssein zu leiden, wie die Schwerbehinderten, geistig Behinderten, Geisteskranken und Homosexuellen. Einer weiteren Gruppe von Menschen ist gemeinsam, daß sie über die geltende Rechtsordnung gestolpert ist und dafür nun büßen muß, sei es im Gefängnis oder bereits wieder ›draußen‹ als Vorbestrafte oder als Strafentlassene.
Auch sozial Verachtete wie Obdachlose oder Landstreicher leben, sei es gewollt oder ungewollt, am Rande der Gesellschaft. Meist sind die Angehörigen einer Randgruppe = Minderheit nicht als soziale Gruppe wahrnehmbar. Obwohl sie oft nur als einzelne erlebt werden, steht man ihnen ablehnend gegenüber …«[7]

Da werden Geisteskranke und Homosexuelle in einem Atemzug genannt, Juden und Zeugen Jehovas als Randgruppen klassifiziert, und der Straftäter ist lediglich über die geltende Rechtsordnung gestolpert. Bunt und unordentlich wie im unaufgeräumten Kinderzimmer liegt zusammen, was nicht zusammengehört. Welche soziale Kompetenz soll mit solch einem Sammelsurium wohl gefördert werden? Der Text stammt übrigens aus dem Hessischen Schulfernsehen und wurde dort 1978 veröffentlicht. Aber obwohl er mehr als zwanzig Jahre auf dem Buckel hat, schien er den Herausgebern immer noch frisch genug zu sein, um in ein aktuelles Schulbuch aufgenommen zu werden (schließlich haben sie es mit anderen Texten aus der Gründerzeit der Achtundsechziger ebenso gehalten, man bewahrt die Connections). Womit wir erneut bei den zu Beginn dieses Kapitels wiedergegebenen Zitaten wären. Sie stammen aus der gleichen Zeit. Was damals gedacht worden ist, wurde zwischenzeitlich mit Fleiß in die Tat umgesetzt.

Postskriptum
Die neue soziale Frage
von Klaus Jentzsch

Klassenkampf im Klassenzimmer? Wohl eine schamlose Übertreibung, wird der eine oder andere geneigte Leser sagen. Weit gefehlt! Die in diesem Kapitel dargelegten Zahlen und Fakten sind das Ergebnis eines schleichenden Prozesses: des zunehmenden Wertezerfalls innerhalb unserer Gesellschaft. Sie sind aber auch Ausdruck einer Bildungsmisere, die inzwischen in großen Teilen der Politik nicht mehr bestritten und die zunehmend – auch in den Medien – thematisiert wird. Diese Entwicklung ist vor allem Bundespräsident Roman Herzog zu verdanken. Dieser hatte am 5. November 1997 eine aufsehenerregende Rede zur Bildungspolitik gehalten. In seiner offenen und klaren Sprache wagte er sich, wie er es selbst nannte, auf »vermintes Gelände«. Herzog forderte mit Blick auf das 21. Jahrhundert ein Bildungssystem, das werteorientiert, aber auch praxisbezogen ist, das internationalen Maßstäben gerecht wird, das Wettbewerb zuläßt und das mit der Ressource »Zeit« vernünftig umgeht.
Besonders die Forderung des Bundespräsidenten nach einer werteorientierten Bildung und Ausbildung hat so manchen Ideologen, sei es aus dem linken oder aus dem rechten Spektrum, auf den Plan gerufen. Und besonders verdächtig muß den Feinden einer freien und offenen Gesellschaft die Tatsache erscheinen, daß es Roman Herzog nicht bei Allgemeinplätzen belassen hat, sondern daß er mutig Verläßlichkeit, Pünktlichkeit, Disziplin, Respekt vor dem Nächsten und die Fähigkeit zur Zuwendung eingefordert hat. Für Herzog bedeutet Bildung also nicht nur Wissensvermittlung, sondern auch die Vermittlung von Werten und Tugenden.
Werte vermitteln heißt selbstverständlich nicht, Jugendliche mit Meinungen und Begriffen zu überwältigen oder gar zu indoktrinieren. Zur Wertevermittlung ohne ideologische Scheuklappen könnte das von der Landeszentrale für politische Bildung in Baden-Württemberg zusammen mit kompe-

tenten Vertretern aus Schule und Politik erarbeitete Konzept beitragen, das unter dem Begriff »Beutelsbacher Konsens« hervorragende Lösungsansätze bietet. Hauptanliegen des »Beutelsbacher Konsens« ist ein ideologiefreier Unterricht, der verhindern soll, Schüler, mit welchen Mitteln auch immer, im Sinne unerwünschter Meinungen zu überrumpeln und sie damit bei der Gewinnung eines selbständigen Urteils zu beeinträchtigen. Darüber hinaus ist es für die Initiatoren ein selbstverständliches Anliegen, daß die Themen, die in Wissenschaft und Politik kontrovers diskutiert werden, auch im Unterricht kontrovers beleuchtet werden müssen. Gleichwohl hat der persönliche Standpunkt des Pädagogen, seine wissenschaftstheoretische Herkunft oder seine politische Meinung im Unterricht hintanzustehen.

Zurück zu Roman Herzog und seinem Plädoyer für ein werteorientiertes Bildungs- und Erziehungssystem. Eine sehr wichtige Trägerfunktion übernimmt der Religionsunterricht als ordentliches Lehrfach an öffentlichen Schulen, denn ohne Kenntnis christlicher Grundwerte entsteht ein Wertevakuum. Eine solche Haltung steht natürlich im krassen Widerspruch zu einer wertefreien Gesellschaft, einer »Fun Society«, wie sie von den Selbstverwirklichungsfetischisten präferiert wird.

Platon schrieb in seiner »Politeia«: »Die Gefährdung der Demokratie ist eine Gefährdung durch sich selbst. Der Ursprung der Gefahr ist die Art und Weise, wie die Demokratie Freiheit versteht. Das Mißverständnis der Freiheit führt mit der inneren Notwendigkeit zu ihrem Verfall und zu einem Umschlag in ihr Gegenteil, in die Tyrannei.«

Hier schließt sich der Kreis: Ein Zerfall der Werte bedeutet langfristig betrachtet den Zerfall unserer Demokratie. Wer alle Lebensbereiche demokratisieren will, übersieht, daß zur Demokratie, zur Mitbestimmung in allen Lebensbereichen auch Mitverantwortung gehört. Und Mitverantwortung setzt Kompetenz, setzt Wissen, setzt Bildung und Herzensbildung voraus. Mit Klassenkampf- oder gar Neidparolen läßt sich eine funktionierende Demokratie nicht aufrechterhalten.

Deshalb ist dieses Buch wichtig. Es sensibilisiert den Leser für geistige Deformierungen und leistet so einen wichtigen

Beitrag, damit unser Bildungswesen nicht zur Basis eines ideologischen Aufmarschgebietes umfunktioniert wird. Erinnern wir uns an Konfuzius, der auf die Frage, was er denn tun würde, wenn ihm die Verwaltung eines Landes angetragen würde, antwortete: »Wenn die Worte nicht stimmen, dann ist das, was gesagt wird, nicht das Gemeinte. Wenn das, was gesagt wird, nicht das Gemeinte ist, dann gedeihen die Werke nicht. Gedeihen die Werke nicht, so verderben die Sitten und Künste. Verderben die Sitten und Künste, dann trifft die Justiz nicht das Rechte. Trifft die Justiz nicht das Rechte, so weiß das Volk nicht, wohin Hand und Fuß setzen. Deshalb achte man darauf, daß die Worte stimmen.«

Klaus Jentzsch, geboren 1933 in Leipzig, Abitur am humanistischen Thomas-Gymnasium. Flucht aus der DDR und Studium der Volks- und Betriebswirtschaft in Bonn. Nach Studium und Examen zunächst im Bundesministerium der Verteidigung tätig und bis Februar 1998 Leiter der Abteilung I in der Landeszentrale für politische Bildung Baden-Württemberg.
Von 1980 bis 1992 Landesvorsitzender des Freien Deutschen Autorenverbandes Baden-Württemberg. Seit Oktober 1997 Präsident des Freien Deutschen Autorenverbandes (FDA). Klaus Jentzsch ist Lehrbeauftragter im Fach Rhetorik unter anderem an der Universität Tübingen, der Berufsakademie Stuttgart, der Verwaltungs- und Wirtschaftsakademie Stuttgart und an weiteren baden-württembergischen Hochschulen. Als Autor hat sich Klaus Jentzsch mit den Büchern »Sterben wir aus? – Der Bevölkerungsrückgang und seine Folgen«, »Was geht uns der ältere Mensch an?« sowie mit verschiedenen Rhetoriklehrbüchern einen Namen gemacht.

Kommt die Nation abhanden?
Deutsch – ein unverbindlicher Begriff mit vielen Fragezeichen

Dieses Kapitel ist nur sehr kurz. Es handelt von der Nation – von der deutschen Nation. Selbstverständlich gäbe es darüber sehr viel zu reflektieren und zu sagen, dicke Bücher sind darüber geschrieben worden. Da aber das Thema dieses Buches die Darstellung bestimmter Begriffe und Sachverhalte in Schulbüchern ist, grenzt das die Thematik ein. Ganz entschieden sogar. Denn nach dem Thema Nation wird weitgehend vergeblich gefahndet. Die Nation findet nicht statt. Der Begriff paßt nicht in das Weltbild der neuen Internationalen. Er wurde so erfolgreich negiert und ausgegrenzt, daß er allmählich abhanden kam. Und der schleichende Verlust wurde nicht einmal bemerkt. Als bei den Recherchen für dieses Buch beim Bundesministerium für Bildung, Wissenschaft, Forschung und Technologie nachgefragt wurde, ob es eine Untersuchung über den Begriff der Nation in Schulbüchern gäbe, löste die Frage Verblüffung und Unverständnis aus. Nach längerer Erklärung der Frage kam dann die Anwort: Nein, so etwas sei noch nicht untersucht worden.

Es ist also Zeit für eine Vermißtenmeldung: Gesucht wird die Nation. Gesucht wird die nationale Gemeinschaft, die aus gemeinsamen Wurzeln wächst, aus der gleichen Sprache, aus der gleichen Tradition, aus annähernd gleichen Wertvorstellungen. Gesucht wird im zusammenwachsenden Europa der Dreiklang von Heimat, Nation und Gemeinschaft. Denn so wie die engsten Bindungen im unmittelbaren Bereich der Familie entstehen, so wachsen sie weiter über das unmittelbare Lebensumfeld, über die Stadt oder Gemeinde hinaus ins Land, in die Heimat, in die Nation. Das eine bedingt das andere. Ohne die familiäre Identität gibt es keine heimatliche Identität und letztendlich auch keine nationale Identität. Das alles wird gesucht.

Was ist deutsch?

Gefunden werden im Schulbuch solche Äußerungen in einem Bericht über einen Autonomen mit dem freundlichen Namen »Sternchen«, der sich mit Skins prügelt (was bekanntlich zu den guten Taten zählt):

> »Immer häufiger agieren Sternchen und seine autonomen Freunde als ›Ordnungskräfte‹. Regelmäßig suchen sie den Leipziger Hauptbahnhof auf, um die randalierenden rechten Kids der Bahnhofsgang zu Vernunft aufzufordern. ›Eigentlich sind das Kinder, die von irgend jemandem erfahren haben, es sei schön, Deutscher‹ zu sein.‹«[1]

Dafür gibt's was auf die Glatze, ist doch logo. Denn wer rumrennt und sagt, es sei schön, Deutscher zu sein, der ist nicht nur blöd, der ist auch gefährlich. Lediglich zwanzig Prozent der Jugendlichen gaben bei einer Umfrage an, sie fühlten sich mit Deutschland verbunden und fühlten sich dem Land verpflichtet. Die Nation wurde für sie zum inhaltsleeren Begriff. Sie wären nicht imstande anzugeben, was für sie die Nation prägt.

Unter der Frage »Was ist deutsch?« bietet die Schulbroschüre »Was heißt hier fremd?« folgendes Sammelsurium an:

> »Tannenbäume? Reiseträume? Kühler Verstand? Kaltes Herz? Tiefsinn? Ausländerhaß? Offenheit? Betroffenheit? Baseballschläger? Schinkenhäger? Minderwertigkeitskomplexe? Minderheitenschutz? Geltungssucht? Entwicklungshilfe? Nächstenliebe? Seitenhiebe? Hungerkur? Sauftour? Rostock? Solingen? Vergeßlichkeit? Perfektionismus? Rechthaberei? Luftbrücke? Brathähnchen? Hilfsbereitschaft? Tagesschau? Fahrradklau? Stahlhelm? Sozialhilfe? Wirtschaftswunder? Glücksspirale? Berlinale? Milchzentrale? Tierliebe? Menschlichkeit? Sentimentalität? Reizbarkeit? Autonome? Volkswagen? Volxküche? Doitschland den Doitschen? Eitelkeit? Kinderliebe? Kuhglocken? Tütensuppe? Kampfsportgruppe? Erster Weltkrieg? Zwei-

ter Weltkrieg? Die Mauer? Beifallklatschende Zuschauer? Demokratie? Gleiche Rechte nur für mich? Gleiche Pflichten nur für dich? Faulenzen? Saubermachen? Magersucht? Fußball ist unser Leben? Dichter und Denker? Richter und Henker? Gastfreundschaft? Die Grenzen dicht machen? Sich schlechter machen, als man ist? Sich immer schuldig fühlen? Sich Mut ansaufen? Den Verstand unterlaufen? Familienbande? Bandenkriege? Arbeitswut? Steuerbetrug? Liebesentzug? Muskelkraft? Erfindergeist? Möchtegern? Hitlergruß? Sündenbocksuchen? Unsicherheit? Visionen haben? Dauerfrust? Moralprediger? Großzügig zu den eigenen Fehlern stehen? Bei anderen nie die Vorzüge sehen? Fremdes nur mit Vorsicht genießen? Beim Nachbarn mal die Blumen gießen? Hunger aus der harten Zeit kennen? Bei Elendsnachrichten die Programmtaste drücken? Oder mal das Scheckbuch zücken? Brandbomben? Heimatliebe? Heimtücke? Kindergärten? Ehrlichkeit? Die Selbstzweifel mit Schnaps wegspülen? Sich danach etwas besser fühlen? Pflichtbewußtsein? Ich? Ohne Fleiß kein Preis? Reisen ins Ausland? Ein Ferienhaus in Spanien? Das Auto aus Japan? Bäuche? Räusche? Herzlichkeit? Schönheit? Toleranz? DIN-Norm? Nonkonform? Hochform? Sich zu Hause fühlen? Sich fremd fühlen? Fremde Kulturen anregend finden? Pracowici? Szwaby? Szkopy? Mangiakrauti? Cruccoo? Patates Alman? Sich über alles aufregen, was anders ist? Auf dem rechten Auge blind sein? Sich damit entschuldigen, daß die Franzosen oder die Italiener oder die Engländer oder die Amerikaner oder alle anderen auch nicht besser sind? In Weiß heiraten? Immer schwarzsehen? Jede Mode mitmachen? Das Ladenschlußgesetz ehren? TÜV-Kontrolle? Frühlingsrolle? Trauerkloß? Sorglos? Hemmungslos? Seinen Mann stehen? Ausländer zusammen mit Deutschen? Ossis gegen Wessis? Wessis gegen Ossis? BVG? BKA? FKK? MTV? Nachbarschaftshilfe? Neid? Niveau? Nivea? Feierabend? Nach etwas Höherem streben? An Vorurteilen kleben? Zupacken? Nichts davon wissen wollen? Anderen davonfahren? Anderen an den Karren fahren? Lothar Matthäus? Anthony Yeboah? Roy Black? Roberto Blanco? Zur Tat schreiten statt etwas tun? Erbsen zählen? Kinder quälen? Auf die Tube drücken? Mit den Reifen quietschen? Am Stammtisch den wilden Stier machen? Reinen Tisch machen? Sich mit anderen an einen Tisch setzen? Auf eine glückliche Zukunft setzen? Angst vor der Zukunft haben? Dem anderen eine Grube graben? Fackelzüge? Bierkrüge? Gelassenheit? Humor? Gute Laune haben?«[2]

Das liest sich ganz vergnüglich – teilweise. Geschickt wird dem Leser ein Spiegel vorgehalten – und wenn das Spiegelbild nicht gefällt, dann muß es nicht am Spiegel liegen. Aber das Augenzwinkern, mit dem dies scheinbar geschieht, ist in Wahrheit wenig freundlich. Denn in der kunterbunten Aneinanderreihung finden sich zwischen Beliebigkeiten und Nonsens all die Klischees und gutmenschlichen Vorwürfe, die den Deutschen zu einem fragwürdigen Zeitgenossen machen. Auf diese Weise wird auch die Nation zum fragwürdigen Begriff.

Die Nation – eine Rechts- und Staatsform?

Die Nation des Schulbuchs kann ohne die Menschen auskommen, die in einem Land ihre angestammte Heimat haben. Denn, so werden die Schüler belehrt, »ein modernes Verständnis von Nation« schließe »Demokratie und Menschenrechte« ein, eine Staatsangehörigkeit »kann sich nicht auf ethnische Regeln gründen«.[3]

Wie wäre es dann mit kulturellen Gründen? Ist nicht mit der gleichen Selbstverständlichkeit, mit der für in Deutschland lebende Ausländer das Recht auf kulturelle Identität gefordert wird, dieser Anspruch auch für die kulturelle Identität der Deutschen zu verlangen? Erst die kulturelle Identität macht die Nation aus. Demokratie und Menschenrechte sind heute ein Teil davon. Sie wurden erst durch großes Leid erkämpft und gehören heute zu den wertvollsten Teilen des nationalen

Selbstverständnisses. Aber herausgelöst aus dem großen Korb der kulturellen Gemeinsamkeiten genügen sie nicht, um eine Nation zu bilden. Auch das beste Staatswesen ist noch keine Nation. Vor dem Fall der Mauer gab es in Deutschland – ob anerkannt oder nicht – zwei Staaten, aber es gab nur eine Nation. Wer die Nation durch den Staat ablösen will, entzieht den Menschen die Grundlagen des Zusammenhalts. Die vielfach propagierte »Überwindung des Nationalstaats« bewirkt den gleichen Effekt. Ersatzweise wird an seine Stelle der »Sozialstaat« gesetzt. Aber das politische Gebilde des Staates – mag er noch so sozial sein – kann den mit Emotionen befrachteten Begriff der Nation nicht ersetzen. Selbst dann nicht, wenn diese Emotionen nicht alle positiv sein können, denn selbstverständlich gehören auch Schuld und Versagen zu den gemeinsamen Grunderfahrungen.

Der Kitt der D-Mark

Von der Nation blieb nur das äußere Gebilde, jene Konstruktion von Gesetzen, Rechten und zähneknirschend hingenommenen Pflichten, die zum Sozialstaat gebündelt wurden. Nicht einmal der Umstand, daß gute Gesetze und die Verpflichtung zur Fürsorge für Menschen und Umwelt letztendlich das Ergebnis nationaler Kultur sind, findet Anerkennung. Der Verlust verbindlicher Werte wird durch Äußerlichkeiten kompensiert. Das kann nicht gutgehen, denn Äußerlichkeiten sind ein kümmerlich kittender Ersatz, dessen Bindekraft allenfalls in guten Zeiten ausreicht. In Zeiten der Krise oder auch nur vorübergehender Probleme fehlt ihnen das Bindevermögen, das erst gemeinsame Anstrengungen ermöglicht. Als im geteilten Deutschland wieder zusammenwachsen wollte, was zusammengehört, war das eine Sternstunde der Nation: in nationaler Einheit zurück zu den gemeinsamen Wurzeln. Wenige konnten sich den starken Gefühlen entziehen, die mit diesem Prozeß verbunden waren. Wahrscheinlich wird eine spätere historische Wertung die gewaltige Schubkraft der Gefühle bei der Vereinigung sehr viel besser erkennen als die Gegenwart. Die Gegenwart gehört den Pfennigfuchsern. Da nationale Emotionen grundsätzlich als verdächtig gelten, blieb es bei der kurzen Aufwallung der Gefühle – fast schon wieder vergessen. Die Pfennigfuchser haben sich durchgesetzt. Nicht der Ruf »Wir sind ein Volk« wurde in Schulbüchern zur zentralen Formel der nationalen Einheit gemacht, in diesen Rang wird der Spruch »Kommt die DM nicht nach hier, kommen wir zu ihr« erhoben. Das Streben nach Einheit wird reduziert auf das Verlangen nach harter D-Mark:

»Mit Beginn des Jahres 1990 rückte der deutsche (Wieder-)Vereinigungsprozeß in immer greifbarere Nähe. Die Menschen in der DDR bewegte neben der völligen Neuorganisation der politischen Strukturen insbesondere auch die Frage, wann und zu welchen Bedingungen sie in den Genuß der DM als harte Währung kommen würden. Der Spruch: ›Kommt die DM nicht nach hier, kommen wir zu ihr‹ heizte das Tempo der Einigungsbemühungen in beiden Teilen Deutschlands ständig an.«[4]

»Mit der Öffnung der Grenzen trat der Kontrast in der Lebensqualität zwischen Westen und Osten den DDR-Bürgern in aller Deutlichkeit vor Augen. Hilfe erhofften sie sich von einer schnellen Einführung der freien Marktwirtschaft. In Leipzig riefen sie auf ihren Demonstrationen: ›Kommt die D-Mark, bleiben wir. Kommt sie nicht, gehn wir zu ihr.‹ Als Antwort auf die steigenden Übersiedlerzahlen und die Forderungen der DDR-Bürger bildeten die Bundesrepublik Deutschland und die DDR vertraglich eine Wirtschafts-, Währungs- und Sozialunion. Diese führte auch in der DDR die D-Mark ein und übertrug in vielen Bereichen das soziale System der Bundesrepublik auf die DDR.«[5]

Abwärts durch Annäherung

Man ist sich einig: Das eigentliche Trieb- und Schmiermittel der deutschen Einheit war die D-Mark. Nur die Knete war's und sonst gar nichts. Das Streben nach der harten D-Mark aber rächte sich schon bald. Denn unmittelbar darauf ging es stetig bergab mit den Errungenschaften des Sozialismus und der Wirtschaft in der DDR. Verursacher des Niederganges: die D-Mark!

> »Äußeres Zeichen des Wandels war die Einführung der DM als offizielles Zahlungsmittel der DDR. Der Staatsvertrag sah aber ebenso die stufenweise Übernahme einer Reihe wichtiger Wirtschafts- und Steuergesetze vor. Nicht zuletzt gerieten viele DDR-Betriebe durch wegfallende Subventionen und mangelnde Wettbewerbsfähigkeit in große finanzielle und existentielle Schwierigkeiten.«[6]

»Überlegt, was die Menschen meinten, wenn sie riefen: ›Wir gehen zur DM‹«, fordert das Buch »Entdecken und verstehen« die Schüler auf. Sie meinten gewiß nicht derartige Probleme für sich und die Betriebe, in denen sie arbeiteten, gibt bereits die Frage die Antwort – und das begründet sie mit dem folgenden Absatz, überschrieben »Wirtschaftliche Folgen der Vereinigung«:

> »Viele, die sich von der Wirtschafts- und Währungsunion eine schnelle Verbesserung ihrer Situation erhofft hatten, wurden enttäuscht. Die westdeutsche Wirtschaft scheute sich zunächst, in großem Maße in der DDR zu investieren. Das lag vor allem an den zumeist ungeklärten Eigentumsverhältnissen.«[7]

Von nun an ging's bergab. Unter der Kapitelüberschrift »Probleme der Einheit« finden sich ausschließlich wirtschaftliche Probleme. Es bleibt, wie es begann: Alles dreht sich ums Geld. Die D-Mark kam, so lautet die Botschaft, aber statt der versprochenen blühenden Landschaften überall nur Bitterfeld.

Verlierer der Einheit

> »Besonders dramatisch ist der Einbruch auf dem Arbeitsmarkt in Ostdeutschland gewesen … Von den ehe-

mals 9,8 Mio. Beschäftigten beziehen nunmehr nur noch zirka 50 Prozent ein volles Arbeitseinkommen. Etwa vier Mio. Bürger in Ostdeutschland leben als Arbeitslose, Kurzarbeiter, Vorruheständler etc. ganz oder teilweise von den Leistungen der Bundesanstalt für Arbeit.«

So wird der Sozialwissenschaftler Ernst Ulrich Huster nach einem Bericht in der »Frankfurter Rundschau« zitiert. Weiter heißt es:

»Vor allem aber die älteren Arbeitnehmer zählen ganz generell zu den Verlierern der Wirtschaftseinheit in Deutschland ... Eine Analyse ... zeigt denn auch, dass in den neu gegründeten Unternehmen in Ostdeutschland fast ausschließlich Personen eingestellt werden, die jünger als 30 Jahre alt sind.«

Von wem diese neu gegründeten Unternehmen auf die Beine gestellt wurden, ist aus dem Text nicht ersichtlich. Macht nichts, man kann es sich als geübter Leser der als zitatfähig bevorzugten Medien »Frankfurter Rundschau«, taz« und »Spiegel« auch so denken: Wessis selbstverständlich. Auch nachdem er sich vermeintlich durchgesetzt hat, bleibt der Kapitalist eben ein Kapitalist, der das von ihm abhängige Opfer ausbeutet. Klischees sind haltbar. Hat nicht der Kapitalist schon immer die Löhne gekürzt und die Preise hochgeschraubt? Seit dem Manchester-Kapitalismus hat er das – und er tut es immer noch:

»Ein Zeitschriftenbericht (Spiegel, d. A.) im September 1990 beschreibt den drohenden sozialen Abstieg in der Region Halle/Bitterfeld:
›Mehr noch als in Westdeutschland bedeuten Kurzarbeit und Arbeitslosigkeit für Ostbürger einen sozialen Abstieg. Bei den derzeit niedrigen Gehältern machen 63 bis 68 Prozent des Monatsnettolohnes gerade 450 bis 800 Mark aus. Weil aber Lebensmittel teurer geworden sind und die Mieten in nächster Zeit steigen werden, reicht die Arbeitslosenunterstützung oftmals nicht aus, um eine Minimalexistenz zu führen.

Familien, die bisher leidlich ihr Auskommen hatten, werden auf diese Weise zu Sozialfällen.
Andere driften ab in die Kriminalität. Das hat die Polizei in Halle schon zu spüren bekommen. In der Leipziger Straße etwa, dem Einkaufsboulevard der City, musste sie kürzlich in einer Woche neun Einbruchdiebstähle bearbeiten – ›früher undenkbar‹, sagt Volkspolizeirat Steffen Klaus ...
Der Polizist sieht direkte Parallelen zwischen Arbeitslosigkeit und Klaukriminalität ...
Auch eine Reihe von Verzweiflungstaten führt der Ordnungshüter auf die soziale Situation zurück.«
Früher war eben alles besser. Früher bei Honecker! Und früher bei Hitler! Und früher beim Kaiser! Nun darf Zucht und Ordnung der Stasi-Zeit nachgeweint werden.
Versuch einer Konstruktion: Bei Adolf, sagt einer, hätte es das nicht gegeben, daß in einer Woche neun Einbruchdiebstähle in der Haupteinkaufsstraße zu bearbeiten gewesen wären. Da herrschte noch Zucht und Ordnung, die hätten sich das gar nicht getraut. So falsch war das alles nicht ... Eine solche Bemerkung entlarvt denjenigen, der sie ausspricht.

Zitat vom Stammtisch

So etwas kennt der Schulbuchleser als gefährliches Gebrabbel vom Stammtisch. So etwas kommt im Schulbuch nicht vor – allenfalls als abschreckendes Zitat. Die Autoren und Herausgeber wissen ihre Mittel geschickter einzusetzen, sie argumentieren nicht so direkt und plump, wie das der Stammtisch zu tun pflegt. Sie analysieren die Lage der Nation so:

> »1994 schien sich endlich die Situation auf dem ostdeutschen Arbeitsmarkt zu stabilisieren. Wenn auch die schlimmsten sozialen Auswirkungen durch das von der Bundesrepublik übertragene soziale Netz abgefedert werden konnten, herrschte in der Bevölkerung der ehemaligen DDR dennoch eine große Enttäuschung

über die Entwicklung. Den Menschen dauerte es viel zu lange, bis der wirtschaftliche Standard des Westens erreicht wurde.«

Nach dieser Zusammenfassung stellen die Autoren zwei Aufgaben, die bei richtiger Anleitung mit Sicherheit auch zu den gewünschten Antworten führen – da muß man nicht so dumpf-direkt wie der Stammtisch sein, der früher alles besser fand.

Aufgabe:

»Nennt Gründe, die eine schnelle Verbesserung der Situation in Ostdeutschland verhinderten.«

Aufgabe:

»Beschreibt die Folgen der Entwicklung für die Menschen in der ehemaligen DDR.«

Wetten, daß bei den »Folgen der Entwicklung« nichts Gutes herauskommt? Wie sollte das auch der Fall sein. Dem Kapitel »Probleme der Einheit« steht schließlich kein Kapitel »Erfolge der Einheit« gegenüber. Offenbar sind sie für die Autoren nicht erkennbar, und damit sind sie es auch nicht für die Schüler. Um so mehr sind es nach gewohnter Weise die Konflikte und Probleme:

»1993 stand fest, dass die Kosten für die Finanzierung des Aufbaus Ost die Größenordnung von mehreren hundert Milliarden DM erreichen werden ... Umstritten blieb die Finanzierung. Die Koalitions-Parteien empfahlen Kürzungen und Einsparungen u. a. im öffentlichen Dienst, bei den Verteidigungsausgaben und im Bereich der Sozialleistungen (z. B. Kinder-, Erziehungs-, Wohngeld und Sozialhilfe). In einem Alternativprogramm lehnte die SPD pauschale Leistungskürzungen bei Sozialhilfeempfängern und Arbeitslosen ab und forderte stattdessen größere Kürzungen im Verteidigungsbereich und energisches Vorgehen gegen Wirtschaftskriminalität und Steuerhinterziehung.«

Mit diesem Vorschlag, die Einheit aus der Portokasse der Moral zu finanzieren, wird dann die Aufgabe verbunden: »Stellt die Vorschläge von Regierung und Opposition gegenüber.« Käme man nur genügend unehrlichen Millionären bei Steuerbetrug und Wirtschaftsvergehen auf die Schliche, es wäre ein Klacks, die paar Milliarden Mark für die Einheit aufzubringen. Weil aber dieser hervorragende Vorschlag nicht konsequent verfolgt wurde, bestehen die Probleme fort – bis an das Ende des Kapitels:

> »Wie dringlich die Lösung der anstehenden Probleme ist, zeigt die Mahnung des Sozialwissenschaftlers Ernst Ulrich Huster in der ›Frankfurter Rundschau‹:
> ›Werden die sozialen Folgeprobleme des Umbruchs in Ostdeutschland und darüber hinaus in Osteuropa nicht gelöst, dann zeichnen sich schon jetzt Konsequenzen ab, die mit Sicherheit zu ganz neuen Kosten führen werden, nämlich solchen der innerstaatlichen wie der Aufrüstung nach außen: gegen Radikale, gegen Armutsflüchtlinge, gegen Opfer von Bürgerkriegen ... Es geht um soziale Interessen. Wofür soll der Reichtum dieser Gesellschaft verwendet werden: für sozialen Frieden oder für Polizei- und Militäraktionen.‹«[8]

So bleibt die innere Einheit, die Einheit der Nation eine Sache des Geldes vom Anfang bis zum Ende. Die D-Mark – solange es sie noch gibt – als einziges Bindemittel für das Volk. Frei nach dem Motto: Stimmt die Finanzierung, dann findet sich der Rest schon.

Ein Gefühl der Zusammengehörigkeit

Und der Begriff »Nation«, der findet sich in dem Schulbuch »Entdecken und verstehen« schließlich auch noch. Zwei Seiten hat man der Definition des Begriffs eingeräumt, mit einer großen Darstellung von Briefmarken der Bundesrepublik und der DDR mit den gleichen Motiven aus deutscher Vergangenheit. Und mit zwei Reflexionen zum Begriff Nation, die kommentarlos gegenübergestellt werden, als sei beiden Aussagen die gleiche Wertigkeit zuzubilligen: Willy Brandt und Albert Norden.

»In seinem Bericht zur Lage der Nation vor dem deutschen Bundestag am 14. Januar 1970 sagte der deutsche Bundeskanzler Willy Brandt zur Frage der deutschen Nation: ›25 Jahre nach der bedingungslosen Kapitulation des Hitler-Reiches bildet der Begriff der Nation das Band um das gespaltene Deutschland. Im Begriff der Nation sind geschichtliche Wirklichkeit und politischer Wille vereint. Nation umfasst und bedeutet mehr als gemeinsame Sprache und Kultur, als Staat und Gesellschaftsordnung. Die Nation gründet sich auf das fortdauernde Zusammengehörigkeitsgefühl der Menschen eines Volkes.
Niemand kann leugnen, dass es in diesem Sinne eine deutsche Nation gibt und geben wird, soweit wir vorauszudenken vermögen ...
Wir müssen ... eine historische und eine politische Perspektive haben, ... wenn wir die Forderung auf Selbstbestimmung für das deutsche Volk bekräftigen. Die Geschichte ... wird darüber entscheiden, wann und wie diese Forderung verwirklicht werden kann. Aber solange die Deutschen den politischen Willen aufbringen, diese Forderung nicht aufzugeben, so lange bleibt die Hoffnung, dass spätere Generationen in einem Deutschland leben werden, an dessen politischer Ordnung die Deutschen in ihrer Gesamtheit mitwirken können ...‹
Albert Norden, ein Mitglied des Politbüros der SED, bestritt am 3. Juli 1972 die Existenz einer gemeinsamen deutschen Nation: ›Zu den Kriterien einer Nation gehört bekanntlich das gemeinsame Territorium. Es existiert nicht. Das Volk der DDR lebt auf einem anderen Territorium als das Volk der BRD ...
Zu den Kriterien einer Nation gehört die gemeinsame Wirtschaft. Sie existiert nicht. Vielmehr handelt es sich um die sozialistische, ausbeutungsfreie Wirtschaft in

der DDR und im Gegensatz dazu um die monopolkapitalistische Ausbeutungswirtschaft in der BRD ...
Zu den Kriterien einer Nation gehört die gemeinsame Kultur. Sie existiert nicht ... Die Kultur des Sozialismus und die des Imperialismus trennt eine Welt voneinander, auch wenn beide in ein und derselben Sprache vermittelt werden ... Zu den Kriterien einer Nation gehört die geschichtliche Gemeinsamkeit. Aber schon Plato schrieb ..., dass in jedem Staat zwei Nationen leben: die Armen und die Reichen ... Was das frühere Deutsche Reich betrifft, so bestand die sogenannte Gemeinsamkeit doch nur darin, dass die Armen der Amboss waren, auf den der Hammer der Reichen nach Lust und Willkür schlug. ... Mit der Errichtung der Arbeiter- und Bauernmacht und dem Aufbau der sozialistischen Gesellschaft entwickelt sich ein neuer Typus der Nation, die sozialistische Nation. So ist es in der Deutschen Demokratischen Republik im Gegensatz zur BRD. Dort besteht die bürgerliche Nation fort.«[9]

Mehr als ein Vierteljahrhundert sind beide Aussagen inzwischen alt, und gelegentlich will es scheinen, als habe sich nicht nur eines von beiden Staatswesen, über die in diesen Zitaten nachgedacht und polemisiert wurde, aus der Geschichte verabschiedet. Willy Brandts Vision vom vereinten Deutschland hat sich nur zum Teil erfüllt. Die innere Einheit ist noch lange nicht erreicht. Und sie wird es auch nicht, solange die D-Mark als das wesentliche Bindeglied der Nation dargestellt wird, solange das Gefühl der Zusammengehörigkeit in gemeinsamer Erfahrung in Schulbüchern wenig bis gar keinen Raum findet. Es wäre ja gar nichts dagegen einzuwenden, wenn Albert Norden wenigstens in einem Punkt recht behielte: Die bürgerliche Nation besteht fort ...

Postskriptum
Ein epochaler Fehler
von Gerd Schultze-Rhonhof

»Kommt uns die Nation abhanden?« Das ist zunächst eine Frage, die zum Verwundern Anlaß gibt. »Wir sind doch eine Nation«, wird mancher sagen, »wie können wir uns da selbst abhanden kommen?« Einen sachdienlichen Hinweis dazu gibt uns der Professor für Staatsrecht Klaus Stern in seinem Standardwerk »Das Staatsrecht der Bundesrepublik Deutschland«. Da heißt es: »In der Nation äußert sich nicht nur das Bewußtsein, sondern auch der Wille zur Zusammengehörigkeit.« So läßt sich die eingangs gestellte Frage, ob uns die Nation abhanden kommt, leicht präzisieren. Sie lautet dann: »Kommt uns, dem deutschen Staatsvolk, das Bewußtsein und der Wille zur Zusammengehörigkeit abhanden?« Wenn man die Entwicklung in der Gegenwart betrachtet, kann man die Frage sicherlich mit Ja beantworten.

Zwei historische Ereignisse fördern diesen Trend. Das eine, das Dritte Reich, liegt hinter uns, das andere, die Vereinigung Europas, kommt auf uns zu. Im Dritten Reich hat Adolf Hitler die Nation erst überhöht und dann mißbraucht. Das galt sowohl für ihre Menschen als auch für die Idee. Das intensive Erleben von Drittem Reich und nationalem Hochgefühl und Krieg und Judenvernichtung zur gleichen Zeit hat die Idee der Nation nach dem Zusammenbruch in den Strudel von Untergang, Abscheu und Abrechnung hineingezogen. Adolf Hitler hat im Endeffekt nicht nur das Reich in den Untergang geführt, sondern auch die althergebrachten Wertvorstellungen, die er im öffentlichen Bewußtsein an sein Drittes Reich gekoppelt hatte. Dazu hat sicher beigetragen, daß er seine sozialistische Arbeiterpartei NATIONALsozialistisch nannte. So haben der Begriff der Nation, die Idee der Nation und das sie auszeichnende Bewußtsein der Zusammengehörigkeit gelitten. Wer das bestreitet und Willy Brandt zitiert mit seinem »Die Nation bildet das Band um das gespaltene Deutschland«, muß auch die vielen Politiker zitieren, die unsere Wiedervereinigung noch 1989 »reaktionär« und »opportunistisch und widerwärtig« nannten oder sie sogar als »politische Umweltverschmutzung« abtaten.

Der Wille und das Bewußtsein der Zusammengehörigkeit sind im Deutschland der vergangenen fünfzig Jahre recht unterschiedlich zum Ausdruck gekommen. In der untergegangenen DDR wurde die deutsche Zusammengehörigkeit offiziell geleugnet, im Westen hatte sie Verfassungsrang. Im Bewußtsein der »hungrigen« Bevölkerung in Mitteldeutschland blieb das Gemeinschaftsgefühl jedoch offensichtlich lebendiger als bei der »satten« und im wahrsten Sinne des Wortes mit sich selbst zufriedenen Bevölkerung in Westdeutschland. Das Nationalgefühl im Westen blieb auf Fußballweltmeisterschaften und Olympische Spiele begrenzt. Wer im Westen die Nation thematisierte und thematisiert, ist rechts, wer »zuviel« darüber spricht, gar rechtsextrem. Die deutsche Wiedervereinigung brachte dann eine kurze Besinnung auf die Gemeinsamkeit. Die mitteldeutschen Bürger bekannten sich zur Zusammengehörigkeit vor aller Welt. Im Westen Deutschlands dachte man eher an die Irritationen, die solch mitteldeutsches Begehren bei unseren Westverbündeten erzeugen könnte. Doch große Männer wie Kohl, Brandt und Genscher verhalfen der Nation noch einmal zu sich selbst. Sie wischten die Kleinkariertheit der westdeutschen Egoisten und Bedenkenträger vom Tisch und machten aus zwei deutschen Staaten einen. Die deutsche Wiedervereinigung hätte die Wiedergeburt eines bescheidenen und, im Vergleich zu dem entsprechenden Befinden unserer Nachbarvölker, normalen Nationalbewußtseins werden können. Doch es kam anders. Der latente Hang der deutschen Linksparteien zum Internationalismus vertrug dieses Gefühl der Gemeinsamkeit nur schlecht. Ein Nationalgefühl grenzt eher ab und scheint ein Gegensatz zur Internationalität zu sein. Daß es das nicht ist, sei hier nur am Rande erwähnt. Nationen und Nationengruppen sind Ergänzungen, nicht Gegensätze. Man kann auch sehr wohl ein auf sein Deutschland stolzer Bürger sein und gleichzeitig ein überzeugter, guter Europäer. Es handelt sich dabei lediglich um gleichzeitige Identitäten mit verschieden großem Radius.

Das andere Phänomen, das ein normales Nationalbewußtsein in Deutschland unterspült, ist die bevorstehende »Vereinigung Europas«. Die deutschen Rechtsparteien fürchten, daß sich ein gesundes Nationalempfinden störend auf den Vereinigungsprozeß auswirken könnte. Ein national empfundenes Demokratieverständnis könnte durchaus bemerken, daß das nationale Parlament in Bonn schon längst von der Brüsseler Ratsverwaltung ausgehebelt wird. Achtzigtausend Seiten bisheriger EU-Verordnungen machen Zug um Zug zur Makulatur, was nationale Abgeordnete in Bonn seit Jahren an Gesetzen geschaffen haben. Ein wenig Nationalempfinden in Deutschland könnte zudem offenlegen, daß wir im Begriff sind, das Verfassungsgut der Selbstbestimmung bei Brüsseler Räten abzuliefern, die wir nicht gewählt haben.

So wird auch aus dem rechten Lager das öffentliche Bewußtsein zurückgedrängt, daß wir eine Nation sind. Wir reden uns im politischen Sprachgebrauch längst nur noch als Gesellschaft an. Wir bezeichnen uns nur ungern als Volk und schon gar nicht als Nation. Wer Rang und Namen hat, weist auf Europa hin. Die Begleitmusik dazu heißt Mehrfachstaatsbürgerschaft, Globalisierung, Multikulturalität, Abschaffung der Deutschen Mark und Einwanderungsland. Auch die deutschen Schulbücher manipulieren, wie Klaus J. Groth und Joachim Schäfer ganz richtig aufzeigen, die Herzen und Hirne unserer Kinder in diese Richtung.

Ich weise darauf hin, daß unsere Links- und Rechtsparteien mit ihrer Abwendung von der eigenen Nation einen epochalen Fehler machen, und dieses aus drei Gründen:

Zum ersten sind die Idee der Nation, die nationale Identität und der Nationalstaat bei unseren Nachbarvölkern historisch unbelastet und daher bewahrenswert. Französische und britische Staats- und Ministerpräsidenten weisen bis in die jüngste Zeit immer wieder und übereinstimmend darauf hin, daß sie keine »Vereinigten Staaten von Europa« wünschen, nicht einmal eine europäische Föderation. Sie betonen auch immer wieder, daß sie ihre Nationen und Nationalstaaten erhalten werden. Wenn wir das anders wollen, passen wir nicht in das Europa der Nationen, das alle anderen bauen.

Zum zweiten wird sich das friedliche Zusammenleben in einer Union locker verbundener Nationen reibungsloser und dauerhafter gestalten lassen als in einem Überstaat. Ein aus Brüssel zentral gelenkter Überstaat, der Staaten und Nationen zu eng aneinander bindet, wird nationale und regionale Unverträglichkeiten stärker spüren lassen, die bei mehr Eigenständigkeit sonst niemanden stören würden. Die Brüsseler Eingriffe in die regionalen Mechanismen der Wirtschaftsförderung und die starre Koppelung unterschiedlicher Volkswirtschaften durch eine gleiche Währung werden bald zeigen, was ich meine.

Zum dritten löst ein schwindendes Nationalbewußtsein soziale Bindungen, von denen der soziale Friede in Deutschland bisher lebte. Die Verantwortung füreinander und die Solidarität untereinander sind nach der Tradition der Völker und ihrem Selbstverständnis an die empfundenen Gemeinsamkeiten innerhalb ihrer selbst gebunden. Wer Bindungen, Verantwortungen und Solidarität erhalten will, muß deshalb zuerst die Zuneigung zur eigenen Nation beleben. Die Liebe zu Nation und Vaterland mobilisiert dann auch die Kräfte, die die Menschen Europas brauchen, um ihre eigenen Länder intakt zu halten und zu fördern. Und unser Land braucht diese Kräfte zur mentalen Vereinigung seiner beiden Teile, zum Wiederaufbau unserer neuen Bundesländer, zur Anpassung an die offenen Märkte Europas und der Welt, zur Belebung von Mittelstand und Arbeitsmarkt, zur Finanzierung der schwächeren Partner in Europa und zur Unterstützung der Nationen, die noch Einlaß in die EU begehren. Nationaler Nihilismus aber setzt keine Kräfte frei.

Gerd Schultze-Rhonhof, Generalmajor a. D., geboren 1939 in Weimar. Abitur in Bonn. Eintritt in die Bundeswehr 1959. Truppenlaufbahn in der Panzertruppe bis zum Kompaniechef. Sechsmonatige Studienreise durch das südliche Afrika. Generalstabsausbildung und Generalstabsverwendungen in der NATO, im Verteidigungsministerium und in der Truppe. Lehrgangsleiter an der Führungsakademie und Kommandeur einer Panzergrenadierbrigade, der Panzertruppenschule und zweier Panzerdivisionen. Zuletzt Befehlshaber im Wehrbereich Niedersachsen/Bremen. Nach der Pensionierung Autor des Buches »Wozu noch tapfer sein?«.

Im Zerrbild: Wehrmacht und Bundeswehr
Der häßliche Deutsche

Da gibt es eine US-Fernsehserie mit dem klangvollen Namen »Ein Käfig voller Helden«, die vom Schicksal amerikanischer, französischer und britischer Kriegsgefangener in einem deutschen Lager handelt. Der Lagerkommandant, ein Generalstabsoffizier mit dem Rang eines Obristen und dem klangvollen Namen Klink, ist nach dem Willen des Drehbuchschreibers zwar blöd, aber keineswegs ein Nazi-Tyrann – geschweige denn ein Kriegsverbrecher; seine Untergebenen (besonderes Kennzeichen der deutschen Synchronisation: vorwiegend bayerischer Dialekt) sind zur Freude der Zuschauer intellektuell hochgradig unterbelichtet, aber durchaus kumpelhaft. Ergo: Das Einsitzen in einem deutschen Kriegsgefangenenlager – glaubt man dieser Fernsehserie – glich einem beschaulichen Sanatoriumsaufenthalt in Reinkultur. Zeigt die Comedy-Serie doch einen Lageralltag, zu dem selbstverständlich der alltägliche (und vor allem überaus freundschaftliche) Gedankenaustausch (Zigarre und Cognac inklusive) zwischen dem deutschen Kommandanten und dem amerikanischen »Prisoner of War« gehört. Soviel zur Vorderseite der Medaille.
Die Rückseite zeichnet ein anderes Bild: das Bild des häßlichen deutschen Wehrmachtssoldaten.
1996 erschien im Berliner Cornelsen Verlag das Schulbuch »Entdecken und verstehen (3) Von der Oktoberrevolution bis zur Gegenwart«, das in dem Kapitel »Krieg als Mittel der Rassenideologie« die Soldaten der Wehrmacht undifferenziert als eine Horde von marodierenden und mordenden Verbrechern darstellt. Als Kronzeuge dient der unumstritten umstrittene »Historiker« Hannes Heer. Jener Hannes Heer, der als Erfüllungsgehilfe des Hamburger Tabak-Millionärserben Reemtsma für die historisch unhaltbare Ausstellung »Verbrechen der Wehrmacht« verantwortlich zeichnet; eben jener Hannes Heer, dem die Münchener CSU in einer Presseerklärung vom 24. Februar 1997 vorwarf, vorher noch nie als

Historiker, wohl aber als (ehemaliges) Mitglied der Deutschen Kommunistischen Partei und durch Gewalttätigkeiten gegen den demokratischen Rechtsstaat in Erscheinung getreten zu sein. »Er wurde verurteilt wegen Widerstands gegen die Staatsgewalt, Nötigung, Sachbeschädigung und gefährlicher Körperverletzung. Verteidigt wurde er unter anderem von dem damaligen SED-Staranwalt Kaul«, heißt es in der Veröffentlichung. Obwohl prominente Wissenschaftler wie der langjährige Präsident des Verbandes der Historiker Deutschlands Christian Meier die Wehrmachtsausstellung als »haarsträubend« und »demagogisch« bezeichnen und Richard von Weizsäcker der Ausstellung und ihren Initiatoren konstatiert, ein Pauschalurteil zu fällen, »das historisch, moralisch und menschlich nicht aufrechtzuerhalten ist«, darf »Geschichtsrevisionist« Heer im zuvor genannten Schulbuch »das Wirken der Wehrmacht in Weißrußland vom 22.6.1941 bis zum 1.7.1942« aus seiner Sicht schildern:

»Die Beteiligung der Wehrmacht am Holocaust erfolgte auf allen Ebenen der militärischen Befehlsgewalt.
(...) Fälle von Widerstand oder Befehlsverweigerung hat es nicht gegeben.
(...) Die ›Erfassung‹ und Gettoisierung war planmäßig vorbereitet.
(...) Das Vernichtungsprogramm der Wehrmacht war in Zielsetzung und Begründung rassistisch. Wie die Gleichsetzung von Jude und Partisan zeigt, standen militärische Überlegungen nicht in Konkurrenz zum Rassismus.«

Auch Auszüge aus einem Befehl des Oberbefehlshabers der 11. Armee, Erich von Manstein, vom 20. November 1941 müssen für die Täterthese herhalten:

»Das Judentum bildet den Mittelsmann zwischen dem Feind im Rücken und den noch kämpfenden Resten der Roten Wehrmacht und der Roten Führung.
Es hält stärker als in Europa alle Schlüsselpunkte der politischen Führung und Verwaltung, des Handels und des Handwerks besetzt und bildet weiter die Zelle für alle Unruhen und mögliche Erhebungen. Das jüdisch-

bolschewistische System muß ein für allemal ausgerottet werden.
(...) Für die Notwendigkeit der harten Sühne am Judentum, dem geistigen Träger des bolschewistischen Terrors, muß der Soldat Verständnis aufbringen.«

Über den von der Sowjetunion initiierten und praktizierten Partisanenkrieg werden die Schüler wie folgt aufgeklärt:

»In den von Deutschland im 2. Weltkrieg besetzten Gebieten bildeten sich Widerstandsgruppen, die ihre Heimat von der deutschen Besatzung befreien wollten. Sie überfielen deutsche Soldaten, sprengten Eisenbahnlinien, zerstörten Fabriken und arbeiteten schließlich mit den vorrückenden alliierten Truppen zusammen. Ihr Ziel war es, mit allen Mitteln die deutsche Besatzung zu schwächen. Gegen diesen Widerstand gingen die deutschen Besatzungstruppen und Einheiten der SS besonders grausam vor.«

Und auf Seite 129 des Buches ist in dem Unterkapitel »Rückblick und Ausblick« zu lesen:

»Einheiten der SS und der Wehrmacht verübten in den eroberten Gebieten unmenschliche Verbrechen an der Zivilbevölkerung und gefangenen Soldaten.«

Kein Wort über hochrangige Generäle, die gegen die Verfolgung der Juden vorgingen. Gerd Schultze-Rhonhof listet in seinem Bestseller »Wozu noch tapfer sein?« mehrere Fälle solchen Widerstandes auf. So hatte zum Beispiel Generalmajor Theodor Groppe, Kommandeur der 214. Infanteriedivision, im Dezember 1939 erfahren, daß der NSDAP-Kreisleiter von Saarlouis eine Weisung für Judenverfolgungen in seinem Befehlsgebiet gegeben hatte. Groppe gab über Funk Anordnung an seine Truppen, derlei Ausschreitungen mit Waffengewalt zu unterbinden. Dieser Befehl wurde von Generaloberst Erwin von Witzleben für seinen gesamten Kommandobereich übernommen. Und der höchste Wehrmachtsbefehlshaber an der Westfront, Generaloberst Wilhelm Ritter von Leeb, deckte die Befehle seiner Untergebenen. Auch im Polenfeldzug schritten hohe Befehlshaber der kämpfenden Truppe energisch ein, nachdem sie von Erschießungen und Deportationen von Juden erfahren hatten. Hinrichtungskommandos der Sicherheitsdienste (SD) und der Geheimen Staatspolizei (Gestapo), die zu der Zeit noch der Wehrmachtsgerichtsbarkeit unterstanden, wurden vor ein Feldgericht der Wehrmacht gestellt und zum Tode verurteilt, allerdings auf Hitlers Intervention wieder auf freien Fuß gesetzt.

Kein Wort in dem Schulbuch über den Schriftwechsel des Wehrmachtsbefehlshabers der deutschen Besatzungstruppen in Polen, Generaloberst Johannes Blaskowitz, mit Adolf Hitler. In zwei Denkschriften beschwerte sich der General beim »Führer« über die »illegalen Erschießungen« des SD und der Gestapo. Er forderte, gesetzmäßige Zustände wiederherzustellen. Auch von der Weigerung des Wehrmachtsbefehlshabers der deutschen Besatzungstruppen in Dänemark, General der Infanterie Hermann von Hanneken, seine Soldaten an der Deportation von Juden mitwirken zu lassen, erfahren die Schüler nichts. Viele andere Beispiele für couragiertes Handeln von Wehrmachtsoffizieren und Generälen, die wie General Georg von Küchler, Befehlshaber der 3. Armee, ihres Postens enthoben wurden, da sie sich schützend vor verfolgte Juden und Polen stellten, passen nicht ins Bild der historischen Korrektheit und werden deshalb verschwiegen. Wäre es im Zuge einer umfassenden Information nicht angezeigt gewesen, über einen jungen deutschen Oberleutnant zu berichten, der im Juli 1942 in der Nacht vor der Deportation aus der polnischen Stadt Przemysl knapp hundert Juden in Sicherheit brachte? Der Offizier ließ den einzigen Zugang zum Ghetto durch einen Zug Infanterie für SS, Polizei und Gestapo sperren, ging mit einem weiteren Zug ins Ghetto, holte die ihm bekannten Juden heraus und brachte sie in der Kommandantur in Sicherheit.

»Entdecken und verstehen« zeichnet im besagten Kapitel darüber hinaus ein völlig falsches Bild vom sogenannten Partisanenkrieg. Der Partisanenkrieg steht gegen jede soldatische Regel und spielte sich im Zweiten Weltkrieg außerhalb des Völkerrechts ab. Besonders durch die damals geltende

Haager Landkriegsordnung sollte verhindert werden, daß Kampfhandlungen im Kriege von den Soldaten auf die Zivilbevölkerung übertragen wurden. Aber gerade der von Stalin initiierte Partisanenkrieg zog die Zivilbevölkerung massiv in das Kriegsgeschehen ein. Und so fehlt (beabsichtigt?) in dem Kapitel auch der Hinweis, daß Partisanen keinen Kombattantenstatus hatten und auf der Stelle erschossen werden durften. Solche Handlungen befanden sich daher im Einklang mit dem für alle kriegführenden Nationen verbindlichen Kriegsvölkergewohnheitsrecht. Zur Verdeutlichung: In den Nürnberger Kriegsverbrecherprozessen wurde kein Angeklagter wegen Partisanenerschießungen verurteilt.
Wie wenig es die Buchautoren mit der historischen Wahrheit halten, zeigt die Abhandlung über den sogenannten Kommissarbefehl. Dieser wurde bekanntermaßen im Mai 1942 wegen des Protestes einiger Heeresbefehlshaber wieder aufgehoben.

Was nicht sein darf, soll nicht sein ...

Zu einer kritischen Bestandsaufnahme über die Rolle der deutschen Streitkräfte im Zweiten Weltkrieg hätten auch die Beurteilungen anderer Persönlichkeiten aus den Reihen der Siegermächte gehört.
Bereits am 22. Januar 1951 gab der damals amtierende US-Präsident und ehemalige Oberbefehlshaber der amerikanischen Truppen auf dem europäischen Kriegsschauplatz, General Dwight D. Eisenhower, eine eindeutige offizielle Erklärung ab:

> »Ich war 1945 der Auffassung, daß die Wehrmacht, insbesondere das deutsche Offizierskorps, identisch mit Hitler und den Exponenten seiner Gewaltherrschaft sei und deshalb auch voll mitverantwortlich für die Auswüchse des Regimes.
> (...) Inzwischen habe ich eingesehen, daß meine damalige Beurteilung der Haltung des deutschen Offizierskorps und der Wehrmacht nicht den Tatsachen ent-

spricht, und ich stehe daher nicht an, mich wegen meiner damaligen Auffassung zu entschuldigen. Der deutsche Soldat hat für seine Heimat tapfer und anständig gekämpft.«

Auch der französische Ministerpräsident François Mitterrand sagte am 8. Mai 1995 kurz vor seinem Tode aus Anlaß der fünfzigjährigen Wiederkehr des Kriegsendes:

»Ich habe erfahren, welche Tugenden, welchen Mut das deutsche Volk besitzt. Bei den deutschen Soldaten, die in so großer Zahl starben, kommt es mir kaum auf die Uniform an und noch nicht einmal auf die Idee, die ihren Geist bestimmte. Sie hatten Mut. Sie waren in diesem Sturm losmarschiert unter Einsatz ihres Lebens, sie haben seinen Verlust für eine schlechte Sache hingenommen, aber wie sie es taten, hat mit dieser Sache nichts zu tun. Es waren Menschen, die ihr Vaterland liebten – und dessen muß man sich gewahr werden.«

Übrigens: Die Rede von François Mitterrand vom 8. Mai 1995 erfuhr unter dem Kapitel »Rückblick und Ausblick« eine ganzseitige Würdigung. Die Passagen, die die Wehrmacht betrafen, fanden – wie könnte es anders sein – in dem Bericht keine Beachtung. Würde man doch sonst das, was man den Schülern hundertfünfzig Seiten zuvor eingetrichtert hat, schließlich und letztlich konterkarieren. Getreu dem Motto: Was nicht sein darf, das soll nicht sein ...

Wer will, daß unsere Jugend erzogen, aber nicht ideologisch indoktriniert wird, dem hätte es gut zu Gesicht gestanden, Commander Grenfell, den früheren Kommandeur der britischen Royal Navy, zu zitieren. Dieser führte zum vierzigsten Jahrestag der Kapitulation der Wehrmacht aus:

»Ich verstehe immer noch nicht, warum der deutsche Soldat des Zweiten Weltkrieges von den Deutschen so häufig beschimpft wird.
(...) Wenn heute gefragt wird, wie der 8. Mai begangen werden soll, dann möchte ich vorschlagen, daß dies ein Anlaß sein sollte, daß sich das deutsche Volk mit seinen

Soldaten des Zweiten Weltkrieges versöhnt und ihnen die gleiche Hochachtung zeigt, die es ihnen bestimmt entgegengebracht hätte, wenn Deutschland gesiegt hätte.«

So bleibt es den ehemaligen Gegnern des Deutschen Reiches vorbehalten, eine Lanze für den größten Teil der Wehrmachtssoldaten zu brechen.

Stiefkind Bundeswehr

Im Gegensatz zur Wehrmacht findet die Bundeswehr, obwohl eine der staatstragenden Organisationen, in den untersuchten Schulbüchern so gut wie nicht statt. Lediglich unter dem Stichwort »Wiederbewaffnung« ist zu lesen:

»Da die Gründung der Bundesrepublik Deutschland vor allem auch von den drei Westalliierten herbeigeführt worden war, lag es nahe, daß sich der 1. Bundeskanzler, Konrad Adenauer, um einen dauerhaften Anschluß an den Westen bemühte.
(...) Eine Zuspitzung erfuhren die Besorgnisse der westlichen Welt durch den 1950 begonnenen Korea-Krieg. Adenauer sah jetzt die Möglichkeit, über das Angebot einer deutschen Wiederbewaffnung in einem westlichen Bündnis die erstrebte Gleichberechtigung schneller zu verwirklichen. Die SPD-Opposition befürchtete dagegen, mit der Wiederbewaffnung eine Zementierung der deutschen Teilung.«

Begleitet wird dieser Text durch ein Foto aus dem Jahre 1954, auf dem gegen die Wiederbewaffnung demonstriert wird. Transparente mit der Aufschrift »Verhandeln ist besser als mit dem Säbel rasseln« und eine nachgebildete Standarte, auf der zu lesen ist »Deutschland erwache« sowie »2. Weltkrieg – Tote 55.000.000«. Als Skelette verkleidete Demonstranten trommeln gegen die Aufstellung einer eigenen Armee in der Bundesrepublik Deutschland. Und die Autoren hinterfragen ganz im Sinne von Generalinquisitoren: »Betrachtet das Bild.

Welche Argumente werden hier gegen die Wiederbewaffnung vorgebracht?«
In einem anderen Kapitel wird in dem handlungsorientierten Politikbuch »Moment mal« aus dem Brüder Grimm Verlag, Darmstadt (3. Auflage/1994), eine Standortbestimmung der Bundeswehr unter dem Stichwort »Stell Dir vor, es ist Krieg ...« vorgenommen. Zunächst wird in dürftigen Worten beschrieben, was die Befürworter der deutschen Wiederbewaffnung an Argumenten zu liefern hatten:

»... daß es das eigentliche Ziel sei, die Sicherheit vor der als aggressiv gedachten Sowjetunion zu wahren und dadurch den Frieden aufrechtzuerhalten.«

Schon in dieser Formulierung liegt ein ungeheures Manipulationspotential, wenn man von der »als aggressiv *gedachten* Sowjetunion« spricht. Fakt ist, es gab durchdachte Pläne des Warschauer Paktes, die Bundesrepublik Deutschland innerhalb von drei Tagen durch geballten Artillerieeinsatz sturmreif zu schießen. Mit über zwanzigtausend Kampfpanzern, zehntausend Schützenpanzern und fast sechzehntausend Geschützen sollten sich am 23. Juli 1983 vier Millionen Soldaten aus der Sowjetunion, der DDR, Polen und der ČSSR, später auch aus Ungarn in Bewegung setzen, um in nur dreißig Tagen quer durch die Bundesrepublik, die Beneluxländer und Frankreich bis zur Biskaya durchzustoßen. Unterstützt werden sie von sechstausend Jagdbombern und Jägern sowie über zweitausend Kampfhubschraubern. Dies Szenario war Grundlage einer Stabsrahmenübung des Warschauer Pakts aus dem Jahr 1983. Der Angriffsplan wurde erst Anfang 1994 in den Unterlagen der Nationalen Volksarmee (NVA) der DDR gefunden.

Nördlich von Helmstedt war der Hauptdurchbruch geplant. In drei Wellen hintereinander sollten Panzerverbände eine drei Kilometer breite Schneise schlagen. Zur Vorbereitung dieses Angriffes hatten die Sowjets alle fünf Meter ein schweres Artilleriegeschütz aufgestellt. Eine vorwärts rollende Feuerwalze hätte den Angriffskeilen den Weg freigeschossen. Im Norden sollte die Erste Polnische Armee nach Jütland durchbrechen. Nach den sowjetischen Plänen wäre dann durch massive Feuerkraft die Rheinbarriere durch die 2. Sowjetische Armee überwunden worden, wobei erst westwärts der Seine der letzte Widerstand der NATO-Truppen befürchtet wurde. Dieser sollte dann durch die frisch herangeführte 4. Armee gebrochen werden. Dreißig Tage nach Kriegsbeginn, so die sowjetischen Militärs, ständen die Truppen des Warschauer Paktes am Atlantik und am Mittelmeer, die NATO in Europa wäre zerschlagen und die SED in ganz Deutschland an der Macht (»Focus 30/1994). Daß die DDR den Blücherorden (für besondere Tapferkeit bei der Eroberung der BRD) bereits geprägt und Besatzungsgeld für den Fall der Annexion der Bundesrepublik Deutschland gedruckt hatte, gehört ebenfalls zu den unumstößlichen Fakten. Warum also wird die reelle Bedrohung des Westens, die durch die Sowjetunion und damit durch die Staaten des Warschauer Paktes bestand, durch die Schulbuchautoren nicht nur vernebelt, sondern bewußt verschwiegen?

Statt dessen wird in dem Unterkapitel »Frieden schaffen ohne Waffen« gegen die Rüstungsbestrebungen des Westens (NATO-Doppelbeschluß) polemisiert. Professor Helmut Gollwitzer wird zitiert:

»Das Rüstungskarussell dreht sich mit zunehmender Geschwindigkeit. Das Geld, das die Rüstung verschlingt, fehlt den Verhungernden unserer Erde. Vergessen wir nicht, daß heute etwa ein Drittel der Menschheit so ernährt wird, wie die Häftlinge im Konzentrationslager Auschwitz. Friedenssicherung durch verstärkte Rüstung? Die Antwort kann nur NEIN lauten, denn: wir sterben nicht erst am Krieg, wir sterben schon an der Rüstung.«

Natürlich darf auch Hoimar von Ditfurth in der Beweiskette nicht fehlen:

»Aber hat das nukleare Gleichgewicht des Schreckens nicht etwa dazu beigetragen, daß uns in Europa der Friede seit 1945 erhalten geblieben ist? Und ergibt sich daraus etwa nicht der Umkehrschluß, daß folglich jeder Ein-

griff in dieses Gleichgewicht (...) den weiteren Erhalt des Friedens aufs Spiel setzen würde? Es ist erstaunlich, wieviel Menschen dieses von allen Rüstungsbefürwortern nachgeplapperte Argument für überzeugend halten. Sie sind offensichtlich blind gegenüber dem zentralen Denkfehler, auf dem es beruht. Von der gleichen Aussagekraft wäre auch die Feststellung, daß die Titanic sich in Sicherheit befunden habe, bevor sie auf den Eisberg stieß.
(...) So leben wir denn in der Situation von Delinquenten, über die das Todesurteil schon gesprochen ist und die jetzt nur auf die Festlegung des Exekutionstermins warten.«

Das Unterkapitel »Bundeswehr und NATO« beschäftigt sich mit dem sogenannten »Bündnisfall«, der während des Golfkrieges verstärkt in Deutschland diskutiert wurde. Das hier angewandte didaktische Verfahren ist raffiniert, weil in diesem Kapitel auf harte Polemik verzichtet wird. Statt dessen gibt man sich den Anschein wissenschaftlicher Methodik, indem man Dritte sprechen läßt.
Hier eine Auswahl von Volkes Meinung:

»**Mike Bossmann, 29:** Diktator Hussein hat Kuwait überfallen, trotzdem kann die internationale Staatengemeinschaft nicht das Recht zum militärischen Gegenschlag haben.«

»**Kathrin Mayer, 24:** Der Krieg ist durch nichts zu rechtfertigen. Gewalt war noch nie ein Mittel der Politik.« Ihre klare Meinung: »Kein Soldat – schon gar kein deutscher – an den Golf.«

»**Heinrich Mellmann, 55:** Kein deutscher Soldat mehr in den Krieg. Für Verhandlungen gibt es keine Alternative. Der Schaden ist im Kriegsfall nicht zu begrenzen, deshalb muß man mit der Faust in der Tasche wohl oder übel dem Treiben Husseins zusehen.«

Eine aus Serbien stammende fünfundvierzigjährige Mutter eines wehrpflichtigen Sohnes glaubt, daß es bei dem Konflikt allein um Israel gehe; eine junge Frau aus Eschwege

verlautbart, sie sei gegen jede Bundeswehrbeteiligung am Golf.
Lediglich ein Zivildienstleistender hielt den Bundeswehreinsatz in dem Krisengebiet für notwendig, da er nicht einsah, »warum die anderen allein die Köpfe hinhalten sollen«.
Daß der Bundeswehr in Schulbüchern schon zu ewigen Zeiten ähnliches Ungemach wie geschildert widerfahren ist, belegt eine Studie des Wirtschaftsrates der CDU mit dem Titel »Gefährliche Tendenzen in Schulbüchern« aus dem Jahr 1977. Die Autoren Rudolf Willeke und Klaus Hornung berichten über ein Lied nach der Melodie »Hänschen klein«, das der Lehrer in seiner Klasse singen ließ:

»Plötzlich, ach ein Riesenkrach, und ein fürchterlicher Schlag: sieht man diese in der Wiese, steckt ein Starfighter,
Hänschen ist noch angst und bange, doch er fängt zu fragen an: 's raucht und stinkt, Unheil bringt's, wieviel kost' so'n Ding?
Lehrer Kohl die Antwort sagt: Was da aus der Wiese ragt, für den Preis von son'm Scheiß, könnte man drei Schulen bau'n.«

Berichtet wird auch über das Lehr- und Arbeitsbuch für den sozialkundlich-politischen Unterricht »Politische Bildung«, das die Bundeswehr nur im Zusammenhang mit der Nationaldemokratischen Partei Deutschlands (NPD) erwähnt. Zitiert wird aus dem Manifest der NPD:

»Die tapfere Haltung deutscher Soldaten aller Zeiten muß Vorbild der Bundeswehr sein. Wehrdienst ist Ehrendienst.«

Die Schulbuchautoren kommen zu dem Ergebnis:

»Zwar ist die NPD fast wieder bedeutungslos in der BRD; ihre Äußerungen bleiben gültig, auch für andere nationalistische und konservative politische Gruppen in der BRD.«

So einfach geht das also, wenn man konservative und rechtsradikale politische Gruppen in einen Topf werfen will.

Soldaten sind Mörder

Wundert es da bei so viel Objektivität, wenn die Ausgabe 1996 des Aktualitätendienstes »Gesellschaft, Politik, Wirtschaft« das Karlsruher Soldatenurteil vom 25.8.1994 als besonders wichtiges Gerichtsurteil herausstellte? Die Herausgeber fassen den Beschluß des Bundesverfassungsgerichtes in einem herausgehobenen Kasten (mit unterlegtem Raster) wie folgt zusammen:

»Die Aussage ›Soldaten sind Mörder‹ ist durch das Grundrecht auf Meinungsfreiheit gedeckt. Diesen Beschluß faßte das Bundesverfassungsgericht. Es hob damit vorausgegangene Urteile des Amtsgerichtes Krefeld vom 29.8.1991, des Landgerichts Krefeld vom 15.5.1992 und des Oberlandesgerichts Düsseldorf vom 28.8.1992 auf. Die Begründung: Diese Urteile seien nicht mit dem Grundrecht der Meinungsfreiheit wie es im Artikel 5 Absatz 1 des Grundgesetzes formuliert ist, in Einklang zu bringen.«

Zwar wird im darauf folgenden Fließtext das Urteil näher erläutert, auch mit Blick auf die vom Verfassungsgericht gemachte Urteilsbegründung, mit dem Tucholsky-Zitat würden die Soldaten der Bundeswehr nicht zu »Schwerstkriminellen und minderwertigen Gliedern der Gesellschaft« gestempelt, da jeder durchschnittliche Leser wisse, »daß die Bundeswehr seit ihrer Gründung noch nicht an einer bewaffneten Auseinandersetzung teilgenommen hat und deshalb noch niemand durch die Soldaten der Bundeswehr im Rahmen einer kriegerischen Auseinandersetzung getötet worden ist«.
Gleichwohl wird in der Dokumentation das bemerkenswerte Sondervotum der Richterin Haas verschwiegen, die als Schranke der Meinungsfreiheit ausdrücklich das Recht auf persönliche Ehre sieht. Dieser »Ehrenschutz« sei bei den Beratungen des Parlamentarischen Rates von Anfang bis Ende unumstritten gewesen. Was damals selbstverständlich war, verdiene auch heute noch Beachtung, so die Richterin des 1. Senats. Und sie fährt fort:

»Eine Rechtsordnung, die die jungen Männer zum Waffendienst verpflichtet und von ihnen Gehorsam verlangt, muß denjenigen, die diesen Pflichten genügen, Schutz gewähren, wenn sie wegen dieses Soldatendienstes geschmäht und öffentlich als Mörder bezeichnet werden.«
Warum dieses Sondervotum den Schülerinnen und Schülern nicht zumindest ansatzweise zur Kenntnis gegeben wird, bleibt das Geheimnis der Schulbuchautoren.

Stell dir vor, es ist Krieg und keiner geht hin ...

Dem Recht auf Kriegsdienstverweigerung werden in den meisten der untersuchten Schulbücher umfangreiche Kapitel gewidmet. Um auch hier den Anschein wissenschaftlicher Methodik vorzutäuschen, läßt man bei derart »sensiblen« Problembereiche Dritte zu Wort kommen. In »Moment mal« sieht das wie folgt aus:
Das Kapitel beginnt mit einer eindrucksvollen Zeichnung. Der Schüler blickt aus dem Fenster und sieht durch die Gardinen Gebäude brennen. Am Himmel Flugzeuge, die Bomben abwerfen. Im Raum selbst steht ein umgedrehter Stahlhelm, dessen Innenteil mit Erde bedeckt ist, aus dieser ein zartes Pflänzlein sprießt. Darunter ein gerasteter Kasten mit dem Text: »Wer als Wehrpflichtiger den Dienst mit der Waffe verweigert, kann dies nur aus Gewissensgründen tun (Artikel 4 Grundgesetz).«
Es folgt eine Argumentationshilfe für potentielle Wehrdienstverweigerer:

> »Ohne Zweifel liegt ein großes Problem darin, ob und wie gegebenenfalls eine solche Gewissensentscheidung nachgeprüft werden kann. Die meisten Kriegsdienstgegner geben ethisch-moralische und religiöse Gründe an. Daneben werden auch humanitäre Argumente oder politische Gründe angeführt.«

Dann folgen, »stellvertretend für viele andere« Aussagen von Wehrpflichtigen zur persönlichen Entscheidungssituation:

Wehrpflichtiger A: »Ich habe eine ganz klare Haltung. Ich habe den Kriegsdienst verweigert, Zivildienst geleistet und fühle mich nicht als Drückeberger oder als Feigling. Ich habe so gehandelt, wie ich handeln mußte. Die Anweisung, die Moses von Gott erhielt, war unmißverständlich und unverschnörkelt. Sie war so klar, daß er sie in Stein meißeln konnte: ›Du sollst nicht töten.‹ Da gab es kein Aber, kein Wenn, keine Bedingungen, keine Klauseln, es war eine Anweisung ohne Kleingedrucktes, das man je nach Bedarf unterschiedlich deuten konnte. Dennoch: Die Menschen machten sich ihre Kommentare zu diesem Gebot. Nach dem Motto: Alles Nähere regelt der Mensch. Er regelte seine eigenen Fehler und Schwächen, bettete sie in Erklärungen zu der Anweisung ein: ›Eigentlich sollst du ja nicht töten, aber wenn ...‹ Es gab viele Wenn's: wenn es für eine gerechte Sache ist – wenn du dich verteidigen mußt – wenn es um das Vaterland geht – wenn es um den Glauben geht – wenn es um die Freiheit geht – wenn es um Sozialismus, Kaiserreich, die Kolonien, die Rohstoffe, die Weltanschauung, die Ideologie geht. Für mich gibt es kein ›eigentlich nicht, aber wenn ...‹. Unzählige Male wurde die Regieanweisung für Menschen von Menschen übertreten, und alle Übertretungen wurden gerechtfertigt, vorher oder nachher, völkerrechtlich, wirtschaftlich, ideologisch. Zumindest wurde Rechtfertigung versucht. Die Anweisung wird vermutlich auch noch lange Zeit übertreten werden. Aber sie hat ›eigentlich‹ noch immer Gültigkeit: ›Du sollst nicht töten!‹ Mit anderen Worten: Ich hatte und habe eine ganz klare Haltung in Sachen Dienst mit der Waffe. Ich mußte sie ›beweisen‹ (wie beweist man Gewissen?), ich konnte sie ›beweisen‹, ich bin ›anerkannt‹.«

Wehrpflichtiger B: »Ich mußte mich nicht entscheiden. Ich bin nicht gefragt worden, und ich bin glücklich darüber. Er liegt schon mehr als 20 Jahre zurück, der Tag, an dem der Briefträger mir den blauen Brief vom Kreiswehrersatzamt brachte mit der freundlichen

Aufforderung, mich an einem bestimmten Tag in einem bestimmten Gebäude zur Musterung ›einzufinden‹. Ich fand mich ein, wurde nach allen Regeln militärisch-medizinischer Kunst begutachtet – und für nicht tauglich befunden. Starke Kurzsichtigkeit reichte damals noch aus, um am ›Bund‹ vorbeizukommen. Und seitdem stellte ich mir immer wieder die Frage: Wenn ich tauglich gewesen wäre – hätte ich gedient oder hätte ich verweigert? Eine schlüssige Antwort habe ich bis heute nicht gefunden. Denn es gibt in Sachen Bundeswehr so entsetzlich viele Argumente, die alle irgendwie richtig sind und sich alle mehr oder weniger widersprechen. Aber eines ist klar: Krieg heißt töten. Ich möchte aber nicht töten müssen. Allerdings möchte ich auch nicht getötet werden. Von wem? Na ja, irgendwie muß die Bundeswehr eben doch sein. Und woher nehme ich das Recht, nur die anderen für meine Verteidigung kämpfen zu lassen? Ich möchte Sicherheit, möchte Frieden und Freiheit. Wie man das macht, wie man das garantiert – das weiß ich leider auch nicht. Ich war nicht tauglich, ich mußte mich nicht entscheiden, Und darüber bin ich heute noch froh.«

Wehrpflichtiger C: »Ich bleibe ratlos. Für die Älteren ist das sehr einfach: Sie haben Gewalt und brutale Unterdrückung, Massenmord, Terror und den Zusammenbruch eines Schreckensregimes miterlebt. Und deshalb wissen sie, was die Bundeswehr zu verteidigen hat – unser System, das kein Schreckenssystem ist. Das genügt ihnen. Mir genügt es nicht, mir, der ich demnächst ›Abschreckung‹ spielen muß, ›Verteidigung‹ erlernen soll. Der Bundeswehr selbst genügt es offenbar auch nicht, denn sie kennt mein Problem sehr wohl: ›Die Bundeswehr steht vor der scheinbar unlösbaren Aufgabe, ohne Möglichkeiten ernsthafter Sanktionen … junge Bürger zu hohen Leistungen zu bewegen, für die es keinen materiellen Lohn gibt, die letztlich nur aus Einsicht ins Notwendige gebracht werden können.‹ Man sagt mir ja immer wieder, was ich verteidigen soll, was verteidigungswert ist: Frieden, Freiheit, Frieden in Freiheit oder Freiheit in Frieden, die freiheitliche demokratische Grundordnung. Ich bleibe ratlos. Ist Frieden nur die Abwesenheit von Krieg? Freiheit nur die Abwesenheit brutaler Unterdrückung? Besteht die freiheitliche demokratische Grundordnung nur im Fehlen von staatlichem Terror? Oder sind Freiheit und Frieden vielleicht ganz im Privaten anzusiedeln? Stehen sie für die Möglichkeit, ein schnelles Motorrad für zwei Monatslöhne kaufen zu können? Mit der Freundin auch ohne Trauschein zusammenziehen zu dürfen? Für die Wahl zwischen Studieren und Jobben? Zwischen Anpassung und Ausflippen, zwischen Protest und Karriere? Ist das das Notwendige? Ist es das, woran ich glaube, wofür ich meinen Kopf hinhalten soll? Ich bleibe ratlos.«

Um vermeintlicher Objektivität willen kam halbherzig dann doch noch ein Befürworter der Wehrpflicht zu Wort:

Wehrpflichtiger D: »Ich gehe hin. Bundeswehr ja oder nein ist für mich keine Frage. Gerade der Golfkrieg hat bewiesen, daß wir es heute noch mit Diktatoren auf der Welt zu tun haben, die alles daransetzen, ihre Macht durchzusetzen. Wenn die Diplomatie versagt, müssen wir uns entscheiden, ob wir unsere Demokratie preisgeben oder erhalten wollen. Wollen wir weiterhin so leben wie bisher, nämlich in Freiheit, müssen wir auch bereit sein, dafür zu kämpfen, denn unsere Demokratie ist verteidigungswürdig. Wir alle wollen, daß die Menschenrechte geachtet werden, daß die Grundrechte eingehalten werden, daß die Rechtsprechung unabhängig ist und bleibt. Den Wert dieser Rechte verstehen wahrscheinlich nur die richtig, die sie nicht haben. Der Pazifist kann nur Pazifist sein, weil er in einer Demokratie lebt. Wie viele Tausende Kurden hat der irakische Diktator Hussein hinschlachten lassen, und die Welt schaute zu. Was uns bedroht, sind nicht in erster Linie Waffen. Es ist die Spaltung der Welt in Demokratie und Diktatur. Gefahren für den Frieden entstehen immer dann, wenn Menschenrechte mißachtet und Freiheiten unterdrückt werden. Ich töte auch nicht gerne, aber um unsere Demokratie dort zu schützen, wo die Vernunft der Menschen aufhört, gehe ich zum Bund ...«

Nach den »Stimmen des Volkes« schieben die Buchautoren sofort nach:

»Das Problem der Verweigerung trifft auch Reservisten. Im Falle des Golfkrieges stieg die Zahl der Verweigerer sprunghaft an. Aus Überzeugung oder aus Angst, oder ist das vielleicht sogar völlig egal?«

Es folgt die Geschichte des achtundzwanzigjährigen Feldwebels eines Flugabwehrraketengeschwaders aus Bremervörde, der einen Antrag auf Kriegsdienstverweigerung stellte, als ein Teil seines Geschwaders in die Osttürkei verlegt wurde. »Der Golfkrieg hat das Faß zum Überlaufen gebracht«, wird der Zeitsoldat zitiert. 1983 sei er zur Bundeswehr gegangen, weil er arbeitslos war, und habe sich für zwölf Jahre verpflichtet. Erste Zweifel seien ihm gekommen, als er auf Lehrgängen Bilder von Atombombenopfern gesehen habe. Diese Zweifel hätten auch zu persönlichen Schwierigkeiten geführt, berichtete der gelernte Kraftfahrzeugmechaniker unter Hinweis auf seine hohen Schulden. Gleichwohl fügte er hinzu: »Die materiellen Dinge haben keinen Wert mehr für mich. Ich will nicht in den Konflikt kommen, töten zu müssen.« Berichtet wird auch über zwei Wehrpflichtige derselben Staffel, die Anträge auf Wehrdienstverweigerung stellten. Bei der Wahl zwischen Bundeswehr und Zivildienst sei ihnen die Bundeswehr als das kleinere Übel erschienen. »Damals habe ich den Ernst der Lage nicht erkannt«, soll der eine gesagt haben. »Jetzt weiß ich erst, was es bedeutet, Soldat zu sein – daß ich Menschen töten können muß«, erklärte – so die Schulbuchautoren – der andere. Als Quelle zogen sie hier die »Hessisch-Niedersächsische Allgemeine« (Februar 1991) hinzu.

Dieser Zeitungsbericht dient dann auch als pikante Grundlage für die Aufgaben, die den Schülerinnen und Schülern gestellt werden sollen:

»Setzen Sie sich mit den Argumenten der Wehrpflichtigen auseinander, die sich zu entscheiden haben, was sie tun. Bringen Sie Ihre eigene Haltung zur Frage der Wehrpflicht mit ins Spiel, und denken Sie über den Spruch ›Stell Dir vor, es ist Krieg und keiner geht hin‹ nach.«

Angesprochen darauf, wie er eine solche methodisch-didaktische Vorgehensweise der Schulbuchverfasser bewerte und ob nach seiner Meinung der Tatbestand der Manipulation, des Eintrichterns einer bestimmten Ideologie oder Philosophie gegeben sei, antwortete der Münchener Historiker und Professor für Militärgeschichte an der Bundeswehrhochschule München, Franz W. Seidler:

»Bereits der erste Satz des Kapitels ›Das Recht auf Kriegsdienstverweigerung‹ ist falsch. Artikel 4 (3) GG lautet: ›Niemand darf gegen sein Gewissen zum Kriegsdienst mit der Waffe gezwungen werden. Das Nähere regelt ein Bundesgesetz.‹ Der zweite Satz ist zumindest irreführend, denn seit der Abschaffung des mündlichen Anerkennungsverfahrens für Kriegsdienstverweigerer im ›Gesetz zur Änderung des Zivildienstgesetzes‹ vom Dezember 1982 (Bundesgesetzblatt I 1983, Seite 203 ff.) prüft niemand die Gewissensentscheidung von Wehrpflichtigen nach, die den Wehrdienst verweigern. Der Wehrpflichtige braucht lediglich die Beweggründe für die Kriegsdienstverweigerung schriftlich darzulegen. Das Bundesamt für Zivildienst kontrolliert nur ›die Wahrheit der Angaben des Antragstellers‹.

Grundlage jeder Erörterung über den Zivildienst ist die Formulierung des Artikels 12a (2) des Grundgesetzes: ›Wer aus Gewissensgründen den Kriegsdienst mit der Waffe verweigert, kann zu einem Ersatzdienst verpflichtet werden.‹ Dadurch ist klargestellt, daß der Wehrdienst das Normale und der Zivildienst der Ersatz ist. Der Versuch, den Zivildienst zum Normalfall zu machen, ist grundgesetzwidrig.

Der Zivildienst schützt nicht vor einem Einsatz im Verteidigungsfall. Nicht nur Reservisten der Bundeswehr, sondern auch Zivildienstleistende können im Kriegsfall eingezogen werden. Das Grundgesetz erlaubt im Artikel 12a (3) ihre Heranziehung zu ›zivilen Dienstleistungen für Zwecke der Verteidigung‹, zum Beispiel zum Schutz der Zivilbevölkerung bei Luftangriffen und zur Versorgung bei Hungerblockaden. Selbst für den logistischen Dienst der Streitkräfte können Kriegsdienstverweigerer verpflichtet werden. Der Vorrang der Streitkräfte im Verteidigungsfall ist festgeschrieben.

Die Entscheidungssituationen, die zur Beantwortung der beiden Fragen am Schluß des Kapitels geschildert werden, zeigen ein Übergewicht von Verweigerungsargumenten. Wichtige Gründe für den Wehrdienst fehlen. Die höheren Zahlen von Kriegsdienstverweigerung aus Anlaß des Golfkriegs – ›aus Überzeugung oder aus Angst, oder ist das vielleicht sogar völlig egal?‹ – werden als Antwort auf den Kriegseinsatz interpretiert. Statt der Frage nachzugehen, ob die Bundeswehr die Bundesrepublik Deutschland auch im Irak verteidigt, wird das Töten als militärische Pflicht argumentativ zugunsten der Kriegsdienstverweigerung verwendet. Der Brecht-Slogan ›Stell dir vor, es ist Krieg und keiner geht hin‹ in den Fragen am Schluß ist unvollständig. Es fehlt der entscheidende Folgesatz: ›Dann kommt der Krieg zu dir.‹ Richtig zitiert, erwiese sich der Ausspruch als Bumerang gegen die ›Beweistendenzen‹ der Autoren.«

Schule sperrt Soldaten aus

Im März 1997 hatte der Rat der Stadt Unna (Westfalen) die Durchführung eines öffentlichen Gelöbnisses außerhalb der Kaserne mit großer Mehrheit befürwortet. Bundeswehr und Stadtverwaltung verständigten sich auf einen Termin am 22. Oktober desselben Jahres. Veranstaltungsort sollte das Herder-Stadion sein. Die städtische Sportanlage wird vorwiegend genutzt von dem angrenzenden Pestalozzi-Gymnasium sowie der in unmittelbarer Nähe liegenden Peter-Weiss-Gesamtschule. Auf große militärische Zeremonien sollte sowieso verzichtet werden: ohne Zapfenstreich oder Fackelträger, aber mit Erläuterungen zur Bedeutung eines Gelöbnisses. Während die alleinregierende SPD und die CDU als Oppositionspartei diese Form begrüßt hatten, lehnte die zweite Oppositionspartei, die Grüne Alternative Liste mit ihrem Scharfmacher Albrecht Hartmann an der Spitze, das Gelöbnis – weil in der Nähe von Schulen – ab. Diese Argumentation machte sich dann auch die Schulkonferenz der Peter-Weiss-Gesamtschule zu eigen. Am 1. Oktober 1997 platzte die Bombe: Einstimmig sei der Beschluß gefaßt worden, wobei es nicht um die Frage:»Bundeswehr ja oder nein?« gegangen sei, hieß es in einer Erklärung. Das Gelöbnis sei eine mit dem Bildungsauftrag der Schule unvereinbare einseitige Demonstration, erklärte Schulleiter Uwe Ries gegenüber der örtlichen Heimatzeitung, dem »Hellweger Anzeiger«. Deshalb werde die Schule weder die Toiletten noch die Mensa, in der die Stadt Unna gemeinsam mit der Bundeswehr anschließend zu einem Empfang eingeladen hatte, zur Verfügung stellen, pochte Ries auf sein Hausrecht. Mehr noch: Für die Mensa und ihre Nebenräume meldeten die Sprecher der Schulkonferenz eine »Schulveranstaltung mit offenem Ende« an. Genau zum Start des Gelöbnisses sollte in besagten Räumen eine Probe zum Musical »Hair« beginnen, obwohl die Stadtverwaltung, die das eigentliche Hausrecht ausübt, bereits entsprechende Zusagen an die Bundeswehr gegeben hatte. Ein Mitglied der Schulkonferenz: »Wir sind bewußt in den Konflikt gegangen.« Schulleiter Uwe Ries sagte selbstbewußt gegenüber HA-Lokalchef Volker Stennei, die Stadt habe ohne sein Wissen einen Empfang in der Mensa vorbereitet. Nur fürs Warmspielen des Heeresmusikkorps habe er Bereitschaft erklärt, das Gebäude zur Verfügung zu stellen. Auch die Nutzung der Toiletten habe er genehmigt. »Das alles aber nur bei einem Beginn des Gelöbnisses um 17.00 Uhr.« Aber: »Hintenherum« sei er informiert worden, daß der Zeitpunkt des Gelöbnisses nach vorn verlegt wurde und ein Empfang stattfinden sollte. »Zu einem derart hochsymbolischen Akt, wenn

Militärs und Politiker sich zuprosten, hätte ich nie Zustimmung signalisiert.«

Volker Stennei zitiert in seiner Berichterstattung Vizestadtdirektor Werner Kolter. Drei Gespräche zwischen Mitarbeitern der Stadtverwaltung und Ries habe es gegeben, zudem zwei Telefonate zwischen ihm und dem Schulleiter. Bereits im Juni sei Ries bekannt gewesen, daß die Mensa mit in die Planungen einbezogen werde – »für einen Empfang«. Mitte September habe er (Kolter) dann vom Hausrecht der Stadt Gebrauch gemacht und das Gebäude für den Empfang freigegeben.

Bei den Sprechern der beiden großen Ratsfraktionen stieß die Position der Schulkonferenz, aber auch die des Schulleiters auf Unverständnis und harsche Kritik: »Soldaten sind doch keine Aussätzigen«, meinte CDU-Fraktionschef Manfred Wißelmann und fragte: »Wo bleibt die Toleranz?«

Michael Hoffmann, Vorsitzender der SPD-Fraktion, wunderte sich über die »offenbar gewollte Konfrontation«, die die Schule jetzt anstrebe. Auch für ihn blieb klar: »Das Gelöbnis bleibt so wie geplant.«

CDU-MdL und Unnas Parteichef Peter Bensmann wertete den Beschluß der Schulkonferenz als »Schlag ins Gesicht der Soldaten«.

Die nicht im Rat vertretene Freie Demokratische Partei sprach in einer Presseerklärung von einer »einseitigen politischen Einstellung von Schulleitung und Teilen der Elternschaft«. FDP-Stadtverbandsvorsitzender Sigurd Senkel wörtlich: »Bei aller Toleranz gegenüber anderer politischen Meinung wird hier die einseitige politische Indoktrination der minderjährigen Schüler offensichtlich. Wenn die Stadt Unna zu den jährlichen Ostermärschen Schulräume zur Verfügung stellte, gab es seitens der Schulen nie Proteste. Die Bundeswehr ist ein Teil unserer Gesellschaft und braucht sich deshalb nicht hinter Kasernenmauern zu verstecken.« Eine Stellungnahme, die an Deutlichkeit nichts zu wünschen übrig läßt.

Damit stand die Schulkonferenz der Peter-Weiss-Gesamtschule mit ihrem Beschluß gegen das öffentliche Gelöbnis und dem Versuch, Stadt und Bundeswehr für den anschließenden Empfang auszusperren, politisch – bis auf die Grüne Alterna-

tive Liste – isoliert da. Und auch die Stadtverwaltung blieb ihrer Linie treu: Ein Antrag aus dem Umfeld der GAL-Jugendorganisation, Mittel für das Erstellen von Plakaten gegen das Gelöbnis finanziell zu unterstützen, wurde abgelehnt.
Nichtsdestotrotz: Eine Gegenbewegung ließ nicht lange auf sich warten. Bereits zwei Tage später bildete sich ein »Aktionsbündnis gegen öffentliche Gelöbnisse«, zu dessen Initiatoren verfassungsfeindliche Gruppen wie die ANTIFA Kamen/Bergkamen beziehungsweise Dortmund-Nord genauso gehörten wie der Asta der Universität Dortmund, die Kamener Bündnis/Grünen, die Deutsche-Friedensgesellschaft/Vereinigte-Kriegsdienstgegnerinnen und die DKP-Dortmund. Natürlich durften auch die Falken, die Jungsozialisten aus Dortmund und Kamen, ein sogenanntes Linkes Aktionsbündnis und die SDAJ-Dortmund nicht fehlen. Mit im Boot auch das Schüler-Vertretungs-Team der Peter-Weiss-Gesamtschule. Das Linkaußen-Bündnis plante, eine Kundgebung zu organisieren, der sich ein Protestmarsch anschließen und während der Zeit des Gelöbnisses am Herder-Stadion vorbeiführen sollte. In dem Aufruf zur Teilnahme an dem Protest hieß es unter anderem:

> »Soldaten werden ausgebildet, um Menschen zu töten. Das Gelöbnis zu akzeptieren heißt, die Ausbildung zum Töten als ehrenhaft anzuerkennen. Die Verpflichtung der Rekruten, den Befehlen ihrer Vorgesetzten Gehorsam zu leisten, kommt der Aufgabe des eigenen kritischen Denkens, also der Selbstentwürdigung in aller Öffentlichkeit gleich.«

Unna hatte seine Sensation. Der Chronist konnte sich nicht zurückerinnern, wann es schon einmal in der Hellweg-Stadt zu einer derart engagierten und leidenschaftlichen Diskussion über ein politisches Thema gekommen war. Befürworter und Gegner des öffentlichen Gelöbnisses lieferten sich mit dem Kugelschreiber als Waffe geradezu leidenschaftliche Auseinandersetzungen. Und die Presse am Ort zog mit. Sogar die aus Tradition sozialdemokratisch gefärbte und heute mit rot/grün sympathisierende »Westfälische Rundschau«

reagierte beim Thema »Gelöbnis« ausgewogen im wahrsten Sinne des Wortes. Eine Auswertung von Leserbriefen in der Zeit vom 9. bis 15. Oktober 1997 vermerkte sechs Pro- und sechs Kontra-Lesermeinungen. Der »Hellweger Anzeiger« veröffentlichte im gleichen Zeitraum elf Leserbriefe, deren Verfasser sich für das öffentliche Gelöbnis und zehn Stellungnahmen, die sich dagegen aussprachen. Eins allerdings war auffällig: Die Gegner rekrutierten sich zum größten Teil aus ideologisch gebundenen Linksgruppierungen; die Befürworter kamen überwiegend aus der (diesmal nicht) schweigenden Mehrheit der Bevölkerung.
Ein kleiner Querschnitt aus der engagiert geführten Diskussion mag dies belegen. Zunächst die gemeinsame Stellungnahme der Pfarrerinnen Wedeking, Schönfeld und Markmann sowie der Pfarrer Doering, Düsberg, Elliger und Pehle, die durch ihre Meinung synonym belegen, wie weit sich die evangelische Kirche von ihrem eigentlichen Auftrag entfernt hat:

»Mit Befremden verfolgen wir die Planung zum Bundeswehr-Gelöbnis auf dem Schulhof der Peter-Weiss-Gesamtschule. Ist es ein Zufall, daß die Bundeswehr mit ihrem Gelöbnis gerade jetzt in dieser Weise in die Öffentlichkeit drängt – nachdem ihr möglicher Aktionsradius (nicht nur mit dem Sandsack, sondern auch in multinationalen Kampfverbänden) weltweit ausgedehnt und der umstrittene milliardenschwere Eurofighter gerade beschlossen worden ist?
(...) Und warum ein feierliches öffentliches Gelöbnis ausgerechnet dort, wo potentielle künftige Rekruten zur Schule gehen? Offensichtlich soll diese Veranstaltung über den eigentlichen Gelöbnis-Zweck hinaus auch ein Stück öffentliche Demonstration und Bundeswehr-Werbung sein.
(...) Wir sind jedoch – wie auch das Presbyterium der Evangelischen Kirchengemeinde Unna insgesamt – der Auffassung, daß durch das geplante feierliche öffentliche Gelöbnis der Dienst des Soldaten gegenüber allen

anderen Tätigkeiten des öffentlichen Dienstes in unangemessener Weise herausgehoben wird.«

Dem antwortete Pfarrer Hans-Jürgen Janzen aus der Nachbarortschaft Frömern. Janzen ist ein ehemaliger Militärpfarrer und gehört zu den Theologen, deren Gottesdienste noch gut besucht sind und die nicht in pseudofrömmelnder Manie den Zeitgeist anbeten. Janzen nahm kein Blatt vor den Mund:

»Soldaten gleich mit Mord und Totschlag in Zusammenhang zu bringen, ist pervers. Keiner wird Soldat – weder wehrpflichtig noch auf längere Zeit –, um zu töten, sondern das Ethos des Soldaten besteht darin, zu helfen, zu schützen und vor Unfreiheit und Unrecht zu bewahren.

Das Gelöbnis, wie es die Wehrpflichtigen sprechen und abgeben (als freie Staatsbürger), wird auch nicht zur großen Schlinge, mit der unbescholtene Bürger eingefangen werden. Im Gegenteil: Mit dem Gelöbnis erklärt der Gelobende, was er in Ableistung seines Einsatzes für uns alle, die wir ja unseren Staat bilden, zu tun bereit ist und was nicht. Wer gelobt, bleibt handlungsfähig und verantwortlich, im Sinne dessen, was er gelobt hat. Wenn der Soldat (öffentlich) zusagt, ›der Bundesrepublik Deutschland treu zu dienen und das Recht und die Freiheit des deutschen Volkes tapfer zu verteidigen‹, frage ich mich, was da einer Prüfung nicht standhalten kann.

(...) Daß der Dienst des Soldaten wichtig und hilfreich ist, von uns allen gebraucht und in der Welt erwartet wird, kann die jüngste Vergangenheit lehren. Die Einsätze reichen von Bosnien bis zum Oderbruch. Zu solchen Einsätzen bereit zu sein, geloben die Soldaten.«

Um zu verdeutlichen, wie hoch die Wellen der öffentlichen Auseinandersetzung schlugen, noch einige Auszüge aus der Flut von Leserbriefen:

Georg Peters aus Schwerte: »Die Initiatoren des Aktionsbündnisses gegen das öffentliche Gelöbnis sind von der ideologischen Verbohrtheit her die gleichen

Geister, die wild darauf waren, daß unsere Soldaten laut Gerichtsbeschluß ungestraft als Mörder bezeichnet werden dürfen.
(…) Ein Blick auf die führenden Gruppen des Aktionsbündnisses gegen das Gelöbnis sagt mehr als Worte. Schade, daß sich die Schülervertretungen, Elternschaft etc. so gutgläubig von diesen vereinnahmen lassen.«
Hans-Joachim und Regina Voss aus Unna: »Daß sich natürlich mittlerweile Teile der evangelischen Pfarrerschaft der Einstellung des ›PWG-Lehrkörpers‹ vorsichtig und pastoral verbrämt anschließen, wundert uns nicht mehr.«
Paul Einhoff aus Unna: »Wenn ich derart freche und unverschämte Äußerungen unseren jungen Soldaten gegenüber, die nicht zu feige sind, sich mit dem Dienst für unser Vaterland bereit zu erklären, lese, sträuben sich mir die Nackenhaare.
(…) Äußerungen wie die von D. Wickenhöfer in seinem Leserbrief zu Papier gebracht, können nur von einem Menschen stammen, der einen furchtbaren Haß auf die deutsche Ordnung hat.«

Was aber hatte Dieter Wickenhöfer aus Bergkamen geschrieben? Hier sein Leserbrief (gekürzt):

»Immer wieder, wie demnächst auch in Unna, treten junge Männer, aus ihrem Privat- und Berufsleben gerissen, in komischbunter Gleichtracht gekleidet zum öffentlichen Gelöbnis an. Über ihren Schultern tragen sie Gewehre, aus dessen Läufen sie oftmals hintereinander Geschosse jagen können, geeignet, auf große Entfernung Menschen zu durchbohren. Der Griff der Waffe ist schwer und wuchtig. Er dient zum Zertrümmern von Menschenschädeln. Den Vorgesetzten müssen sie besondere Ehre erweisen, wozu ihnen je nach Situation das Gewehr, die Kopfbedeckung oder die Hosennaht dient. Immer wieder müssen wir das alles auch noch bezahlen, was andauernde ungelöste soziale Probleme und wirtschaftliche Krisen bedeutet.«

Mit Wickenhöfers Stellungnahme beschäftigte sich auch Hans Ceschinski aus Unna:

»Dieser Leserbrief ist eine Unverschämtheit. Primitiver konnte er nicht sein! Denn der Begriff Freiheit und Demokratie wird von diesem Schreiber nur für sich in Anspruch genommen! Wehe, wenn einer anderer Auffassung ist. Wer hat ihm denn die Möglichkeit eröffnet, eine derartig unter die Gürtellinie gehende Auffassung zu veröffentlichen? Doch unsere freiheitlich-demokratische Gesellschaft, und dazu gehört auch unsere Bundeswehr mit ihrem Friedensauftrag.«

Und so kam es dann auch. Das öffentliche Gelöbnis wurde zu einer machtvollen Demonstration des Sieges der Vernunft über blinden Fanatismus. Die ansonsten bürgerlich schweigende Mehrheit der Bevölkerung stellte sich vor ihre Söhne, vor ihre Soldaten. Die Gegendemonstration mutierte zu einem Flop. Die wenigen Störer, die sich im Herder-Stadion eingefunden hatten, wurden diskret, aber bestimmt aus dem Verkehr gezogen. Daß dabei auch ein Ratsmitglied der Grünen aus der benachbarten Stadt Fröndenberg mit einkassiert wurde, war nicht einmal ein Schönheitsfehler, sondern wurde nur als Anekdote am Rande von den Medien registriert. Was lehrt diese Geschichte? Einerseits macht sie Mut, weil sie verdeutlicht, daß sich die Mehrheit der jungen Menschen in diesem Land auch nicht von verblendeten Pädagogen verbiegen läßt. Andererseits zeigt sie den Willen der Bevölkerung quer über alle Parteigrenzen hinweg, den Vorturnern der Altachtundsechziger-Bewegung nicht mehr alles durchgehen zu lassen. Insofern war das Gelöbnis von Unna eine symbolträchtige Handlung für das ganze Land. Ende gut – alles gut!?

Postskriptum
Der soldatische Dienst ist existentieller Dienst am Volk
von Alfred Dregger

Es war zwar naheliegend, aber falsch, die Existenz der Bundeswehr während des kalten Krieges überwiegend mit der damals anhaltenden Bedrohung durch die inzwischen untergegangene Sowjetunion und den Warschauer Pakt zu begründen. Der eigentliche Grund für die Existenz der Bundeswehr ist ein anderer, und dieser ist zeitlos. Artikel 1 des Grundgesetzes fordert: »Die Würde des Menschen ... zu achten und zu schützen, ist Aufgabe aller staatlichen Gewalt.« Diese Schutzpflicht ist die verfassungsrechtliche und ethische Grundlage für den soldatischen Dienst. Ohne diesen Dienst könnte unser Gemeinwesen seine Bürger und andere nicht schützen. Der soldatische Dienst ist deshalb ein existentieller Dienst am Bürger und am Volk. Ein Staat, der diesen Dienst vernachlässigt, versagt in einer seiner Kernaufgaben.
Es ist nicht nur wichtig, daß die Bundesrepublik Deutschland diese Aufgabe wahrnimmt, sondern auch, wie sie dies tut. Es entspricht der deutschen Tradition, daß dieser Dienst auf der allgemeinen Wehrpflicht beruht. Sie ist das Instrument zur Selbstbehauptung unseres Volkes und ein Beleg für die Wehrhaftigkeit unserer Demokratie; Theodor Heuss nannte die allgemeine Wehrpflicht ein »legitimes Kind« der Demokratie. Wir wollen den Staatsbürger in Uniform um des Bürgers willen. Wir wollen nicht, daß wir uns für diesen Dienst »Profis« einkaufen, so effizient diese auch sein mögen. Sie wären immer Ausdruck einer völlig anderen Wehrform, einer völlig anderen Haltung unserer Bürger zu ihrem Staat.
Dies ist der entscheidende Grund dafür, daß wir – neben vielen anderen, eher praktischen Gründen – an unserem auf der allgemeinen Wehrpflicht beruhenden Wehrsystem festhalten. So werden zum Beispiel die Hauptverteidigungskräfte, die zur Verteidigung des eigenen Territoriums bestimmt sind,

auch in Zukunft auf genügend Reservisten angewiesen bleiben, die vorher eine solide Ausbildung erhalten haben. Dies setzt die allgemeine Wehrpflicht voraus. Nur wenn der Staat auf genügend Personal – und auf das richtige Personal – zurückgreifen kann, wird er seiner Schutzpflicht genügen können. Die allgemeine Wehrpflicht steht auch nicht im Gegensatz zu der wünschenswert hohen Professionalität, wie wir sie jetzt bei den sogenannten Krisenreaktionskräften brauchen. Wir brauchen selbstverständlich bei diesen mehr Zeitsoldaten und Berufssoldaten als früher, die aber auch alle wehrpflichtig sein sollen. Nur die Wehrpflicht garantiert, daß sie im Bedarfsfall wirklich zur Verfügung stehen.

Deutsche Patrioten

Wenn wir diesen soldatischen Dienst für unser Land auf der Grundlage einer allgemeinen Wehrpflicht jetzt und für die Zukunft fordern, dann müssen wir darauf achten, daß der in der Vergangenheit geleistete gleiche Dienst heute nicht geschmäht wird. Auch in der Vergangenheit hat es deutsche Soldaten gegeben, die für ihr Vaterland und für den Schutz ihrer Mitbürger ehrenhaft ihr Bestes gegeben und ihr Leben eingesetzt haben. Das gilt auch für die Wehrmacht. Unser Dienst – das darf ich für die Kriegsgeneration sagen – galt nicht Hitler, dem Verderber Deutschlands, sondern dem Vaterland, das durch dessen Politik in große Not geraten war. Auch den alliierten Kriegsgegnern ging es nicht um Hitler, sondern um Deutschland. So haben Roosevelt und Churchill 1943 in Casablanca die bedingungslose Kapitulation nicht Hitlers, sondern Deutschlands gefordert. Sie hatten zuvor schon jeden Friedenskontakt mit der deutschen Opposition gegen Hitler abgelehnt. Sie wollten Deutschland besiegen. Das hat den Verlauf und die Dauer des Krieges wesentlich beeinflußt. Wir Frontsoldaten standen damals vor dem Dilemma, entweder mit Deutschland auch Hitler zu verteidigen – oder aber mit Hitler auch Deutschland preiszugeben. Was aber Deutschland nach einer »bedingungslosen Kapitulation« zu erwarten hatte,

dafür war der völkerrechtswidrige sogenannte strategische Bombenkrieg gegen unsere Heimat ein furchtbares Signal.
Der internationale Gerichtshof in Nürnberg war ein Siegergericht. Dennoch hat er die Wehrmacht nicht »verurteilt«. Und in der Wertung bedeutender Heerführer und Militärschriftsteller der Sieger (Eisenhower, Schukow, de Gaulle, Liddle Hart u. a.) wurde den deutschen Soldaten ein im allgemeinen gutes Zeugnis ausgestellt: ihrer Fairneß, ihrer Tapferkeit und ihrer Disziplin unter Beachtung des Völkerrechtes. In mancherlei Hinsicht wurde ihnen von ihren ehemaligen Gegnern Bewunderung entgegengebracht, und in vielen Fällen geschieht dies noch heute. Es sind die Veteranen der Sieger, die sich heute veranlaßt sehen, ihre Kriegsgegner von damals gegen unberechtigte Vorwürfe hierzulande in Schutz zu nehmen.
Solche Bewunderung verdienen nicht zuletzt die deutschen Offiziere, die am 20. Juli 1944 den Aufstand gegen Hitler gewagt haben. Churchill hat diesen deutschen Patrioten in einer Unterhausrede 1946 – leider erst damals – ein bewegendes Denkmal gesetzt. Er sagte: »In Deutschland lebte eine Opposition, die zum Edelsten und Größten gehörte, was in der politischen Geschichte aller Völker je hervorgebracht wurde. Diese Männer kämpften ohne eine Hilfe von innen und außen – einzig getrieben von der Unruhe ihres Gewissens.«

»Hitlers willige Vollstrecker«

Unser Volk hat also keinen Anlaß, sich seiner Soldaten zu schämen. Das sollten die Repräsentanten unseres demokratischen Staates auch heute noch anerkennen und würdigen. Adenauer, Schumacher und Heuss haben das in eindeutiger Weise getan. Je länger jedoch das tragische Geschehen der damaligen Zeit zurückliegt, um so mehr verblaßt dieses Bild, und um so mehr nutzen das deutsche Selbsthasser zu dessen Verfälschung. Manche Interpreten erwecken heute den Eindruck, daß sie keineswegs die Wahrheit suchen, sondern lediglich gegen die deutschen Soldaten »Stimmung« machen wollen. Das könnte schlimme Folgen haben.

Wir, die wir es gut meinen mit Deutschland, dürfen deshalb nicht zulassen, daß die Wehrmacht als Hitlers verbrecherische Armee denunziert wird – von wem auch immer. Wir dürfen aber auch nicht zulassen, daß das ganze deutsche Volk als »Hitlers willige Vollstrecker« dargestellt wird. Es ist bezeichnend, daß jenes Buch des Amerikaners Goldhagen, das diese historisch nicht zu rechtfertigende These aufstellt, fast überall in der Welt auf Skepsis und Kritik gestoßen ist, sogar in Israel, nur in Deutschland nicht. Da wurde es innerhalb kürzester Zeit mit der Propagandahilfe elektronischer Medien zu einem Bestseller gemacht. Sein Autor avancierte zum Star deutscher Talk-Shows.

Schließlich: Wir dürfen nicht zulassen, daß jene infame Ausstellung von Heer und Reemtsma gegen die Wehrmacht als ein sachlicher Beitrag zur Aufarbeitung der deutschen Geschichte betrachtet wird. In Wirklichkeit scheint der Ausstellungsfinanzier, Herr Reemtsma – dessen Vater Görings »Karinhall« finanziert und dessen Familie zur Absicherung ihres Zigarettenmonopols einen der Brüder in die SS geschickt hat – , mit dieser Ausstellung nur seine Familiengeschichte aufarbeiten zu wollen. Und der Ausstellungsleiter, der als Kommunist Berufsverbot erhielt, versucht in bewährter »Antifa«-Manier mit dieser Ausstellung zum Schaden Deutschlands die Enkel gegen die Großväter aufzuhetzen. Man hätte diese Ausstellung mit Verachtung und Nichtbeachtung strafen sollen. Das war leider nicht möglich. Dazu hatte sie in den Medien schon zu große Aufmerksamkeit gefunden. Deshalb mußten wir Patrioten gegen sie kämpfen. Das habe ich im Deutschen Bundestag nach Kräften getan.

Ich habe deshalb in der Debatte über diese Ausstellung die Frage aufgeworfen, was deren Initiatoren dazu legitimiere, Millionen von Menschen, deren Schicksal im einzelnen sie nicht kennen, ihrer pauschalen Verurteilung zu unterwerfen und sie dabei seelisch brutal zu verletzen, ohne auch nur einen einzigen personenbezogenen Nachweis für ihre Vorwürfe erbringen zu wollen. Ich habe dem hinzugefügt: »Wie ein Volk nach einem verlorenen Krieg mit seinen Soldaten umgeht, das sagt viel aus über seine moralische Substanz, über seine Wür-

de und über seine innere Schwäche oder Stärke. In meiner Truppe, der 6. Rheinisch-Westfälischen Infanteriedivision, hat es solche Verbrechen, wie die Ausstellung sie schildert, nicht gegeben. Die meisten deutschen Soldaten, die Leib und Leben für unser Land riskiert haben, können mit Recht sagen, daß sie selbst an den Verbrechen Hitlers nicht beteiligt waren.«
Der übliche Vorwurf gegen die Wehrmacht lautet, sie habe sich für Hitlers »Angriffskrieg« zur Verfügung gestellt. Was heißt eigentlich »zur Verfügung gestellt« angesichts einer gesetzlich begründeten allgemeinen Wehrpflicht, der sich niemand entziehen konnte? Und wer könnte heute guten Gewissens behaupten, daß jeder Soldat damals zweifelsfrei hätte erkennen müssen, dieser Krieg sei eindeutig ein von Deutschland begonnener Angriffskrieg gewesen?
Auf den Beginn des Krieges und die Art der Kriegsführung hatten die meisten der über achtzehn Millionen Soldaten der Wehrmacht jedenfalls nicht den geringsten Einfluß, was übrigens in gleicher Weise für die Soldaten der ehemaligen Kriegsgegner gilt. Soldaten waren immer und überall auch Opfer des Krieges. Bedeutende Entscheidungen trafen nicht sie, sondern die großen Kriegsherren wie Hitler und Stalin, Roosevelt und Churchill. Nur sie hatten die Macht, den Krieg zu beginnen, zu führen und zu beenden. Der schreckliche Bombenkrieg gegen die deutsche Zivilbevölkerung wurde nicht von den britischen und amerikanischen Bomberbesatzungen beschlossen – übrigens auch nicht von den Parlamenten, im Gegenteil: Im britischen Unterhaus wurde dieser Bombenkrieg von der Regierung sogar bestritten –, sondern von den politischen Führungen Großbritanniens und der USA.
Das deutsche Volk hatte den Krieg ebensowenig gewollt wie die anderen Völker, die in ihn hineingezogen wurden. Anläßlich der Verabschiedung der letzten russischen Soldaten aus Deutschland am 31. August 1994 erklärte Präsident Jelzin in Berlin, das deutsche Volk sei an diesem Krieg nicht schuld gewesen. Man habe in Moskau immer zu unterscheiden gewußt zwischen dem großen deutschen Volk und der verbrecherischen Clique, die sich seiner bemächtigt hatte. Diese Feststellung ist richtig. Auch wir Deutschen unterscheiden

deshalb selbstverständlich zwischen dem großen russischen Volk und seiner verbrecherischen Führung unter Stalin. Seriöse Autoren und Zeitgeschichtler (z. B. Joachim Fest oder Sebastian Haffner) haben aufgezeigt, daß die Wehrmacht keine NS-Organisation war, wie es SA, SS, Gestapo und SD gewesen sind. Die Wehrmacht war eine Organisation des Staates, war immer ein »feldgrauer Strang in braunem Geflecht« (Gillessen) des NS-Staates. Hitler selbst hat sie zu allen Zeiten mit Argwohn beobachtet, weil er sich ihrer nicht sicher sein konnte. Es gibt viele Beispiele dafür, daß deutsche Patrioten geradezu Schutz gesucht haben in der Wehrmacht vor den Nachstellungen nationalsozialistischer Willkür.

Frontsoldaten als Schicksalsgemeinschaft

Was hätten zum Beispiel die Angehörigen meines Jahrganges, 1920, mit Hitler zu tun gehabt? Sie konnten ihn nicht wählen. Dafür waren sie zu jung. Aber sie wurden von ihm in den Krieg geschickt, und nur die Hälfte davon ist zurückgekehrt. Die aber, die nicht zurückgekehrt sind, sind nicht für Hitler und seine Nationalsozialisten gefallen, sondern für Deutschland. Ein Schuft, wer ihnen jetzt auch noch die Ehre nehmen wollte. Sie wurden nicht gefragt, und sie hätten nicht die geringste Chance gehabt, sich dem Wehrdienst zu entziehen. Ein Recht auf Kriegsdienstverweigerung hat es damals nicht gegeben. Gerade weil es mehr oder weniger alle betraf und alle getroffen hat, waren wir bereit, dies als unser Schicksal hinzunehmen. Gerade deshalb standen wir Frontsoldaten in dieser Schicksalsgemeinschaft einander als Kameraden bei. Gerade deshalb hatten wir keinerlei Verständnis für Überläufer und Deserteure, die sich dieser gefährdeten Gemeinschaft entzogen haben. Neuerdings versucht man ihnen ja Denkmäler zu errichten. Sollte es etwa ehrenwerter gewesen sein, zu Stalin überzulaufen, um diesen zu unterstützen, anstatt das deutsche Volk gegen die Rote Armee zu verteidigen? Wahr ist, daß die Nationalsozialisten schreckliche Verbrechen begangen haben; für die meisten Menschen, auch für

mich, unvorstellbare Verbrechen. Das gilt insbesondere für die Ausrottungsmorde an den deutschen und europäischen Juden. Wahr ist, daß auch Soldaten der Wehrmacht an solchen Verbrechen beteiligt waren. Es ist aber ebenso wahr, daß die große Masse der mehr als achtzehn Millionen deutschen Soldaten daran keinen Anteil hatte. Sie haben nicht an den Fronten gekämpft, um hinter diesen das Vernichtungswerk der NS-Einsatzgruppen zu ermöglichen, wie es in verleumderischer Absicht unterstellt wird. Dieses Vernichtungswerk fand übrigens unter größter Geheimhaltung statt, weil Hitler wußte, daß das deutsche Volk ihm auf diesem Weg nicht zu folgen bereit gewesen wäre. Nein, die Deutschen waren nicht »Hitlers willige Vollstrecker«, und wir Soldaten haben – ich wiederhole es – nicht für Hitler gekämpft, den Verderber Deutschlands, sondern für unser Vaterland, das unter dessen Führung und infolge seiner verbrecherischen Politik in große Not geraten war.
Es ist aber auch wahr, daß in der Wehrmacht Disziplin herrschte. Plünderungen und Vergewaltigungen wurden schärfstens bestraft. Massenvergewaltigungen zum Beispiel – wie seitens der Roten Armee und jüngstens in der serbischen Soldateska – hat es bei der deutschen Wehrmacht nicht gegeben, und schon gar nicht wären solche von der Führung hingenommen oder gar von ihr begünstigt worden. Es gab auch in der Wehrmacht keinen der Propaganda Ilja Ehrenburgs vergleichbaren Aufruf zu Verbrechen und Gewalttaten gegen die Zivilbevölkerung.

Staatsbürger in Uniform

Das hohe Ansehen der deutschen Soldaten im Zweiten Weltkrieg wirkte über das Kriegsende hinaus. Es waren erfahrene Wehrmachtsoffiziere, die auf Wunsch unserer westlichen Bündnispartner und im Auftrage der Regierung Adenauer die neue Bundeswehr aufstellten. Sie nahmen sich die großen preußischen Reformer – Scharnhorst, Gneisenau usw. – zum Vorbild und schufen eine Bundeswehr, die zur modernsten

Truppe Europas wurde. Ihr Leitbild des Staatsbürgers in Uniform ist inzwischen von vielen Seiten übernommen worden.
Mit dem Aufbau der Bundeswehr und mit dem Wiederaufbau unseres Landes und eines vorbildlichen freien, sozialen und demokratischen Staatswesens hat unser Volk aus den schrecklichen zwölf Hitlerjahren die richtigen Lehren gezogen. Glücklich diejenigen, die nun als Wehrpflichtige ihrem demokratischen Rechtsstaat dienen können.
Auf diese fundamentalen Veränderungen der Bedingungen und Ziele des soldatischen Dienstes können wir alle stolz sein. Das war unser gemeinsames Aufbauwerk. Nicht zuletzt hat das unser ehemaliger Kriegsgegner und spätere große Freund, der verstorbene französische Staatspräsident Mitterrand, am 8. Mai 1995 bei einem feierlichen Staatsakt in Berlin in beeindruckender Weise gewürdigt. Er sagte:

»Ich bin nicht gekommen, um den Sieg zu feiern, über den ich mich 1945 für mein Land gefreut habe. Ich bin nicht gekommen, um die Niederlage der Deutschen zu unterstreichen, weil ich die Kraft, die im deutschen Volk ruht, kenne, seine Tugenden, seinen Mut – und wenig bedeuten mir in diesem Zusammenhang die Uniformen und selbst die Ideen, die in den Köpfen der Soldaten damals gewohnt haben, die in so großer Zahl gestorben sind. Sie waren mutig, sie nahmen den Verlust ihres Lebens hin, für eine schlechte Sache. Aber ihre Haltung hatte damit nichts zu tun. Sie liebten ihr Vaterland. Es ist notwendig, daß uns das klar wird. Europa, das bauen wir, aber unsere Vaterländer lieben wir. Bleiben wir uns selbst treu. Verbinden wir die Vergangenheit mit der Zukunft, und wir werden in Frieden den Geist dieses Zeugnisses an jene weitergeben können, die uns nachfolgen.«

Wir Deutschen haben allen Grund, François Mitterrand für diese Würdigung dankbar zu sein. Wer sich dagegen heute anmaßt, auf jene mit dem erhobenen Finger zu zeigen, die damals meist ohne ihr persönliches Zutun in die damaligen Verhältnisse verstrickt waren, ist ein Pharisäer.

Traditionspflege in der Bundeswehr

Die Traditionspflege unserer heutigen Armee, der Bundeswehr, muß einerseits von einer an der historischen Wahrheit orientierten Würdigung unserer Geschichte und unserer Soldaten und deren Leistungen geprägt sein und andererseits die Grundpflicht der Soldaten beachten, wie sie im Wehrpflichtgesetz und Soldatengesetz unseres demokratischen Staates heute formuliert ist: »Treu zu dienen und das Recht und die Freiheit des deutschen Volkes tapfer zu verteidigen.« Das ist die Formel für das feierliche Gelöbnis unserer heutigen wehrpflichtigen Soldaten und die des Eides unserer Zeit- und Berufssoldaten. Ein großartiger Text, der Ausdruck jener Veränderungen ist, die mit dem Aufbau unseres demokratischen Rechtsstaates einhergegangen sind. Diese Grundpflicht der Soldaten muß heute bei der Auswahl soldatischer Vorbilder Beachtung finden. Das bedeutet aber nicht, daß Tradition erst mit dem Aufbau der Bundeswehr beginnen könnte. Verantwortungsbereitschaft, treue Pflichterfüllung, Tapferkeit (d. h. Kampfesmut und Zivilcourage), Entscheidungskraft und militärisches Können galten auch in den früheren Armeen der deutschen Militärgeschichte als hohe Werte; auch in der Wehrmacht. Es waren die einzelnen Soldaten, nicht die Institutionen, die in ihrer Haltung und Pflichterfüllung ein Beispiel gegeben und diese Tugenden vorgelebt haben. Sie können – und sollen – unseren heutigen Soldaten darin Vorbild sein.
Die Traditionspflege der Bundeswehr auf deren eigene Geschichte zu beschränken, wie einige dies anregen, wäre angesichts dieses Erbes ein Fehler. Die freiheitlichen, rechtsstaatlichen und demokratischen Zeugnisse und Haltungen in der deutschen Militärgeschichte würden dann als Quelle soldatischer Tugenden verschüttet.

Liebe zum Vaterland

Die deutsche Geschichte hat nicht nur zwölf, sondern zwölfhundert Jahre gedauert. Sie kennt – wie die Geschichte anderer Völker – Höhen und Tiefen. Niemand kann aus ihr aussteigen. Wir müssen diese Geschichte annehmen, wie sie ist, mit ihren guten und ihren schlechten Seiten – und aus beiden die richtigen Lehren ziehen. Kein Volk der Erde würde es aushalten, auf Dauer nur an seinen schlimmen Jahren gemessen zu werden – auch nicht das deutsche Volk. Deshalb müssen wir unsere Geschichte annehmen und weiterführen: zum Wohle unseres Vaterlandes, zum Wohle auch der Völker Europas und des Friedens in der Welt.

Das alles sollte sich auch in unseren Schulbüchern wiederfinden. In der Schule und in deren Lehrmaterialien muß eine offene und ehrliche Auseinandersetzung mit unserer Geschichte gepflegt werden. Wie sonst könnten unsere Kinder jene Liebe zum Vaterland entwickeln, von der François Mitterrand gesprochen hat? Wobei Liebe zum Vaterland und Patriotismus, die Bereitschaft also, diesem zu dienen, nicht unkritischer Nationalismus bedeuten und schon gar nicht Chauvinismus, wie viele zu meinen scheinen.

Die Liebe zum Vaterland sollte – wie auch zwischen den Menschen – dem Ganzen gelten, nicht nur seinen Vorzügen, in guten wie in schlechten Tagen. Aber es ist ein Unterschied, ob bei der Betrachtung der eigenen Geschichte diese als etwas einzigartig Böses verurteilt wird, was sie nicht ist, oder ob sie im Guten wie im Bösen wahrheitsgetreu dargestellt wird, mit dem Ziel, sie als verpflichtendes Erbe für die Zukunft anzunehmen. Würde in der Schule jener obenerwähnte Selbsthaß vermittelt, dann würde das nicht dazu führen, das »schwierige Vaterland«, von dem einmal ein deutscher Bundespräsident gesprochen hat, als das unsrige anzunehmen. Das würde vielmehr den Zusammenhalt unseres Volkes gefährden und seinen Gemeinsinn schwächen. Die Folge wäre wohl eine zunehmende Radikalität in der politischen Auseinandersetzung.

Das, was nach der hier vorliegenden Studie unseren Kindern an deutschen Schulen über die Wehrmacht und die Bundeswehr »eingetrichtert« werden soll, ist erschreckend. So könnte weder Vaterlandsliebe entstehen noch Wehrbereitschaft, sondern nur eine tiefempfundene Ablehnung der Gemeinschaft, in die unsere jungen Mitbürger doch hineingeboren

werden und in aller Regel ihr Leben verbringen. Dergleichen macht nicht frei und kritisch, sondern krank. Sollte das etwa beabsichtigt sein?
Dagegen ergreift diese Studie engagiert Partei. Wer es gut meint mit Deutschland, sollte sich damit ernsthaft auseinandersetzen.

Dr. Alfred Dregger, geboren am 10. Dezember 1920 in Münster/Westfalen, verheiratet, zwei Söhne. 1927–1939 Volksschule und humanistisches Gymnasium in Werl/Westfalen; 1939–1945 Militärdienst, zuletzt Hauptmann und Bataillonskommandeur, viermal verwundet; 1946–1950 Studium der Rechts- und Staatswissenschaften in Marburg/Lahn, Promotion zum Dr. jur.; 1950–1956 Referendarausbildung und Referententätigkeit; 1956–1970 Oberbürgermeister der Stadt Fulda; 1965–1970 Präsident beziehungsweise Vizepräsident des Deutschen Städtetages; 1967–1982 Landesvorsitzender der CDU in Hessen; von 1972 bis Oktober 1998 Mitglied des Deutschen Bundestages; 1976–1982 Stellvertretender Vorsitzender der CDU/CSU-Bundestagsfraktion, 1982–1991 Vorsitzender; seit 1991 Ehrenvorsitzender der CDU/CSU-Bundestagsfraktion.

Und willst du nicht mein Bruder sein ...
Gesinnungsterror im Klassenzimmer

Auf die Frage des Allensbacher Institutes: »Können Sie sagen, was Sie unter politischer Korrektheit – Political Correctness – verstehen?« waren nur zwei Prozent der Interviewten in der Lage, mit eigenen Worten zu erklären, wie die Intellektuellen in Deutschland heute den Begriff verstehen. Also was man öffentlich sagen darf beziehungsweise was man öffentlich nicht sagen darf wenn man nicht moralisch verurteilt werden will. Die übrigen achtundneunzig Prozent der Befragten bemühten sich zu erklären, was ihrer Ansicht nach korrekt bedeutet: anständig, ehrlich, unbestechlich, oder sie sagten gleich, so genau wüßten sie es nicht.
Blicken wir deshalb zurück auf die Ursprünge der »PC«. Politische Korrektheit kommt aus den Vereinigten Staaten und wurde Ende der achtziger Jahre von dort aus über den Atlantik nach Deutschland transportiert. In den USA ging es bei den führenden Köpfen der »PC« zunächst darum, die Sprache zu normieren mit dem Ziel, humanes Denken zu begründen. Schwarze durften nicht mehr Schwarze genannt werden, sondern Afroamerikaner. Aus Blinden wurden »Anderssichtige«; »Die Abenteuer Huckleberry Finns« verschwanden aus den Bibliotheken amerikanischer Schulen, weil das Wort »Nigger« darin vorkommt. Der Glatzkopf mußte »Haarbenachteiligter« genannt werden; aus einem »Spastiker« wurde »ein Mensch mit spastisch gelähmten Muskelpartien« und eine Leiche zu einer »nicht lebenden Person« umbenannt.
Gott soll in Amerika nicht mehr »Herrgott« heißen, sondern nur noch der »Allerhöchste«, und auch »Gottes Rechte« soll es nicht mehr geben, um die zahlreichen Linkshänder nicht versehentlich zu kränken. Arthur Spiegelman berichtet in der »Westfälischen Rundschau« vom 2. September 1995 über eine Initiative amerikanischer Theologen, die über fünf Jahre lang an einer »gereinigten« Übersetzung der Psalmen des Neuen Testaments gearbeitet und sich jetzt darangemacht haben, das Alte Testament folgen zu lassen. Dem Bericht zufolge rechnen

die Übersetzer damit, wegen der Komplexität mit dieser wichtigen Arbeit erst im Jahr 2005 fertig zu werden. Die bisher erfolgten Eingriffe sind »tiefgehend«: Kinder sollen ihren Eltern nicht mehr »gehorchen«, sondern ihnen »folgen«. Und um der Gleichberechtigung Recht widerfahren zu lassen, beginnt das Gebet der Gebete mit »Vater/Mutter unser im Himmel«. Der Begriff »Herr« soll in der »Neuen Bibel« möglichst wenig Verwendung finden. Der 23. Psalm wird umgeschrieben. »Der Herr ist mein Hirte« wird ersetzt durch »Gott ist mein Hirte«. Aus Sklaven werden »Menschen, die in der Sklaverei sind«. Und besonders stolz sind die Bibelreiniger auf die Entfernung aller ihrer Ansicht nach antisemitischen Äußerungen in dem ältesten Buch der Welt. So fehlen alle Verweise darauf, daß Juden für den Tod Jesu verantwortlich sein sollen. Und da »die Mächte der Finsternis« die dunkelhäutigen Mitbürger eventuell als Verunglimpfung empfinden könnten, werden diese nicht mehr als das Synonym für das Böse eingesetzt.
Wen wundert's da, wenn auch das alte Kinderlied »Zehn kleine Negerlein« als politisch unkorrekt eingestuft wird. Gemeinsam mit einer Initiative namens »Schwarze Deutsche« beklagte die »PC-fromme« »Zeit« Ende 1994 eben dieses Lied, weil es »nicht totzukriegen« sei. Das »rassistische Kinderlied vom Tod« nötige deutsch-schwarze Kinder, ihr »eigenes Ableben« zu besingen.
Prompt reagierte der Favorit-Verlag aus Rastatt, indem er die Texte des Bilderbuches über die die »Zehn kleinen Negerlein« neu formulierte. Eine Kostprobe:

»Zehn kleine Negerlein sich auf den Urlaub freu'n.
Den einen schmerzt ein böser Zahn, da sind es nur noch neun.« (Strophe 1)
»Zwei kleine Negerlein, die heißen Tom und Heinz.
Der Tom fährt zu den Eltern heim, da bleibt zurück nur eins.« (Strophe 9)

Bei soviel Rücksichtnahme auf Negerlein Heinz ist es denn auch kein Wunder, wenn »gute Deutsche« darauf hinweisen, die bei Kindern beliebte Süßspeise namens Negerkuß, auch Mohrenkopf genannt, sprachlich durch Schaumküsse zu er-

setzen. Einer der größten Negerkußhersteller Deutschlands, die Firma Dickmann, hat bereits »PC-konform« reagiert und spricht bei ihren Produkten nur noch von Dickmanns Besten: »Mann, sind die Dickmann!«
In den meisten Fällen dient diese Wortakrobatik dem Ziel, durch wertneutrale Begriffe Minderheiten vor in Worte gefaßten Spott und Hohn zu schützen. »Das Ideal ist auf Konsens ausgerichtet. Spalterische, polarisierende, ausgrenzende Worte sollen getilgt und durch Begriffe ersetzt werden, die in der Benennung selbst eine Gleichwertigkeit der benannten Minderheit und der die neue Bezeichnung nutzenden Mehrheit erkennen lassen«, analysieren die Journalisten Michael Behrens und Robert von Rimscha in ihrem Buch »Politische Korrektheit in Deutschland«.
Was in den Vereinigten Staaten als Katalysator gedacht war, wurde nach dem Fall der Mauer und dem Scheitern des Sozialismus für die frustrierte deutsche Linke zum Motor ihrer weiteren Handlungsweisen. Was dabei herauskam, nennt die »Neue Rundschau«, eine Frankfurter Literaturzeitschrift, »neue Denkverbote«, die in die Gesellschaft durch den »Terror der Gutwilligen« getragen werden.
Politisch Korrekte fallen dadurch auf, daß sie unentwegt nach politisch Unkorrekten fahnden, stellt auch das Magazin »Focus« (16/1995) in seiner Titelgeschichte fest. Über aktuelle Unpersonen entscheide die politisch korrekte Medienöffentlichkeit, so das Blatt weiter. »Rassist«, »Faschist«, »Frauenfeind«, »Ausländerfeind« oder »Geschichtsrevisionist« seien die gängigsten Unterstellungen, welcher sich die einheimische PC-Hatz zur Markierung ihrer Jagdziele bediene. Dabei würden Handlungen und Sprache nach Kriterien begutachtet, die nicht hinterfragbar seien und so formalistisch und willkürlich erschienen wie die Richtersprüche der Inquisition.
Obwohl – wie gesagt – die Allensbacher Untersuchung ergab, daß die meisten Deutschen mit dem Begriff »Political Correctness« nichts anfangen können, ist doch das Prinzip, das dahinter steht, dank fast einem Jahrzehnt Gedankenschnüffelei linksideologischer PC-Apologeten bekannt. Auf

die Frage nach heiklen Themen, »bei denen man sich leicht den Mund verbrennen kann, wenn man darüber spricht«, antworteten offenbar ohne besondere Schwierigkeiten mehr als achtzig Prozent der Bevölkerung. In den Ergebnissen hebt sich eine Spitzengruppe von sechs heiklen Themen ab: Asylanten (einundsechzig Prozent), Juden (zweiundfünfzig Prozent), Hitler und das Dritte Reich (einundfünfzig Prozent), Aussiedler (einundfünfzig Prozent), Neonazis (siebenundvierzig Prozent), Türken (einundvierzig Prozent). Nur vierzehn Prozent der Befragten äußerten, daß für sie keins dieser Themen heikel sei.
Weitsichtig hatte schon im Januar 1995 Martin Walser in dem Aufsatz »Öffentliches Gewissen und deutsche Tabus«, der in der »Politischen Meinung« erschien, als kritische Themen angeführt: »Frauen, Ausländer, Nazivergangenheit« und dazu angemerkt, Meinungen zu diesen Dingen würden »abgefragt wie bei uns in der Schule der Katechismus«.

Die Minenfelder der »guten Menschen«

Wer sich also nicht scheut, mit dem Kainsmal des Rechtsradikalen versehen zu werden, der mische sich in die Debatte über Einwanderung, Asyl und Ausländerkriminalität ein. Jeder, der sich auf dieses Schlachtfeld der politischen Gutmenschen begibt, verstößt gegen das erste Gebot aller politisch Korrekten: »Mein Freund ist Ausländer«, wie Michael Behrens und Robert von Rimscha ironisch anmerken. Diese Erfahrung mußte auch der frühere Berliner Innensenator Heinrich Lummer machen. Von gewissen(losen) Kreisen als CDU-Rechtsaußen apostrophiert und im »Handbuch des deutschen Rechtsextremismus« (Herausgeber Jens Mecklenburg) verewigt, hatte Lummer in seinem vielbeachteten Buch »Asyl – das mißbrauchte Recht« die Forderung erhoben, kriminell gewordene Asylbewerber sofort wieder in ihr Heimatland abzuschieben, ohne das Ergebnis des Prüfungsverfahrens abzuwarten. Diese Forderung reichte aus, um ihn auch in weiten Teilen seiner Partei, der CDU, zu isolieren.

Obwohl sich zwischen 1984 und 1995 die Anzahl der nichtdeutschen Tatverdächtigen mehr als verdoppelte und dabei die Steigerungsrate im Fall von Asylbewerbern im Rahmen der Gesamtzahl nichtdeutscher Tatverdächtiger auf fast vierunddreißig Prozent stieg, entbrannte über die Interpretation dieser Zahlen nach Mölln und Hoyerswerda eine lang anhaltende Diskussion.

An der Spitze der »PC-Protagonisten« marschierte die bis Oktober 1998 amtierende Ausländerbeauftragte der Bundesregierung Cornelia Schmalz-Jacobsen (FDP). Für die »Quoten-Quotin« ist der Begriff »Ausländerkriminalität« schon als Begriff »unbrauchbar« und soll durch die Formulierung »kriminelle Ausländer« ersetzt werden. Auch sei es für sie, so die linksliberale Politikerin, nicht von Interesse, ob Ausländer kriminelle Handlungen in geringerem oder erhöhtem Umfang begingen. Sie interessiere nur das Warum. Soll heißen: Für eine bestimmte Gruppe von Kriminellen soll die Statistik geschönt werden, nur um den rechtsradikalen Parteien kein »Wasser auf die Mühlen« zu geben, wie die von den meisten Medien verbreitete »PC-kompatible« Formulierung heißt. »Nicht einmal im Musterland der politischen Korrektheit käme jemand auf die Idee, die Gesellschaft, in die man als Ausländer eintritt, dafür verantwortlich zu machen, daß man Verbrechen begeht«, kommentiert der »Focus«.

Ganz im Zeichen dieser Strategie operieren auch die frühere Bundesjustizministerin Sabine Leutheusser-Schnarrenberger (FDP), Innenminister a. D. Herbert Schnoor (SPD) und Ex-CDU-Fraktionsvize Heiner Geissler. Sie plädieren dafür, daß Ausländer in der Kriminalitätsstatistik nicht mehr gesondert aufgeführt werden (»Focus« 6/94).

Fest steht, die Bürger haben Angst vor Überfällen, Raubmorden und Diebstählen, vor allem vor den Armutsemigranten aus dem Balkan und den marodierenden Gangstern aus dem ehemaligen Jugoslawien. Eine Vogel-Strauß-Politik, wie diese scheinbar von führenden Vertretern aus CDU, FDP und SPD gefordert wird, entspricht mit Sicherheit nicht dem Rechtsempfinden der überwiegenden Mehrheit des Volkes. Und wenn gar der Altmaoist und Bündnisgrüne Jürgen Trittin, inzwischen zum Bundesumweltminister geadelt, in einer Talkshow zum Abschiebestopp für abgelehnte kurdische Asylbewerber sagte: »Wenn man Gesetze bricht, kann das auch ein Ausdruck von Humanität sein«, dann sollte »Betroffenheit« einmal anders – also mit umgekehrten Vorzeichen – angesagt sein.

Die geistigen PC-Brandstifter

Politisch korrekt dagegen Ralph Giordano, Deutschlands Tugendwächter Nummer eins. Er meinte, Bundespräsident Roman Herzog für dessen Rede zum fünfzigsten Jahrestag der Bombardierung Dresdens öffentliche Ratschläge erteilen zu müssen. Er (Herzog) möge daran denken, daß die Zerstörung der Kultur- und Lazarettstadt der Lieblingsaufhänger professioneller Aufrechner sei. So verwunderte es nicht, daß die stets tugendhafte »Süddeutsche Zeitung« die Gedenkfeierlichkeiten auch als »späte Entnazifizierungsliturgien« qualifizierte.
Ein Aufschrei ging durch Deutschlands Altachtundsechziger-Clique, als Heimo Schwilk und Hans-Ulrich Schacht ihren Sammelband »Die selbstbewußte Nation« vorstellten. Bodo Strauß, einst Kultfigur der deutschen Linken, war mit seinem »anschwellenden Bocksgesang« ebenso vertreten wie die Publizisten Brigitte Seebacher-Brandt, Ernst Nolte, Rainer Zitelmann, Michael Wolffsohn, Ansgar Graw, Michael J. Inacker sowie in der dritten Auflage der Bürgerrechtler Wolfgang Templin und Peter Gauweiler. Unabhängig von ihren zum Teil sehr differenzierten Standpunkten, plädieren die Autoren durchgängig für eins: für die Annahme der Nation. Und sie entschuldigen sich nicht dafür, Deutsche zu sein. Für die britische Sonntagszeitung »The Observer« ist der Sammelband Beweis für einen neuen Nationalismus in Deutschland. Und der »heilige« Ralph (Giordano) legt sich besonders ins Zeug: »Wenn ein Franzose sagt: ‹Ich bin ein Franzose›, dann erklärt er seine Nationalität. Wenn aber ein Deutscher sagt: ‹Ich bin stolz, ein Deutscher zu sein›, dann ist er eine Bedrohung für seine Nachbarn.«
Der Amerikaner John Sack, selbst jüdischen Glaubens, hatte

ein Buch geschrieben, das im Münchner Piper-Verlag Anfang 1995 erscheinen sollte. Titel: »Auge um Auge – Opfer des Holocaust als Täter«. Sack rekonstruierte in seinem Werk das Schicksal von Überlebenden des Holocaust nach ihrer Befreiung, die dann in Polen Gefängnisse und Lager beaufsichtigten, in denen Zehntausende von Deutschen festgehalten wurden, um SS-Verbrecher zu entlarven. Sack listete zahlreiche Racheakte an Deutschen auf: Von zirka zweihunderttausend Lagerinsassen kamen sechzig- bis achtzigtausend ums Leben, so das Ergebnis seiner Recherchen.

Der Piper-Verlag sah sich Anfang des Jahres 1995 genötigt, das bereits gedruckte Buch einzustampfen, weil es mißverstanden werden könnte. Es dürfe auf keinen Fall der Eindruck entstehen, als ließe sich der Holocaust mit anderen Verbrechen aus dieser Zeit vergleichen oder gar aufrechnen. Mit Blick auf den fünfzigsten Jahrestag der Befreiung von Auschwitz müsse alles vermieden werden, was die Diskussion in eine falsche Richtung lenken könnte, begründete der Verlagschef die Entscheidung, obwohl das Buch bereits im Jahre 1993 in den Vereinigten Staaten erschienen war. Dort war es fast ausschließlich der jüdischen Presse vorbehalten, die Art der Aufmachung mit ihren drastischen Schilderungen massiv zu kritisieren, ohne jedoch die Fakten zu bezweifeln. Die »Zeit« verzichtete (politisch korrekt) auf einen Vorabdruck, damit Täter keine Opfer werden, und für die »Frankfurter Rundschau« war das Buch eine Ungeheuerlichkeit und ein »Persilschein für Nazis«. Womit bewiesen wäre: Die Zeit der Bücherverbrennungen in Deutschland ist zwar vorbei, dafür aber leben wir in der Zeit der geistigen »PC-Brandstifter«, »die ungestört ihr Handwerk der Diskurszerstörung betreiben dürfen«, schrieb Heimo Schwilk hierzu in der »Frankfurter Allgemeinen Zeitung« vom 13. Januar 1995.

Rechts pfui – links hui

Besonders gut funktioniert die »Diktatur der Political Correctness«, wenn es gegen »rechts« geht. Dies ergaben Befra-

gungen der Autoren – vorwiegend bei Schülern der Sekundarstufe II. Vor allem Pädagogen, die Sozialwissenschaften unterrichten, sowie Pädagogik- und Religionslehrer seien besonders anfällig für PC-Ideologien, so der Schüler Michael Kirmse im Gespräch mit den Autoren. Michaels vollständige, amtlich eingetragene Vornamen: Michael Sebastian Stephan. Zu lang befand Michael; außerdem behagten ihm Stephan und Sebastian nicht so sehr. Deshalb schrieb der zum Zeitpunkt der Befragung achtzehnjährige Oberstufenschüler unter Klausurarbeiten oder seine Korrespondenz Michael S. S. Kirmse. Das reichte für den politisch korrekten Altachtundsechziger und Ostermarschorganisator Ulrich Knies-Dugué von der Peter-Weiss-Gesamtschule in Unna (Westfalen), einer zweifellos mustergültigen Schule für strahlendweiße politische Korrektheit (siehe auch Kapitel »Im Zerrbild: Wehrmacht und Bundeswehr«), um festzustellen: Die S.S. stehe für deutsche Vergangenheit, und daher sei S.S. in seiner Klasse als Namensabkürzung nicht zulässig. So einfach geht das!
Die Schüler der Rudolf-Steiner-Schule (Dortmund) wurden während des Golfkrieges vom durchgängig »antifaschistischen« Lehrkörper aufgefordert, den Unterricht zu schwänzen und sich in die Reihe der Lichterketten-Fetischisten einzureihen. Undifferenziert wurden nach den schlimmen Verbrechen von Mölln und Solingen all diejenigen aus Politik, Wissenschaft und Wirtschaft gebrandmarkt, die eben in den Deutschen nicht »das Tätervolk« sahen. Wer nicht links stand, war automatisch rechts und damit rechtsradikal und faschistoid. Die Schüler mußten den Eindruck gewinnen, daß Deutschland kurz vor einer postnationalsozialistischen Revolution stehe.
»Rechts« ist pfui; dagegen »links« normal. Linksextremismus darf und kann niemals so schlimm sein wie Rechtsextremismus. Ein Beispiel: Im Februar 1995 schrieb »Die Woche« über einen Terroristenprozeß: »Es ist von Deeskalation zwischen RAF und Staat nichts zu spüren.« Das war in der Tat politisch korrekt. Man stelle sich aber einmal vor, so »Focus«-Redakteur Michael Klonowsky, »Die Woche« hätte folgenden politisch unkorrekten Satz formuliert: »Im Prozeß gegen An-

gehörige einer rechtsradikalen Wehrsportgruppe ist von Deeskalation zwischen Neonaziszene und Staat nichts zu spüren.« Der Aufschrei der Gutmenschen hätte mit Sicherheit für die sofortige Suspendierung des verantwortlichen Redakteurs gesorgt; ein staatsanwaltliches Ermittlungsverfahren wegen Geschichtsklitterung wäre die Folge gewesen.
Allein dieses Beispiel zeigt, mit welch bramsiger Doppelmoral argumentiert und mit welch zweierlei Maß heutzutage gemessen wird.

Die Totschlagargumente der PC

Um möglichst viel praxisbezogenes Informationsmaterial über die Anwendung der »PC-Keule« an Deutschlands Schulen zu erhalten, schalteten die Autoren in verschiedenen großen überregionalen Tageszeitungen eine Anzeige mit der Überschrift: »Um sachliche Hinweise wird gebeten«. Ursprünglich sollte dieses Buch den Titel tragen: »Und willst du nicht mein Bruder sein …«. »PC-geschädigte« Schülerinnen und Schüler, aber auch Eltern wurden gebeten, ihre Erfahrungen, »die auf Wunsch vertraulich behandelt werden«, offenzulegen. Die Resonanz auf die Anzeigen war mehr als zufriedenstellend, allerdings bedangen sich über neunzig Prozent der Informanten aus, in keinem Fall ihren Namen oder ihren Wohnort zu nennen, um Rückschlüsse auf den Informanten und damit befürchtete Repressalien auszuschließen. Informationen erreichten die Autoren aber auch von Jugendlichen, die inzwischen die Schule verlassen haben und sich im Studium beziehungsweise in der Berufsausbildung befinden. Speziell bei dieser Gruppe ist besonders ein Fall in Erinnerung geblieben, der im Jahr 1993 wohl die Lehrinhalte des Fachs »Politik« geprägt haben muß. Die Rede ist vom Fall Steffen Heitmann. Nachdem der frühere Pfarrer und Kirchenjurist aus Dresden zunächst durch Helmut Kohl auf das Schild des neu zu wählenden Bundespräsidenten gehoben worden war, traten die Vertreter der politischen Korrektheit in einer bis dato noch nie vorhandenen Verleumdungskam-

pagne auf den Plan. Der Grund: Heitmann, noch unerfahren mit der von linken Meinungsmachern beherrschten Medienlandschaft, gebrauchte nicht den Betroffenheitsjargon eines Richard von Weizsäcker. Er hatte den Mut, seine Ansichten klar und formelfrei zu vertreten. So unterstrich er einerseits die Einmaligkeit der Verbrechen, die mit dem Konzentrationslager Auschwitz verbunden sind, gleichzeitig fragte Heitmann aber, ob Deutschland für alle Ewigkeit in eine Sonderrolle der Geschichte gedrängt werden solle. Er versuche, die »Sonderrolle« der deutschen Vergangenheit zu leugnen, »wo doch jeder auf den ersten Blick erkennen kann, daß deutsche Politik jedenfalls hier und jetzt im Schatten des Holocaust und des deutschen Vernichtungskrieges stattfindet«, befand »Die Zeit«. Für Ignatz Bubis, den Vorsitzenden des Zentralrates der Juden, waren Heitmanns Ansichten »Wasser auf die Mühlen der Rechtsradikalen«. Die Linkspostille »taz« nannte die Äußerungen Heitmanns »gemeingefährlich«.
In einem Gespräch mit Mitautor Joachim Schäfer erläuterte Heitmann seine »umstrittenen« Formulierungen von damals:

> »Mit der Wiedervereinigung ist auch das gesamte kommunistische System, das ein Weltsystem war, zusammengebrochen. Dies ist ein epochales Ereignis, das es notwendig macht, das eigene Geschichtsbild neu zu bedenken. Nichts anderes wollte ich auch deutlich machen, um die Fixierung auf einen bestimmten Abschnitt unserer Geschichte, der uns natürlich noch sehr nahe ist und der besonders gravierende Wunden in unserem Volk hinterlassen hat, ein wenig aufzubrechen, damit wir den Blick in die Zukunft richten können. Ich wollte mit meiner Aussage uns als wiedervereinigtes deutsches Volk zu einem neuen Selbstverständnis ermutigen.«

Besonders schlimm mit Steffen Heitmann trieb es »PC-Oberguru« Heribert Prantl von der »Süddeutschen Zeitung«. Das »SZ-Magazin« zeigte ganz im Stil des NS-Kampfblatts »Stürmer« am 10. Dezember 1993 ganzseitig ein verzerrtes Heitmann-Foto, wie aus dem Album der Untermenschen, mit der bezeichnenden Unterzeile: »Wer war

eigentlich dieser Steffen Heitmann?« War! – wohlgemerkt. Äußerungen Heitmanns zu den Themen »Rolle der Frau«, »multikulturelle Gesellschaft« und »Europa«, die Heitmann ohne blasiertes »Politiker-Wischiwaschi« rüberbrachte, wurden ihm dann endgültig zum Verhängnis. Der »Spiegel« bezeichnete Heitmann als »nationales Unglück«. Eine Karikatur, die den Kandidaten in die Nähe von Neonazis rückte, rundete die Berichterstattung vom 11. Oktober 1993 ab.
Wieder eine Woche später zeigte die Dachzeile der »Spiegel«-Berichterstattung: »Hier kommt der Frauenfeind.«
In der ARD meinte der Kabarettist Rogler, Auschwitz in Verbindung mit Heitmann noch satirefähig machen zu können. Originalton Rogler: »Steffen, du wirst Präsident. Keine Sorge, wir machen das! Auf deinen Berliner Amtssitz, da kommt die Reichskriegsflagge. Auschwitz wird internationales Tagungszentrum.«
In einer anderen ARD-Sendung verstieg sich ein miserabler Politclown namens Hans Scheibner sogar dazu, Steffen Heitmanns Mutter, deren Mann im Krieg fiel, als gleichsam gottverlassene Frau zu schmähen, da sie vergessen hätte, Steffen Heitmann abzutreiben. Dann wäre uns Steffen Heitmann »erspart geblieben«. Wahrlich eine politisch korrekte satirische Leistung.
Aber Steffen Heitmann blies nicht nur der Wind der Linken und der politischen Opposition ins Gesicht. Herb trieben es Kritiker aus der eigenen Partei, der CDU. Deren Namen reichten von »E« wie Eylmann bis »S« wie Süßmuth. Besonders schlimm aber ging mit jugendlichem Unbill der Abgeordnete Pflüger, Ziehkind und Ghostwriter des damals noch amtierenden Bundespräsidenten Richard von Weizsäcker, mit dem Präsidentschaftskandidaten ins Gericht: »Heitmann bricht mit dem Grundkonsens der alten Bundesrepublik.« Und sein Chef setzte noch eins drauf, indem er Heitmann als »konturenarmen Nischenossi« (»Der Spiegel«, Jg. 47, Heft Nr. 39, S. 21) bezeichnete.
Schließlich gab Heitmann auf und machte den Platz frei für den heutigen Bundespräsidenten Roman Herzog. Übereinstimmend berichteten die für dieses Buch interviewten Schüler, daß auch sie ausnahmslos und unabhängig von ihrer

politischen Einstellung gegen Heitmann gewesen seien. Die LehrerInnen (politisch korrekt formuliert) hätten das Bild Heitmanns im Unterricht vor allem mit den zuvor erwähnten Zeitungsausschnitten untermauert, wobei vorwiegend Berichte aus der »Süddeutschen Zeitung« als Unterrichtsmaterialien gedient hätten.

Erst später, »als alles gelaufen war«, habe man doch »etwas Mitleid« mit Heitmann bekommen und die eine oder andere Aussage außerhalb der Schule genauer analysiert. Und siehe da: Im nachhinein wurden Heitmanns Ansichten von knapp achtzig Prozent der Befragten geteilt.

Ein Ergebnis, das auch durch eine Allensbacher Umfrage aus dem Oktober 1993 bestätigt wird. Danach stimmten knapp dreiviertel der Bevölkerung Heitmanns Ansichten zu. Nur stellten die Meinungsforscher die wörtlichen Zitate des heutigen sächsischen Justizministers ohne Namensnennung zur Abstimmung.

Heitmann rückblickend gegenüber Joachim Schäfer:

> »Das zeigt deutlich, daß das negative Bild, das die veröffentlichte Meinung von mir fast durchgängig gezeigt hat – bei den Printmedien unterschiedlich, aber bei den Fernsehanstalten fast durchgängig –, daß dieses negative Bild seine Wirkung nicht verfehlt hat. Ich mache den Bürgern selbstverständlich keinen Vorwurf. Sie konnten sich ja kein anderes Bild von mir machen als das, was sie über die Medien transportiert bekamen.«

Zwischen suspekt und korrekt

Getrost darf man Richard von Weizsäcker konstatieren, ein in jeder Hinsicht »korrekter Bundespräsident« gewesen zu sein. Euphorisch wurde und wird auch noch heute jedes Wort aus dem Munde jenes Mannes glorifiziert, ja vergoldet, der inzwischen nichts mehr von seiner Partei wissen will, der er zweifellos sehr viel zu verdanken hat.

Für Roman Herzog, der dann anstelle des »abgemeierten« Steffen Heitmann für die CDU für das Amt des ersten Man-

nes im Staate kandidierte, denkbar ungünstige Voraussetzungen, zumal die »Dame mit dem Doppelnamen« für die FDP antrat. Jene Dame, die sich in ihrer langjährigen politischen Tätigkeit im Deutschen Bundestag stets als das politisch korrekte Gewissen Deutschlands dargestellt hatte. Nahezu unbedarft und redlich offen trat Herzog vor die Bundesversammlung, nannte es ein Wunder, daß die Deutschen in ihrer Gesamtheit den Bundespräsidenten in Berlin wählen durften, wünschte sich, einer »unverkrampften« Nation vorzustehen und sagte, er werde alles daransetzen, »der Bundespräsident aller Deutschen zu sein«.
Umgehend empörte sich die »Frankfurter Rundschau«: »Da fehlen sechs Millionen Ausländer.« Und weiter schrieb das »Sprachrohr der guten Deutschen«: »So viel Sensibilität hätte man verlangen können in den Zeiten, in denen eine andere Hautfarbe genügt, um durch die Straßen gehetzt zu werden.« Aus den Reihen der SPD wurde die Rede als »katastrophal« bewertet. Die Bündnisgrünen vermißten »Integrationsoffenheit«, und der SPD-Abgeordnete Freimut Duwe warf Herzog die »Diskriminierung ausländischer Mitbürger« vor. Kurzum: Herzog hätte, so die »Frankfurter Allgemeine Zeitung«, auf das »formelhaft bis zum Nichtssagenden« von Weizsäcker eingeführte und bis zum Exzeß gepflegte ritualisierte Betroffenheitsrepertoire verzichtet. Herzog hatte politisch unkorrekt nicht die Randgruppen in den Vordergrund seiner Rede gestellt, also nicht überpointiert Wert darauf gelegt, der Bundespräsident der Schwulen und Lesben oder der Fixer zu sein – nein, er wollte schlicht Bundespräsident aller Deutschen werden.
Kaum im Amt spürte der »junge« Bundespräsident die Faschismuskeule deutscher Tugendwächter.
Michael Behrens und Robert von Rimscha zitieren einen Kommentar von Hermann Rudolph aus dem »Tagesspiegel«:

> »Offenkundig ist es nicht Herzogs Formulierung, die der eigentliche Grund für die Kritik ist, sondern jener Schwarm von Befürchtungen und Argwohn, Vermutungen und Unterstellungen, der heute über jeder De-

batte hängt – immer bereit, sich auf jemanden zu stürzen, der nicht dem gerade gelittenen Bild politischen Verhaltens entspricht.«

Aus Erfahrung klug werdend, schwenkte Herzog auf die politisch korrekte Linie ein. In seiner Antrittsrede im Juli 1994 holte er alles nach, was er vor der Bundesversammlung versäumt hatte zu sagen. Friedbert Pflüger verlieh Roman Herzog die höheren Weihen (»eine ganz ausgezeichnete Rede«), und selbst die RAF-freundliche »taz« jubelte: »Herzog macht es diesmal allen recht.«

Zu früh gejubelt? Im Gegensatz zu seinem Vorgänger bewegt sich Herzog auf der politischen Bühne nicht wie ein »eingeseifter Aal«, sondern weicht zwischendurch immer wieder von der offiziellen PC-Linie ab. So hielt er am 5. November 1997 auf Einladung der drei Berliner Universitäten im Schauspielhaus am Gendarmenmarkt eine Grundsatzrede zur Bildungsreform. In dieser eindrucksvollen Philippika forderte er eine neue Kultur der Selbständigkeit und Verantwortung als Gebot:

»Wir müssen unseren Kindern aber auch vermitteln, daß Freiheit ohne Ziele Orientierungslosigkeit ist und daß Individualismus ohne Solidarität kein Gemeinwesen begründen kann. Wir brauchen also den Mut, erzieherische Werte wieder offensiver in den Unterricht einzubauen. Zugleich müssen sich unsere Bildungsinstitutionen wieder darauf besinnen, daß man Leistung nicht fördern kann, ohne sie auch zu fordern.
(…) Ich wünsche mir ein Bildungssystem, das werteorientiert ist. Bildung darf sich nicht auf die Vermittlung von Wissen und von funktionalen Fähigkeiten beschränken. Zur Persönlichkeitsbildung gehört neben Kritikfähigkeit, Sensibilität und Kreativität eben auch das Vermitteln von Werten und sozialen Komponenten. Dabei denke ich durchaus auch an Tugenden, die gar nicht so altmodisch sind, wie sie vielleicht klingen: Verläßlichkeit, Pünktlichkeit und Disziplin. Vor allem aber der Respekt vor dem Nächsten und die Fähigkeit

zur menschlichen Zuwendung. Wir sollten uns auch die Zusammenhänge bestimmter Werte stärker bewußtmachen: Toleranz kann es nur geben, wo es einen eigenen Standpunkt gibt. Eine Auseinandersetzung mit fremden Denk- und Wertesystemen setzt das Wissen über die eigene Herkunft und die eigenen prägenden Traditionen voraus.«

In der Tat: Roman Herzog ist wirklich ein Glücksgriff für dieses Land. Es ist ihm gelungen, sich nicht nur aus dem Schatten eines Richard von Weizsäcker zu lösen. Er hat es wirklich geschafft, Präsident aller zu sein – der »guten«, aber auch der »bösen« Deutschen.

Die juristische Korrektheit

Wie sehr die »Wut- und Trauerrhetoriker« nach dem Links-rechts- und Schwarz-weiß-Schema urteilen, und wie erfolgreich ihnen der Marsch durch die Institutionen gelungen ist, mag ein Beispiel belegen: Während ein zunächst auf Bewährung ausgesprochenes Urteil gegen Holocaust-Relativierer und NPD-Chef Deckert aufgrund öffentlichen Drucks sofort aufgehoben und im zweiten Verfahren eine Haftstrafe ohne Bewährung (politisch korrekt) ausgesprochen wurde, hatte Hurif Wejdowic mehr Glück. Der Asylbewerber aus dem Gebiet des ehemaligen Jugoslawiens hatte nach einem Streit seinen Schwiegersohn angeschossen und ihn schwer verletzt. Es wurde ein Ermittlungsverfahren wegen des Verdachts der gefährlichen Körperverletzung in Tateinheit mit unerlaubtem Waffenbesitz eingeleitet. »Welt am Sonntag«-Redakteur Jochen Kummer bröselte den Fall in seinem Buch »Ausländerkriminalität« auf. Seine Recherchen ergaben Unglaubliches: Der Beschuldigte blieb auf freiem Fuß, konnte sich der Strafverfolgung entziehen und kehrte in seine Heimat zurück. Drei Jahre später reiste der Kriminelle erneut in Deutschland ein und beantragte zum zweitenmal Asyl und damit Sozialhilfe, die ihm (politisch korrekt) gewährt wurde. Jochen Kummer zitiert die damalige Sprecherin des heutigen

Ersten Bürgermeisters der Freien und Hansestadt Hamburg Ortwin Runde so: »Jeder Asylbewerber, egal in welcher Situation, in welcher Phase des Verfahrens, hat wie Deutsche einen Anspruch auf den normalen Eckregelsatz der Sozialhilfe.« Erst als Wejdowic wiederum zwei Jahre später nach einem Streit zwei unbeteiligte ägyptische Asylbewerber tötet, wird er (politisch unkorrekt) in Untersuchungshaft genommen.
Unbegreifliche Milde auch für einen siebzehnjährigen Kosovo-Albaner, der am 30. Oktober 1997 aus der Untersuchungshaft entlassen wurde, obwohl er im August desselben Jahren in Rheine den Tod von sieben Menschen verursacht hatte. Nach einem psychiatrischen Gutachten sei er »strafrechtlich nicht verantwortlich« zu machen, berichtete Oberstaatsanwalt Wolfgang Schweer in Münster. Ein Sachverständiger war zu dem Schluß gekommen, weitere Verbrechen seien nicht zu erwarten. Der Täter hatte gestanden, das Haus einer deutsch-russischen Auswandererfamilie in der Innenstadt von Rheine in der Nacht zum 20. August angezündet zu haben, weil die Tochter der Familie ihm den Laufpaß gegeben hatte. Zwar räumte Oberstaatsanwalt Schweer ein, die Entscheidung sei für die Angehörigen der Opfer schwer zu verstehen. Doch habe der Sachverständige dem Brandstifter bescheinigt, er sei zur Tatzeit nach seiner sittlichen und geistigen Entwicklung noch nicht reif genug gewesen, »das Unrecht seiner Tat einzusehen und nach dieser Einsicht zu handeln«. Außerdem sei der Angeklagte schon wegen seiner geringen Intelligenz nicht schuldfähig. Selbst die Unterbringung in einem psychiatrischen Krankenhaus kam nach Einschätzung der Sachverständigen nicht in Frage, »weil weitere schwere Straftaten nicht zu erwarten sind«. Eine weitere Inhaftierung wäre Freiheitsberaubung im Amt gewesen, erklärte der Jurist. Man stelle sich einmal vor, es hätte sich hier um eine Straftat mit anderen Vorzeichen gehandelt. Ein glatzköpfiger Skinhead wäre nach einem solchen Verbrechen auf freien Fuß gesetzt worden, weil er wegen seiner geringen Intelligenz als nicht schuldfähig eingestuft worden wäre. Mit Sicherheit wären (zu Recht) Lichterketten gebildet worden, ausländische Medien hätten sich als Oberrichter aufgespielt, und der

deutsche Botschafter wäre im betroffenen Heimatland ins Außenministerium einbestellt worden.

Übrigens: Auch dieser skandalöse Vorgang fand in den Medien, gemessen an Mölln und Solingen, kaum Beachtung. Keine Zeile von Betroffenheit gegenüber den Angehörigen der Opfer. Kurzum: Die Berichterstattung glich eher der einer Börsennachricht – im Gegensatz zum erwähnten Deckert-Prozeß.

Womit sich der Kreis geschlossen hätte: Normalerweise dürfte kein vernünftiger Mensch auf die Idee kommen, dem Außenseiter Deckert auch nur eine Druckzeile innerhalb der veröffentlichten Meinung oder gar in einem Schulbuch zu widmen. Aber weit gefehlt: Im »Aktualitätendienst« (Ausgabe 1996) des Schulbuchverlages Ernst Klett, zusammengestellt von Jürgen Feick und Herbert Puhl, werden die vier wichtigsten Gerichtsurteile der letzten Zeit aufgeführt. Hierzu gehören das Karlsruher Soldatenurteil vom 25. August 1994, das Urteil über die »kalte Aussperrung« vom 4. Juli 1995, der Beschluß des Bundesverfassungsgerichtes vom 16. Mai 1995, besser bekannt als »Kruzifix-Urteil«, und die Entscheidung des Bundesgerichtshofes vom 16. Dezember 1994, die sich mit der Revision des Deckert-Urteils beschäftigt. Während die drei erstgenannten Urteile immerhin im Mittel auf einer DIN-A4-Seite abgehandelt werden, genießt das Deckert-Urteil bei den Autoren wohl eine höhere Priorität. In epischer Breite werden den Schülern die Vorgeschichte, die Auszüge aus dem Revisionsurteil und die Neuentscheidung des Landgerichts Karlsruhe nähergebracht. Auch die Rolle des Mannheimer Richters Rainer Orlet wird ausgiebig beleuchtet. Der Schulbuchdokumentation wurden Berichte aus der »Badischen Zeitung«, der »Süddeutschen Zeitung« und der »Zeit« zugrunde gelegt.

Die Tendenz scheint klar: Wer wie Jürgen Feick und Herbert Puhl diese vier Urteile der Jahre 1994 bis 1996 als die wichtigsten Urteile herausstellt, indoktriniert, weil wohl mit einer derart einseitigen Auswahl folgende Intentionen an die Schüler transportiert werden sollen: Soldaten sind Mörder, Kruzifixe verstoßen gegen das Grundrecht der Glaubensfrei-

heit, und Deutschland steht kurz vor einer neonazistischen Revolution. Ein Schelm, der Böses dabei denkt.
Um keine Mißverständnisse aufkommen zu lassen: NPD-Chef Deckert ist ein unbelehrbarer Wirrkopf, ein »Dummschwätzer«, der sich mit seinem Gefasel außerhalb jedweder zivilisiert geführten politischen Auseinandersetzung gestellt hat. Nichtsdestotrotz wird deutlich: Die Justiz mausert sich zum Tummelplatz politisch korrekter Ansichten. Straftäter mit rassistischem Hintergrund trifft die volle Härte des Gesetzes; »normale« Straftäter dürfen mit moderaten Verfahrensabläufen rechnen, besonders wenn es sich um Asylbewerber handelt. Zur politischen Korrektheit hat sich somit ein Wechselbalg hinzugesellt: die juristische Korrektheit.

Die journalistische Korrektheit

Was Nordrhein-Westfalens früherer Innenminister wußte und sein Nachfolger im Amt, Franz-Josef Kniola, als oberster Hüter des Landesverfassungsschutzes weiß: Seit 1986 gibt es eine höchst verdächtige Wochenzeitung mit dem irreführenden Namen »Junge Freiheit«; ein Blatt, versehen mit den Attributen rechtsradikal, antisemitisch und faschistisch. Den Beweis lieferte eine »aufgeklärte Volkszeitung« mit einer Leseprobe aus der JF: »Der Jude ist's, der die unheildräuenden Fäden in der Hand hält und unser Land im allgemeinen und eure höchst private Existenz im besonderen mit allerlei Unbill beschwert.«
In der Tat, diese Ausführungen sind zutiefst verabscheuungswürdig. Nur das Corpus Delicti entstammte einer Satire, einer Glosse nämlich, die mit Antisemiten und Antisemitismus auf's schärfste ins Gericht ging – erschienen in der JF-Ausgabe 19/94.
Dieser Text mußte herhalten, um eine in der Medienlandschaft einzigartige Kampagne loszutreten. Konservative Politiker und Publizisten, die sich in der »Jungen Freiheit« zu Wort meldeten, wurden auf primitive Art und Weise durch einen Denunziationsjournalismus stigmatisiert, der Joseph Goebbels und seinen Handlangern zur Ehre gereicht hätte.

Mit Erfolg: Anfang Dezember 1994 stand die Union-Druckerei (Weimar) in Flammen. Dort nämlich wurde die rechtskonservative Wochenzeitung gedruckt. In einem Bekennerbrief bezichtigte sich der Tat eine »Revolutionäre Lesbenfrauengruppe«, die in der »Jungen Freiheit« den Versuch »der neuen Rechten« sah, mit journalistischen Mitteln in politisch und kulturell bedeutsame Bereiche der BRD-Gesellschaft einzubrechen und sich dort zu konsolidieren«.
Die Brandsätze wurden zu einem Zeitpunkt gelegt, als in Deutschland türkische Häuser von rechtsradikalen Zündelfrieden (»Eine Fliege hat mehr Hirn als diese Verbrecher«, so Schüler Waldemar F.) angesteckt wurden. »Wehret den Anfängen«, hieß es zu Recht. Lichterketten wurden gebildet, und eine Welle der Solidarität ergriff die Bevölkerung. Die Presse überschlug sich fortan: Wenn es nur in einem Asylbewerberheim oder in einem überwiegend von Ausländern bewohnten Haus qualmte, und sei nur angebranntes Essen hierfür die Ursache gewesen, war dies für die politisch korrekten Gazetten immer die Aufmachergeschichte wert.
Nur der Anschlag auf die JF blieb in der deutschen Medienlandschaft merkwürdig unbeachtet. Eine Ausnahme bildete die »taz«. Sie titelte hämisch: »Brandsätze gegen geistige Brandstifter.« Ausgerechnet dem Europaabgeordneten der Grünen Daniel Cohn-Bendit war es vorbehalten, dieser Perversität, die von der »vierten Gewalt« ausging, etwas entgegenzusetzen. Gemeinsam mit dem stellvertretenden Chefredakteur der »Wochenpost« und sieben weiteren Mitunterzeichnern wurde ein Appell initiiert unter der Überschrift »Die Freiheit ist immer die Freiheit des Andersdenkenden«. In ihm sprachen sich Politiker und Publizisten gegen den Versuch der linksradikalen Antifaschisten aus, ein politisch unkorrektes Blatt in den Konkurs zu treiben.
Dies allerdings ohne Erfolg. Zwar kündigte die Druckerei den Vertrag mit der JF fristlos, gleichwohl fand die Zeitung eine neue Druckerei. Doch der Terror ging weiter. Die Berliner Initiative »Stoppt Nazizeitung« setzte in ganz Deutschland die Kioske unter Druck, die die JF nicht aus dem Programm genommen hatten. Die Adressen für diese Aktion

hatten sich die Autonomen durch einen kriminellen Akt – durch einen bewaffneten Überfall auf die Druckerei – besorgt, indem sie die Herausgabe der Verteilerkartei gewaltsam erzwungen hatten. In dem Erpressungsschreiben heißt es:

»Sehr geehrter Zeitungshändler! Bei einem Besuch in Ihrer Verkaufsstelle hat man festgestellt, daß Sie dort Zeitungen mit faschistischem Inhalt anbieten ... Schicken Sie die betreffenden Blätter zurück beziehungsweise legen Sie sie nicht mehr aus. Wenn davon keine mehr verkauft werden, wird man bald davon absehen, Sie weiterhin damit zu beliefern ... Zum Schluß noch ein Hinweis, den Sie hoffentlich nicht falsch verstehen: Uns wurde Ihre Adresse von einer Person oder Gruppe übergeben mit der Bitte, daß wir uns an Sie wenden. Wir haben nun nicht in der Hand, ob beziehungsweise was diejenigen weiter unternehmen werden, falls Sie zum Beispiel diese Zeitungen auch weiterhin anbieten.«

Münchens CSU-Chef Peter Gauweiler, selbst Autor in der »Jungen Freiheit«, stellte gegenüber dem Wirtschaftsmagazin »Der Selbständige« die Frage, was wohl passiert wäre, wenn der gleiche Anschlag von Rechtsradikalen auf die »taz« verübt worden wäre. Gauweiler wörtlich:

»Der öffentlich erklärten Betroffenheit wäre bis hinauf in das Präsidium des Bundestages kein Ende gesetzt gewesen, und die ›Wut- und Trauer-Rhetoriker‹ hätten eine Sonderschicht einlegen müssen.«

Die »Junge Freiheit« war dann auch Gegenstand eines Konfliktes zwischen der Gymnasiastin Sandra S. und ihrem Politiklehrer Konrad B. Ein Fall, der von allen Zuschriften, die die Autoren erreichten, wohl zu den perfidesten gehört, wenn es um den Gesinnungsterror der Altachtundsechziger gegenüber Schülern geht, die – aus welchen Gründen auch immer – nicht dem linken Zeitgeist hinterherhecheln und sich nicht »PC-hörig« verhalten.

Political Correctness an deutschen Schulen

Für Konrad B., bis 1996 Studienrat am Vorzeigegymnasium einer Fünfzigtausend-Einwohner-Stadt im östlichen Ruhrgebiet, offenbarte sich eine Ungeheuerlichkeit: Er, der stets politisch korrekte Politiklehrer (Kennzeichen: vorbildliche Haar- und Barttracht, selbstgestrickter Schafwollpullover, Fleckenjeans und Jesuslatschen), mußte sich im Politikunterricht mit einem frei gewählten Referat seiner Schülerin Sandra auseinandersetzen, das vermutlich für ihn den gleichen Stellenwert besaß wie das Weihwasser für den Teufel: »PC in Deutschland«. Dabei waren B.s Vorgaben zu der Arbeit unmißverständlich gewesen:

»Alle kommen dran (2. Quartal im 2. Halbjahr).
Das Thema kann frei gewählt werden. sollte, muß aber nicht vorher mit mir abgesprochen werden.
Kann die große (akute, aktuelle) Politik oder scheinbar unscheinbare Themen mit (in-)direkter politischer Relevanz betreffen (Übungsbeispiele: mdl.).
Wir können nach dem Klassenalphabet die Sache abspulen; andere Kriterien: IQ, Schönheit, Haar- oder Augenfarbe, Körpergröße, Charaktergröße etc. Einschlägige Quellen (Tageszeitungen, besserenfalls Hintergrundberichte, also Analysen) sollten selbst beschafft werden (zuhause, Ausleihe Stadtbibliothek o.a.. v.a. bei mir).
Vortrag immer nur kurz u. bündig (bündig u. kurz): ca. 5 Min.; auf (Klassen-) Wunsch (oder Befehl bzw. Wink mit dem Notenpfahl oder sonstigen päd. Mitteln mit anschl. Diskussion (ebenso bündig (nicht bündisch) u. kurz (nicht verkürzt), ggfs. mit Pfeffer u. Salz (oder auch mediterranen Gewürzen) zu pulvern; Stammtischmanieren (= die negative Seite des Deutschen an u. außer sich) streng verboten, obwohl durchaus (neuerdings wieder) normal, wenngleich schwer gestört, geradeweil so tief bewußt, dümmlich) Also: die besser Seite: das anständige (= aufrichtige, vernünftige, auf-

klärerische) Deutschland versuchsweise zur Blüte bringen!«

Wohlgemerkt: Es handelt sich bei diesem Kauderwelsch nicht um einen Fehler der Verlagssetzerei, sondern um den Originaltext der Aufgabe.
Sandra hatte sich gut vorbereitet. Nachdem sie darauf hingewiesen hatte, ihr heutiges Referat sei frei von Parteipolitik, gleichwohl werde sie ein politisches Referat halten, kam die Schülerin gleich zur Sache:

»Vordergründig geht es hierbei (bei der PC) um den zwischenmenschlich korrekten Umgang, den zivilisierte Menschen pflegen sollten. Allerdings – so meine ich – nur vordergründig, weil in Wirklichkeit eine schlimme Ideologie hinter allem steht.
(...) Das Markenzeichen dieser neuen Linken, die sich vornehmlich aus Volkswirtschaftlern und Politologen zusammensetzt, ist, politisch Andersdenkende zu politischen Unpersonen zu erklären.
(...) Wer es gar wagt, auf nachweisbare und durch kompetente Stellen untermauerte Fakten – zum Beispiel bei der unentwegt wachsenden Kriminalität von Ausländern – hinzuweisen, wird von diesen Meinungsmachern als Rechtsradikaler eingestuft, der Stammtischparolen verbreitet.
(...) Ein Beispiel: Der Zentralrat der Sinti und Roma forderte, daß Medien die Nationalität von Tatverdächtigen nicht mehr nennen sollen. Laut »Focus« soll der Maulkorb für die Presse ›Diskriminierungsverbot‹ genannt werden.
(...) Charlotte Höhn hatte in einem von ihr nicht autorisierten Interview Denkverbote beklagt. Man dürfe – so die ehemalige Direktorin des Instituts für Bevölkerungsforschung – nicht sagen, daß die durchschnittliche Intelligenz der Afrikaner niedriger sei als die anderer. Daraufhin wurde sie durch einen SPD-Politiker als ›Erbin Hitlers‹ tituliert.
(...) Wenn heute türkische Einrichtungen brennen, so

gehen diese Verbrechen nicht immer unbedingt auf das Konto rechtsradikaler Skinheads. Bei vielen Attentaten sind die Täter keine Rechtsradikalen, sondern kommunistische Kurden. Wenn eine angeblich rechte Wochenzeitung von sogenannten Antifaschisten angezündet wird, findet das die klammheimliche Zustimmung einer PDS-Abgeordneten.
(...) Fest steht, die PC versucht, nicht unbeträchtlichen Teilen der Bevölkerung zu suggerieren, daß die Hauptgefahr für die freiheitliche Demokratie in Deutschland heute von rechts droht. Dabei gehen Berichte des Verfassungsschutzes, die ich für dieses Referat hinzugezogen habe, von etwa 4000 gewaltbereiten Rechtsextremisten und ungefähr der zehnfachen Anzahl im Bereich der extremen Linken aus. Für mich ist es erschreckend, mit welchem Erfolg diese neue Linksbewegung operiert, vor allem in Schulen, Gewerkschaften und Parteien.
(...) Was kann man also der ›Political Correctness‹ entgegensetzen? Ich meine, daß es Zeit für eine Gegenbewegung ist und daß wertebewußte Menschen ›Political Correctness‹ thematisieren, um diesen Irrweg und damit die Ziele der Koalition der Linken zu entlarven. Dies wäre meines Erachtens auch ein Weg, das anständige und damit auch aufrichtige, vernünftige, aufklärerische Deutschland versuchsweise zur Blüte zu bringen in dem Sinne, wie es Herr B. in seiner Vorgabe zu diesem Referat bereits schriftlich formuliert hat.«

Der Brisanz ihres Referates bewußt, hatte Sandra darauf verzichtet, frei zu sprechen oder nur mit Spickzetteln zu operieren, sondern sie hatte ihr Referat schriftlich ausformuliert. Völlig unüblich, daß das Referat nicht sogleich als ein solches bewertet wurde, sondern daß der Text sofort von ihrem Politiklehrer »konfisziert« und wie eine Klausurarbeit behandelt wurde. Zur Passage, die die »Junge Freiheit« betraf, merkte B. an:

»Darin schreiben auch Nazi-Blut-und-Boden-Ideologen. Nichts gegen Wertekonservatismus, aber diese Zuordnung ist hanebüchen.«

Und weiter:

»Was ist Tatsache? Was ist Behauptung? Was ist Wertung? Was ist Unterstellung: Zur Redlichkeit im Intellekt zählen unter anderem Trennschärfen! (...) Die reale ›PC‹ ist auf der extremen Linken und Rechten massiv präsent; diese Doppelseitigkeit nicht zu sehen ist bereits ein Stück Feindbild.
(...) Bezug Altes Testament (weder rechts noch links), jüdisch-christlich »Was siehst du nur den Balken im Auge deines Bruders respektive Schwester und nicht eigenen ...?! Note mangelhaft – Extrakommentar – B.«

Der Extrakommentar sah dann wie folgt aus (Originaltext):

»Die Abfassung besticht durch eine ungewöhnliche Liberalität und Pluralität; jede Aussage ist nur tatsachenbezogen u. frei von jeglichem Ideologieverdacht, wohingegen jede Aussage der anderen Seite bösartig u. falsch ist. Es ist Ausdruck einer neuen, jungen Freiheit, die politische Ortung (Geographie) neu zu definieren: Mitte ist rechts; links ist im Grunde rechts; und umgekehrt; rinks wegen lechts et vice versa; nichts ist nicht konservativ: die Mitte liegt im Extrem. Daß in der Zeitung Junge Freiheit auch offene u. verkappte Nazis schreiben, ist ein bösartiges Gerücht; der freie oder versteckte Hohn über Auschwitz etc. ist reiner Zufall; ein Zusammenhang von Mölln etc. mit einer Verwischung der Grenzen zwischen konservativ (= ein guter Standpunkt unter mehreren) u. reaktionär-braun ist ebenso bösartig. Motto Methode: Überhaupt bist du kein Linker, so mache ich dich dazu; Hauptsache, daß die Feindbilder stimmen; ist jemand nicht willig, Unterstellungen anzunehmen, so braucht man verbale Gewalt. Wenn u. weil die ›P.C.‹ im rechtsreaktionären Lager in den USA erfunden worden ist, so muß man dies geflissentlich übersehen. Die Unterwanderung von links geht sogar so weit, daß sie die Kommata falsch setzen. Wenn man nur will, sieht man überall Feinde, also sich selbst. Liegen keine Feinde vor, müssen sie erfunden werden; die Ergebnisse sind immer völlig überraschend bzw. bestürzend. Tatsachen sind immer nur die eigenen Aussagen; sieht jemand die Sache anders u. verschieden, so muß das Ideologiewarnsystem mit Ach u. Krach eingeschaltet werden; auch hier: es kommt völlig überraschend immer das heraus, was man sehen will. Unbekannt ist meistens auch, daß die Linken jüdische Friedhöfe geschändet haben, abgesehen von Brandanschlägen auf fremde Kinder. Falls es Rechtsextreme gewesen sein sollten, so sind die Linken daran schuld. Gibt Alt-Bundespräsident von Weizsäcker – s. Focus-Text – seine mahnenden Reden nicht auf, so muß man auch ihm Linkes unterstellen. Nicht zuletzt sind Briefbomben auch Erfindungen von links: eine geistige Nähe zur jungen Frechheit ist auch so gesehen völlig ausgeschlossen. Wie gesagt: rinks ist lechts.«

Und dann kommt's: Um Sandra klarzumachen, daß sie von Geburt an wohl im Kopf gestört sei, legte Politiklehrer B. dem Leistungskommentar noch eine Zeichnung bei. Die Skizze stellt den Schnitt durch eine Partie der menschlichen Großhirnrinde zum Zeitpunkt der Geburt, daneben im Alter von drei Monaten, von fünfzehn Monaten und von drei Jahren dar. Man erkenne deutlich, so der erläuternde Text, »daß sich die entscheidenden Veränderungen im Gehirn innerhalb der ersten drei Lebensmonate abspielen.«
Womit deutlich wird, was Pädagoge B. unter Trennschärfen versteht.
Sandras Eltern reagierten ausgesprochen sauer. Beileibe nicht wegen der politischen Grundeinstellung des Studienrates, sondern über B.s Intoleranz gegenüber anderen – politisch nichtkonformen – Meinungen und der damit verbundenen Indoktrination der ihm anvertrauten Schüler. Als es dann bei einer der nächsten Unterrichtsstunden (es wurden die Brandanschläge von Mölln und Solingen beleuchtet) zu einer erneuten Kontroverse über die reine Lehre – sprich Wahrheit – zwischen B. und Sandra kam, entwickelte sich hieraus ein spannender Schriftwechsel zwischen dem Politiklehrer und

dem Vater der seinerzeit noch nicht volljährigen Gymnasiastin. Es könne nicht angehen, wenn eigene politische Ansichten bei der Unterrichtsgestaltung zu sehr in den Vordergrund gestellt würden, machte Hans S. gegenüber Studienrat B. deutlich: »Eine solche Verhaltensweise findet nicht meine Zustimmung.« Wer zu Recht über Ausländerdiskriminierung und über die Schandtaten rechtsradikaler Verbrecher rede, dürfe allerdings nicht außer acht lassen, daß jede Medaille zwei Seiten habe:

> »Als meine Tochter nur andeutungsweise in die Diskussion einbringen wollte, daß es im Umkehrschluß genauso schlimm ist, wenn ausländische Mitbürger die Gastfreundschaft dieses Landes durch Gewalttaten und andere Verbrechen mißbrauchen, vertraten Sie die Auffassung, daß dies, gemessen an den Taten deutscher Straftäter, nur ›peanuts‹ seien. Ich vertrete die Auffassung, daß eine solche Aussage nicht mehr im entferntesten etwas mit Objektivität zu tun hat. Einer Objektivität, die ich gerade im Politikunterricht als Grundvoraussetzung unterstelle. Es gehört meines Erachtens zu Ihren Aufgaben, zu informieren und selbstverständlich auch politisch zu hinterfragen. Es kann aber nicht zu Ihren Aufgaben gehören, Ideologien zum Maßstab Ihres Unterrichts zu machen.«

Er wolle noch einmal betonen, so Hans S. erklärend, daß es ihm nicht darum gehe, ausländische Mitbürger abzuqualifizieren oder gar zu diskriminieren. Das bedeute aber nicht, unbequeme Wahrheiten nicht auszusprechen und Fakten zu verschweigen. Deshalb erwarte er von B., die Toleranz, für die von ihm im Unterricht geworben werde, auch selbst bei denjenigen an den Tag zu legen, die nun einmal nicht unbedingt in allen Politikbereichen B.s Auffassung teilten.
Den Versuch, ihn und seine Tochter in eine ausländerfeindliche Ecke zu stellen, wies Hans S. scharf zurück. Seine Frau, selbst Ausländerin, sehe die Gesamtproblematik genau wie er. Und S. abschließend:

> »Wer ein ausländerfreundliches Klima schaffen will

und wer Asylbewerber, die wirklich diesen Namen auch verdient haben, schützen und beschützen will, der muß nach meiner Überzeugung bereit und willens sein, die Spreu vom Weizen zu trennen. Dies geht aber beileibe nicht dadurch, indem ich Problembereiche schönrede oder tabuisiere.«

Damit hatte Sandras Vater eine Lawine losgetreten, die im wahrsten Sinne des Wortes als die schon häufig strapazierte »unendliche Geschichte« bezeichnet werden könnte.
Studienrat B. antwortete auf drei dichtbeschriebenen DIN-A4-Seiten, arbeitete mit Schrägstrichen, Klammern, konjugierte – kurzum, tat alles, was zur Grundausstattung eines »PC-Jüngers« gehört. Mit der Humorlosigkeit eines verbissenen Moralisten ging er zum Gegenangriff über:

»In Ihrem Brief finde ich verständige Sätze und umgekehrt. Im Klartext geschrieben: Unverschämtheiten. Sie treten damit eine Popanzspirale los.
(…) Das besagte Thema: ›Ausländer o. ä.‹ hatte sich im Unterricht (eine bestimmte Stunde) ergeben; ich bin darauf eingegangen – mehr nicht: man kann nicht jederzeit über alles und nichts reden; bei allen Unterrichtsgelegenheiten kommen von mir die von Ihnen stellenweise zu Recht eingeforderten Differenzierungen zur Sache: ich bin so klar von Begriff, auch u. gerade in solchen Fragen Belehrungen mir gegenüber als nicht nötig (aus sachlichen Gründen) abzulehnen. Nebenbei: Es gibt (›irgendwo in Europa‹) Lehrer/innen, die mir zuwider indoktrinieren, ohne daß Eltern etwas anfragen u. auch gegenstellen (= nötig. wichtig etc. – unbestritten!) (in Abgrenzung zu Intrige, Unterstellung, Rufmord etc., wozu ich einige Opfererfahrungen (= betrifft ein Stück von subtiler Alltagskriminalität, de facto); diverse außenschulische Personen monieren trotzalledem nichts an diversen Lehrpersonen, weil eben diese (hier u. dort. dann u. wann) sich als Notennachwurfmaschinen ganz zeitgeistgemäß verhalten.
(…) Ich persönlich pendele zwischen Sachlichkeit u.

Engagement im Urteil – immer mit dem Zusatz, daß ich irren kann; mit der Pflicht, eine Lehrposition zu vertreten (Lehrer u. Schüler sind nicht gleich!); mit dem Standard: Kriterien, Fragen, Methoden offenzulegen. (Mein Schwerpunkt im Diplomstudiengang: päd. Psychologie war Wissenschaftsmethodik u. -kritik gewesen; ich zehre davon noch sehr gut u. darf sagen, daß bei den meisten Leuten diese unbekannt ist, weswegen auch so gesehen Ihre Kritik bei mir nun wirklich ins Leere trifft.) Und dies trifft auch noch: Es können 10, 20, 50, 100 Leute Punkt 1 vertreten; ein einziger vertritt Punkt 2 u. kann (= je nach Fall aufrichtig u. kompetent zu prüfen!) unisono recht haben; Wahrheit, genaue Wahrheitssuche ist keine Frage des Quantums.

(...) Die Überstrapazierung des Wortes ›Meinungen‹ kann auch einen Sonderfall von Allergie auslösen, zumal Irrtum, Fehlurteil, Gerücht, Ehrverletzung etc. durch das Gebot der Meinungsfreiheit nicht gedeckt sind – (s. einschlägige BVGE).

(...) Und noch etwas: Ihre Tochter sagte mir konfrontativ, ich sei ›extrem links‹. Ist dies Meinungsfreiheit oder Hemmungslosigkeit?

(...) Ich lasse mich durch niemanden in Dienst nehmen und instrumentalisieren. Zum Stichwort; wie gesagt: Sie sind einem Popanz erlegen.

(...) Über Tatsachen (siehe Statistiken) muß noch gestritten werden können; auch hier darf trotzdem nicht Beliebigkeit, Willkür, Mißbrauch, Entstellung, Kontextisolierung etc. (= Methoden- bzw. Machtgebrauchsfehler) vorwalten.

(...) Man muß Akzente setzen – moralisch und kulturell; und die, so denke ich (natürlich nicht nur ich), müssen zur Zeit eindeutig auch gegen das widerliche Erstarken vom kleinen Faschismus (Faschistoidie) im Alltag gerichtet sein; diese Dinge fangen immer an mit einer abartigen Lust an feigen Manieren, Bereitschaft zum Rufmord, Kult um Aggression in der (Medien-)Unterhaltung, Polarisierung u. Versteinerung in der Öffentlichkeit, falls diese noch existiert und gewünscht ist, Überdruck an Dialog, Flucht in gesellschaftlich normierte Ersatzdrogen und eben jene Haßtiraden gegen Fremde pauschal.«

Bereits am Tag darauf erhielt Studienrat B. das Antwortschreiben:

»Stil, aber auch Inhalt Ihres Schreibens zeigen mir, daß nach allen Seiten offene Kritikfähigkeit, die jungen Menschen nach dem Willen der verantwortlichen Politiker und Pädagogen vermittelt werden soll, bei Ihnen selbst scheinbar auf Grenzen stößt. Da ich meinem Schreiben weder ausfallend geworden bin noch gar einen Popanz aufgebaut habe, Sie aber von Unverschämtheiten sprechen, muß ich Ihnen leider unterstellen, daß Sie Kritik an Ihren Lehrinhalten wohl mit Gotteslästerung – so es denn um Ihre Person geht – gleichsetzen. (...) Die von mir dargestellten Sachverhalte spiegeln nicht ausschließlich meine subjektive Meinung wider, sondern sind durch offizielle und kompetente Stellen untermauert.«

Für die konfrontative Aussage seiner Tochter, B. sei »extrem links«, habe er Sandra gemaßregelt, weil man Gleiches nicht mit Gleichem vergelten solle, schrieb Hans S. Zwar könne die Äußerung nach seiner Ansicht in die Rubrik »Meinungsfreiheit« eingeordnet werden, zumal sie nach dem Unterricht getätigt worden sei; trotzdem wäre sie zu mißbilligen. Dies sogar unter dem Gesichtspunkt, daß er (B.) in der ihm eigenen Selbstgerechtigkeit Sandra vor der Klasse als »wohl ganz schön rechts stehend« eingestuft habe.

Was ihn in B.s Darstellung irritiere, sei das Operieren mit Halbwahrheiten. Seine Tochter lehne, unterstrich S., nicht zuletzt durch ihre Erziehung im Elternhaus alles das ab, was man mit dem Begriff »Ismen« umschreiben könne: also Sozialismus, Faschismus, Kommunismus, Nationalsozialismus. Allerdings sei durch Verbote, Gesetze oder gar Bestrafungen nicht das zu ersetzen, was normalerweise im Kopf beginnen müsse.

Ihm ginge es nicht um einen Konfrontationskurs, aber er

werde sich einmischen, wenn dies nötig wäre, so wie es seinem Selbstverständnis entspräche, hob S. hervor, und stellte die rhetorische Frage, ob dem »sehr geehrten Herrn B.« geistig uniformierte Eltern lieber seien.
Die Replik folgte auf dem Fuß:

> »Es müßte doch u. a. klar sein, daß Zitate (Zitate? »Zitate«!) durch einen auch nur punktuellen Wortaustausch, eine Kontextisolierung o. ä. m. geschweige denn Realbezug selber sinnverfälscht, falls nicht grundlos sind bzw. sein können. (Rettet dem Dativ! bzw.: ... den Konjunktiv, fernab von Spekulation etc., trennscharf von Hypothesen etc.!!)
> (...) ich verwahre mich dagegen, mir ferne, widerliche Dinge andichten zu lassen. Wenn Sie im Punkt 1 schreiben, daß Ihre Einlassungen (hier ein echtes Zitat) »durch offizielle und kompetente Stellen untermauert sind«, so sollten Sie, offen u. aufrichtig zu reden (schreiben), »Roß und Reiter« (kein Zitat, nur Anführungszeichen) nennen. Sollte es im übrigen »bedeuten«, daß ich sozusagen ferndiagnostisch weder »offiziell« noch »kompetent« bin (sei)?«

Ob so viel Ignoranz und Uneinsichtigkeit antwortete Sandras Vater dem Fachlehrer für Politik nicht sofort (schließlich gibt es auch noch andere wichtige Dinge im Leben). Ein fast irreparables Versäumnis, wie B. meinte und sich umgehend in Erinnerung brachte:

> »(...) Es hat einen Briefwechsel gegeben. Sie schrieben mir, daß Ihre Einlassungen mich betreffend – Zitat: ›Durch offizielle und kompetente Stellen untermauert‹ seien. Ich habe Sie darum gebeten, mir Roß und Reiter zu nennen, zumal ich jede Art von Hintenherumstrategie aus freien Stücken ablehne. Ich beharre auf einer Klärung und auf einer klaren Antwort.«

Hans S. griff erneut zur Feder und bemühte sich, höflich zu bleiben, obwohl ihm – nach eigenen Aussagen – »langsam der Kamm schwoll«:

»Sie bitten darum, daß ich Ihnen ›Roß und Reiter‹ nenne. Dabei beziehen Sie sich auf meine Aussage: ›Ich wollte nur bestimmte Sachverhalte darstellen, die im übrigen nicht nur ausschließlich meine subjektive Meinung widerspiegeln, sondern durch offizielle kompetente Stellen untermauert sind.‹ Sehr geehrter Herr B., Ihre Briefe zeigen mir, daß Sie überdurchschnittlich intelligent sind (›rettet dem Dativ! beziehungsweise: … den Konjunktiv‹).
Deshalb ist es für mich unverständlich, wieso Sie obiges Zitat auf sich persönlich reflektieren. So habe ich zum Beispiel als eine der offiziellen kompetenten Stellen das Presse- und Informationsamt der Bundesregierung angeführt, das ein Bulletin zur Kriminalität in der Bundesrepublik Deutschland herausgegeben hat. Dieses Bulletin war in meinem ersten Schreiben an Sie zwecks Information beigefügt, damit Sie sich selbst davon überzeugen konnten, daß meine Aussagen durch entsprechende Fakten untermauert sind.
(…) Leider haben Sie diese Dokumentationen beziehungsweise die offiziellen Bulletins der Bundesregierung nicht zur Kenntnis nehmen wollen, wie Sie mit in Ihrem ersten Schreiben auch unmißverständlich mitgeteilt haben.
(…) Sie unterstellen mir eine ›Hintenherumstrategie‹. Nehmen Sie bitte zur Kenntnis, daß ich diese Anschuldigung als eine ausgemachte Frechheit ansehe.
(…) Sehr geehrter Herr B., ich hatte nach Ihrem letzten Brief geglaubt, daß Ihnen mein Anliegen deutlich geworden ist und daß trotz vorhandener unterschiedlicher Auffassungen und Gedanken beide Teile mit der jeweiligen Meinung des anderen gut leben können. Wenn Sie dies nun wieder in Frage stellen, und so verstehe ich Ihren letzten Brief, dann lassen Sie mich es bitte wissen. Ich bin gerne bereit, den Fehdehandschuh aufzugreifen.«

S. schlug aber auch versöhnliche Töne an und erneuerte bereits zuvor gemachte Angebote, in einem persönlichen Ge-

spräch eventuelle Mißverständnisse auszuräumen. Ein Vorschlag, der bei B. auf taube Ohren stieß, obwohl inzwischen der Schulleiter, Oberstudiendirektor Guildo N. (Name geändert), Wind von der Sache bekommen hatte und über ein »klärendes Gespräch« mit den betroffenen Parteien »die Kuh vom Eis bringen« wollte, um den Ruf »seines Gymnasiums« nicht in der Öffentlichkeit zu beschädigen.
Die Verhaltensweisen von B. gegenüber Sandra seien beileibe kein Einzelfall gewesen, wußte der Schulleiter zu berichten. Er wundere sich, nachdem er Einblick in die Korrespondenzen genommen hatte, mit welcher »Langmut« Hans S. auf die Auswürfe des Politiklehrers reagiert habe. Beschwichtigend fügte Guildo N. hinzu, Konrad B. würde – so sei es geplant – sowieso an eine andere Schule wechseln, und damit käme die Sache mit Sicherheit zu einem vernünftigen Abschluß.
Allein das Gespräch mit dem Leiter des Gymnasiums und dem Ehepaar S. reichte für Studienrat B. aus, zum totalen Angriff zu blasen, indem er androhte, Anzeige gegen S. wegen Verleumdung zu erstatten. Außerdem kündigte B. an, eine Untersuchung zu initiieren, die die Frage klären sollte, »inwieweit ein Presseorgan namens ›Junge Freiheit‹ im Rahmen der Verfassung definiert sei. Er sei sehr daran interessiert, höher- und höchstinstanzliche Normenurteile zu hören, wo die Grenzen zwischen humanistischer Demokratie und umgekehrt der ewigen Wiederkehr des Bösen verlaufen.«
Sandras Vater war entzückt. In einem Dreizeiler ermutigte er den Fachlehrer für Politik, umgehend Anzeige zu erstatten, weil auch er an den von B. aufgeworfenen Fragen interessiert sei.
Die bundesrepublikanische Gesellschaft muß »leider« auf derartige Informationen auch in Zukunft verzichten. B. wurde an ein anderes Gymnasium versetzt und die Justiz nicht in den Stand gebracht, sich mit der »unendlichen Geschichte« zwischen Konrad B. und Hans S. zu beschäftigen.
Was allerdings bleibt, ist ein fader Nachgeschmack, weil zu befürchten ist, daß B. sein Unwesen auch an anderen Schulen fortsetzen kann, ohne jemals dafür zur Rechenschaft gezogen zu werden oder gar mit Konsequenzen rechnen zu müssen.

Die vielen Zuschriften, die die Autoren erreichten, geben plastisch wieder, der Fall B. ist keine willkürlich herausgeriffene faule Rosine aus einem ansonsten schmackhaften Kuchen. Im Gegenteil: Sie belegen, daß besonders an bundesdeutschen Bildungseinrichtungen die »Diktatur der Guten« fröhliche Urständ feiert. Und nicht immer haben die Eltern der betroffenen Schüler den Mut und die Courage, gegen den Stachel zu löcken und auf einen groben Klotz auch einen groben Keil zu setzen.

Postskriptum
Die selbsternannten Tugendwächter
von Heinrich Lummer

In den vergangenen Jahren hat sich in Deutschland – zunächst von den meisten Menschen unbemerkt – etwas breitgemacht, das aus den USA stammt und dort wie hier als »Political Correctness« bezeichnet wird. In der bloßen Übersetzung bedeutet der Begriff politische Korrektheit. Der geneigte Leser mag sich nun zu Recht die Frage stellen, was denn das bitte schön sei? Und genau da beginnt das Problem mit der PC. Denn eine zutreffende Erklärung ist sehr schwierig. Die »Encyclopædia Britannica« versucht in ihrem Jahrbuch 1992, den Begriff der PC sachlich prägnant zu erklären. Es heißt dort über die PC: »Ein herabsetzender Begriff, mit dem eine lockere Verbindung von Feministinnen, Marxisten, Multikulturellen und Alternativen ihre übereinstimmend linksgerichteten Positionen bezüglich Rasse, Sexualität, Geschlecht, sozialer Klasse, Umwelt und ähnlicher Bereiche vertritt.« So schwierig auch eine wirklich griffige Erläuterung des Begriffes sein mag, zumindest der Versuch einer Beschreibung des Phänomens PC ist möglich.
Die Ursprünge der PC liegen im dunkeln. Es wird vermutet, daß die PC in den sechziger Jahren an amerikanischen Hochschulen entwickelt wurde, um ethnische Minderheiten vor ungerechtfertigten verbalen Attacken zu schützen. Viola Schenz schreibt hierzu in ihrer Studie über PC in den USA: »PC will in erster Linie Sprache und Verhalten reglementieren, um Minderheiten – gleich welcher Couleur – vor den angeblichen Diskriminierungen durch die Mehrheit zu schützen.« An sich also ein durchaus hehres Anliegen, denn Minderheitenschutz ist sicherlich eine gute Sache. Solange er nicht derart überhandnimmt, daß aus Minderheitenschutz Mehrheitenunterdrückung wird.
Über ihr ursprüngliches Ziel ist die PC inzwischen weit und vehement hinausgeschossen. Unter dem Deckmantel des politisch Korrekten versucht eine Minderheit mittlerweile sehr

erfolgreich, der Mehrheit ihre vornehmlich linken Vorstellungen aufzuzwingen. Dabei wird immer wieder sehr geschickt an das Gewissen des einzelnen appelliert. Besonders hilfreich ist die Tatsache, daß vor allem im Bereich der Medien die Zahl dieser selbsternannten Tugendwächter hoch ausfällt und ihr Einfluß extrem groß ist.

Liturgie inhumaner Denk- und Kampfschablonen

Die PC-Verfechter bedienen sich perfider Methoden. Unterschieden wird nicht mehr zwischen wahr und unwahr, sondern zwischen gut und böse, bequem und unbequem. Es werden Tabus erzeugt, an denen zu rütteln alleine schon eine Todsünde darstellt. Ewige Wahrheiten, an denen auch nicht im mindesten gezweifelt werden darf, werden aufgestellt und mit allen Mitteln verteidigt. Personen, die es wagen, gegen solche vermeintlichen Wahrheiten etwas zu sagen, werden gnadenlos fertiggemacht. Hierfür gab es in der jüngeren Vergangenheit eine ganze Reihe von Beispielen.
Auf den Punkt gebracht, bedeutet PC Zensur. Zu diesem Schluß kommt auch Mathias Matussek im »Spiegel«: »Politische Korrektheit ist zur Neusprechfloskel geworden, die in Wahrheit Inkorrektheit bedeutet, eine Liturgie der inhumanen Denk- und Kampfschablonen, des linken Konformitätsdrucks und letztlich der Zensur.« Was das im Endeffekt bedeutet, liegt auf der Hand. Es ist in Deutschland schwierig bis unmöglich, sich zu bestimmten Themen in einer anderen als der politisch korrekten Art zu äußern.
Wer auch nur die leiseste Kritik an der Europäischen Union äußert, dem wird sofort unterstellt, er sei antieuropäisch und friedensfeindlich. Diejenigen, die aus dem Schatten der Vergangenheit in der Weise heraustreten wollen, daß sie außenpolitische Eigeninteressen Deutschlands ansprechen, statt sich auf ewig in die Büßerrolle zu fügen, werden mindestens als nationalistisch beschimpft, wenn nicht gar sofort als Nazis abgestempelt. Tatsachen, die den Wächtern der PC nicht

ins eigene politische Konzept passen, dürfen nicht genannt werden.

Solange sich die PC nur dadurch äußert, daß sie in den Sprachgebrauch ein wenig eingreift, hält sich die von ihr ausgehende Gefahr in Grenzen. Wenn aus dem Behinderten der »anders Befähigte« wird, ein Neger zukünftig ein Afroamerikaner oder afrikanischer Amerikaner ist, ein Dicker nun »horizontal herausgefordert« ist, bleibt die PC scheinbar harmlos, ja sie wirkt auf viele sogar belustigend. Der Schriftsteller Umberto Eco meinte vor einiger Zeit, PC könne beklemmend werden, wenn es nach der Auffassung von Tugendwächtern bereits rassistisch sei, einem afroamerikanischen Schauspieler zu erklären, er sei für die Rolle des »Erik der Wikinger« nicht geeignet, oder aber es sexistisch sei, Claudia Schiffer die Rolle des King Kong zu verweigern.

Abschuß von mißliebigen Personen

Der Hintergrund solch witzig anmutender Sprachkrittelung ist jedoch durchaus ernst. Bei Kleinigkeiten anfangend, schaffen die Verfechter der PC ein Netz von Tabus. Eine Vielzahl von Themen, die gleichsam als Staatswahrheiten unangreifbar sind. Genau hier liegt aber eine der wirklichen Gefahren der PC: die Einschränkung der in unserem Lande zu Recht so hoch gelobten Meinungsfreiheit. Besonders übel wirkt sich die PC aus, wenn sie zum Abschuß von mißliebigen Personen eingesetzt wird. Ein Beispiel, das Joachim Schäfer in seinem Beitrag eindrucksvoll belegt: Steffen Heitmann.

Ein weiteres Beispiel aus diesem Buch, nämlich die Auseinandersetzung der Schülerin Sandra S. mit ihrem politisch korrekten Lehrer, wirkt auf den ersten Blick überaus komisch. Angesichts der Tatsache, daß es zahlreiche solche Pädagogen gibt, die Tag für Tag ihr indoktrinierendes Werk in deutschen Schulen verrichten, bleibt einem aber das Lachen im Halse stecken. Was soll aus einer Generation werden, der schon von Kindheit an PC-bedingte Komplexe und

Verhaltensweisen mit auf den Weg gegeben werden. Tolerant gegen andere kann nur derjenige sein, der einen eigenen Standpunkt, eigene Meinungen hat. Pflichten und Dienste für die Allgemeinheit, das Vaterland, wird nur erfüllen und erbringen, wer damit etwas Positives verbindet. Geringschätzung und sogar Haß des Eigenen sind keine Motivation für ein Handeln zum Wohle der Gesellschaft.
PC ist gefährlich – und zwar hochgradig. Die PC und ihre Auswüchse könnten dazu führen, daß noch mehr Tabus als in der jüngsten Vergangenheit geschaffen werden. Schon heute läßt sich beobachten, daß sich die politische Elite von der Meinung breiter Bevölkerungsschichten entfernt hat, was die Bedeutung von bestimmten Themen angeht.
Die vielleicht interessanteste Frage im Rahmen der PC ist die nach den Beweggründen, die intelligente Menschen dazu treiben, wider besseres Wissen – nennen wir es beim Wort – Unsinn in die Welt zu setzen und die Diskussion wichtiger Probleme und deren Lösung zu verhindern. Nun, ein Grund könnte sein, daß die selbsternannten Tugendwächter wirklich glauben, was sie so alles von sich geben. Daß es keine Ausländerkriminalität gibt, daß Millionen Zuwanderer den deutschen Arbeitsmarkt nicht belasten, daß es in Deutschland Platz gibt für alle Flüchtlinge der Welt, daß wir Deutsche kein Nationalbewußtsein haben dürfen, und so weiter und so fort.

Haben die noch alle?

Da es sich bei den PC-Verfechtern durchweg um intelligente Leute zu handeln scheint, wollen wir nicht recht glauben, daß sie all das ernst meinen. Auf der anderen Seite spricht aber auch einiges dafür. Wenn zum Beispiel die Grünen fordern, den Ladendiebstahl zu entkriminalisieren und künftig Ladendiebe ungeschoren davonkommen zu lassen, ist das schon grotesk. Ein älterer Mitbürger merkte daraufhin per Leserbrief in der FAZ an, er stimme dem voll zu, denn erstens sei ihm das ewige Schlangestehen an der Kasse schon seit langem

lästig, und außerdem hätte das auch positive Auswirkungen auf den Arbeitsmarkt, denn die Kaufhäuser könnten ja Leute einstellen, die den »Kunden« beim Vollstopfen der Taschen behilflich wären. Da fragt man sich ernsthaft: Haben die sie noch alle?
Nehmen wir das mal an – es sind schließlich intelligente Leute. – Was treibt sie an? Ist es der Samariter in jedem von uns, der aber bei manchen Mitbürgern die Vernunft abgeschaltet hat? Ist es das tolle Gefühl, sich jeden Abend vor dem Zubettgehen eine halbe Stunde auf die Schulter klopfen zu können, weil man ja soooo gut ist? Oder ist es vielleicht einfach in bestimmten Kreisen schick, politisch korrekt zu sein und vor allem antifaschistisch? Ja, antifaschistisch, da ist wieder das Zauberwort der PC-Jünger. Mit dem Begriff faschistisch wird jeder belegt, der anders ist als sie selbst. Fakt ist: Die Gutmenschen machen Meinung, daß es kracht. Wer es wagt, politisch unkorrekte Dinge anzusprechen, der wird mit dem Bann »Faschist« belegt und gnadenlos fertiggemacht.
Wirklich bedrohlich hingegen ist die Tabuisierung und daraus resultierend die Nichtlösung gesellschaftlich relevanter Themen. Solange es den PC-Verfechtern gelingt, Themen wie Asyl, unkontrollierte Zuwanderung, Kriminalität, Nationalbewußtsein et cetera aus der politischen Diskussion herauszuhalten, so lange wird es für die damit verbundenen Probleme keine Lösungen geben. Und das könnte fatale Folgen haben und letztlich zu etwas führen, was weder die PC-Jünger noch die von ihnen so vehement angefeindeten Konservativen wollen. Aus der öffentlichen Diskussion lassen sich solche Dinge nämlich nicht heraushalten. Die vielzitierten Stammtische befassen sich damit. Und wer sich die Mühe macht, solchen Gesprächen zuzuhören beziehungsweise sich die Meinungen und Ansichten des »Normalbürgers« vor Augen zu führen, der wird schnell feststellen, daß die Realität und die Gewichtung der politischen Elite weit auseinanderdriften.
Dies belegen ja auch repräsentative Umfragen. Um so erstaunlicher ist es, daß bislang niemand darauf reagiert. Von einigen Rufern in der Wüste abgesehen, die – PC sei Dank –

längst als Rechte abgestempelt wurden und sich daher ohne Angst, einen vermeintlich korrekten Ruf zu verlieren, ihrer Meinung entsprechend äußern können. Es bleibt nur zu hoffen, daß die PC-Träumer, und mit ihnen all jene, die ihnen aus welchen Gründen auch immer auf den Leim gehen beziehungsweise nach dem Munde reden, nicht eines Tages von der so lange zugunsten vieler Minderheiten vernachlässigten Mehrheit mit Vehemenz auf den Boden der Tatsachen zurückgeholt werden.

Heinrich Lummer, geboren am 21. November 1932 in Essen, Volksschule, Lehre der Elektromechanik, Abendgymnasium der Stadt Dortmund, Abitur. Studium der Politischen Wissenschaft FU Berlin, Diplompolitologe. 1962–1964 Assistent am Institut für Politische Wissenschaft der FU. 1964–1965 Leiter des Besucherdienstes des Bundeshauses Berlin. 1965–1969 Fraktionsgeschäftsführer der CDU. Mitglied der CDU seit 1953, Vorsitzender eines Ortsverbandes. Von 1967 bis 1986 Mitglied des Abgeordnetenhauses von Berlin, 1969 bis 1980 Fraktionsvorsitzender, 1980 bis 1981 Parlamentspräsident. Von 1981 bis 1986 Bürgermeister von Berlin und Senator für Inneres. Mitglied des Bundestages von 1987 bis 1998.

Die Saat geht auf ...
Ludwig Erhard? – Ein Komiker!

Sarah, Ulrike, Beate und Holger (auf Wunsch der Beteiligten wurden die Namen geändert) besuchen allesamt die zwölfte Klasse des Pestalozzi-Gymnasiums in Unna. Wer in der Stadt am Hellweg etwas auf sich hält, schickt seine Kinder auf ebendiese Schule, soll sie sich doch, vom Leistungsprofil her betrachtet, deutlich von den anderen Gymnasien beziehungsweise Gesamtschulen im positiven Sinn abheben. Direx Otfried Altfeld, der gute Schul- und intellektuelle Schöngeist, verweist immer wieder voller Stolz auf prominente Zeitgenossen, die einmal die harte Schulbank des Pestalozzi-Gymnasiums gedrückt haben. So Otto Graf Lambsdorff, der nach Ende des Zweiten Weltkrieges hier sein Abitur baute, oder der bekannte Schriftsteller und Drehbuchautor Justus Pfaue (»Tim Thaler«/»Wie gut, daß es Maria gibt«), dessen Leistungen im Fach Deutsch allerdings nur unzureichend gewürdigt wurden, glaubt man den Aussagen seines Vaters, des heute einundachtzigjährigen Karl Sellmann. Eine Schmach, die dem rüstigen Rentner und einstigen Fallschirmjäger immer noch die Zornesröte ins Gesicht treibt, wenn die Sprache auf das PGU kommt. Gleichwohl, wer in Unna Rang und Namen hat, wer als Großkopferter die (kommunal-)politischen Geschicke bestimmt, verweist stets mit einem gewissen Stolz darauf, Schüler dieses Elitegymnasiums gewesen zu sein; fast einem Markenzeichen oder einer besonderen Auszeichnung gleich.
Für die Autoren war es daher eine reizvolle Aufgabe, bei Schülern, die kurz vor dem Abitur stehen, die in diesem Buch angesprochenen Themenkomplexe zu hinterfragen, um so festzustellen, ob und was vor allem in den Fächern Politik, Geschichte und Sozialwissenschaften den Heranwachsenden eingetrichtert wurde.
Zum Prozedere: Bis zum Zeitpunkt des Gesprächs gab es seitens der Interviewer keinen Kontakt zu den Befragten. Die Autoren wollten Manipulationen von vornherein ausschlie-

ßen und wollten selbst nicht Gefahr laufen, durch eventuelle Vorab- oder Hintergrundgespräche die Antworten zu beeinflussen. Die Schüler wurden mehr oder weniger zufällig ausgesucht. Die Jugendlichen wußten vor dem Interview auch nicht, um was es geht, so daß ihrerseits eine gezielte Vorbereitung nicht möglich war. Es wurde ihnen lediglich mitgeteilt, daß ihre Ansichten zur Abrundung eines politikbezogenen Buches bestimmt seien. Das Interview wurde mit Einverständnis der Zwölftkläßler per Tonband aufgezeichnet.

»Fremdenhaß habe ich nie kennengelernt«

Auf die Frage, ob im Unterricht schon einmal über den Begriff »Nation« gesprochen wurde, antworteten die Schüler übereinstimmend, daß sie sich daran nicht erinnern könnten. Lediglich Beate hielt es durchaus für möglich, daß im Geschichtsunterricht »Nation« definiert worden sei. Wie sie persönlich den Begriff »Nation« definieren, wollten wir wissen:

Sarah: Einheit, Freiheit, Gleichheit.
Ulrike: Nationalismus oder so. So steht das auch im Lexikon.
Holger: Zusammenhalt.
Beate: ... Daß ganz Deutschland eine Nation ist, also daß wir mit einbezogen sind.
Sarah: Ich finde, daß Nation im Grunde genommen immer weitläufiger wird. Eigentlich ist für mich Nation auch nur Deutschland, aber dadurch, daß jetzt fast alle Grenzen geöffnet sind, wird Nation immer weitläufiger. Und viele fühlen sich zu zwei oder mehr Nationen zugehörig ...

Letztere Antwort gab dann den Ausschlag für die nächsten Fragen.

Immer häufiger ist über Ausschreitungen gegen in Deutschland lebende Ausländer zu hören oder zu lesen. Was, glaubt ihr, sind die Ursachen hierfür?

Beate: Viele sagen, daß die Ausländer uns die Arbeitsplätze wegnehmen. Aber das ist ein schwachsinniges Argument.

Ulrike: Die Deutschen und die Ausländer suchen immer einen Sündenbock für ihre Probleme. Es ist halt schwierig, es beiden recht zu machen. Dadurch kommt mehr Rechtsradikalität auf. Viele Deutsche denken, wenn die Ausländer raus sind, wird es besser. Aber das stimmt gar nicht. Jeder muß etwas dazu beitragen.

Sarah: Das mit den Arbeitsplätzen finde ich auch. Viele Deutsche denken, weil die Ausländer anders sind oder weil sie eine andere Kultur haben, sollen sie raus, weil sie nicht zu uns gehören.

Habt ihr in eurem Freundes- oder Bekanntenkreis beziehungsweise in eurem Umfeld eigene Erfahrungen gemacht, die den Vorwurf der Fremdenfeindlichkeit bestätigen?

Beate: Meine beste Freundin ist Kroatin. Allerdings hat sie sich in die Gesellschaft integriert. Aber manchmal kam das Argument, daß sie sich nicht oft genug waschen würde. Das hat mich ziemlich getroffen. Deshalb habe ich zu ihr gehalten. Das fiel mir aber ziemlich schwer, weil dann die anderen auch gegen mich waren.

Sarah: Ich habe die Erfahrungen von beiden Seiten gemacht, einmal die türkische und einmal die deutsche Seite kennengelernt. Ich denke, die Türken rotten sich häufig zusammen, und die Deutschen gehören dann zu der anderen Gruppe. So wird man nicht integriert – auf beiden Seiten nicht.

Ulrike: Fremdenhaß und so habe ich nicht kennengelernt. Bei uns in der Firma waren früher portugiesische Gastarbeiter. Eigentlich wurden die nie fremdenfeindlich behandelt. Das habe ich nie kennengelernt.

Die Antworten zeigen deutlich, daß Fremdenfeindlichkeit zwar grundsätzlich unterstellt wird, die Befragten aber auf eigene fremdenfeindliche Erlebnisse nicht verweisen konnten – wenn man von dem Fall der Kroatin, die sich nicht gewaschen haben soll, einmal absieht.

Erstaunliches brachte dann der Gedankenaustausch nach dem Interview zutage. Übereinstimmend äußerten sich die Gymnasiasten zu diesem Fragenkomplex weitaus differenzierter als während des Interviews. So räumten sie auf gezieltes Nachfragen ein, daß sie sich ihre Meinung zu diesem Problembereich nicht aufgrund eigener Erfahrungen, sondern durch das, was ihnen eingehämmert worden sei, gebildet hätten. Künftig wollten sie doch kritischer und mit offeneren Augen an derart sensible Themenbereiche herangehen, hieß es dann in trauter Übereinstimmung.

Klar, daß dann auch die Frage, ob Goldhagen mit seiner Behauptung recht habe, die Deutschen hätten einen genetischen Schaden und seien im Grunde genommen ein Tätervolk, mit einem eindeutigen »Nein« von allen Beteiligten beantwortet wurde.

Die Schülermeinung über Wehrmacht und Bundeswehr war für die Autoren besonders wichtig. Dies vorwiegend mit Blick auf die leidenschaftlichen Auseinandersetzungen um das öffentliche Gelöbnis in Unna (siehe Kapitel »Im Kreuzfeuer«). Ob sie die Wehrmacht für eine systembedingte Verbrecherorganisation hielten, interessierte uns. Die Antworten lassen den Schluß zu, daß eine systematische Aufarbeitung der deutschen Geschichte bei den Jugendlichen nicht stattgefunden hat. Hier zwei Äußerungen:

> **Sarah:** Viele Soldaten sind gezwungen worden. Sie hatten auch keine andere Wahl, als mitzukämpfen, sonst wären sie selbst erschossen worden. Die höheren Posten – SS – das war schon organisiertes Verbrechen.
> **Holger:** Ich denke schon, daß sie gezwungen wurden, daß sie aber trotzdem Schuld haben. Was gab es denn für eine Alternative? Entweder mitmachen oder selbst erschossen werden.

»Dann geb' ich mir die Kugel ...«

Zu einer lebhaften Diskussion untereinander kam es dann beim Themenkomplex »Bundeswehr«. Die Einsätze der deutschen Armee in Bosnien oder Somalia wurden einhellig bejaht. Gleichwohl gab es bei den Stichworten »Tapferkeit und Mut« Irritationen. Beides gehöre nicht zum Vokabular eines jungen Menschen, lautete die einstimmige Aussage. Auf die Fragestellung, ob sich die Bundeswehr denn auch auf Traditionen und Vorgänge berufen solle, die in der Wehrmacht begründet liegen, gab es zunächst nur verständnisloses Schulterzucken bei den Schülern. Anhand eines Beispiels wurde dann der Hintergrund der Einlassung präzisiert. Angeführt wurde die Panzerkriegsführung der israelischen Armee, die auch heute noch auf der militärischen Leistung der Wehrmacht anläßlich des Frankreich-Feldzuges basieren soll. Hier die Antworten:

> **Sarah:** Ich finde, daß alte Traditionen nicht mehr aufgegriffen werden sollen. Man hat ja gesehen, was früher passiert ist. Ich persönlich halte auch nichts von der Bundeswehr. Wenn die Bundeswehr weiterbestehen soll, dann soll sie eigene Traditionen begründen. Im übrigen finde ich, daß die Bundeswehr nicht zum Kämpfen ausgebildet werden sollte.
> **Ulrike:** Ich finde es schon gut, daß es eine Bundeswehr gibt. Sie gibt es hauptsächlich, um Deutschland zu verteidigen. Tapferkeit und Mut gehören natürlich dazu. Man sollte aber auch nicht die Gefühle vergessen. Das heißt, daß feindliche Soldaten genauso fühlen und denken wie wir. Deswegen meine ich nicht, daß unsere Soldaten noch dafür belohnt werden sollen, wenn sie Menschen erschossen haben. Ein Orden wäre für manche Leute bestimmt ein Ansporn.
> **Beate:** Die Bundeswehr sollte neue Traditionen einführen, weil früher Schlimmes passiert ist im Zweiten Weltkrieg. Sie sollte eigentlich nur dazu dasein, anderen Ländern zu helfen – Entwicklungsländern wie Somalia. Da können sie dann Mut zeigen.

Nun sollte abgeklopft werden, ob bei einem Angriff auf die Bundesrepublik Deutschland – also im Fall der Selbstverteidigung – das Gelöbnis ... *der Bundesrepublik Deutschland treu zu dienen und das Recht und die Freiheit des deutschen Volkes tapfer zu verteidigen ...* von den Interviewten mitgetragen würde:

> **Holger:** Ja, ich würde zustimmen. Es geht ja um die Verteidigung von Menschen.
> **Beate:** Finde ich auch. Aber nicht aus Vaterlandsliebe – ich stehe nicht auf Deutschland.
> **Ulrike:** Ich würde nicht mitmachen, weil ich denke, daß man das auch anders regeln kann. Zum Beispiel mit Wort und Schrift. Wenn es zu einer Auseinandersetzung kommen wird, dann ist sowieso alles zu spät. Die Kampfmittel, die wir haben, würden uns sowieso alle töten, da wir in der Technik bereits so weit sind. Eine Verteidigung würde sowieso nichts bringen.
> **Sarah:** Ich kann mir schlecht vorstellen, daß es wirklich zum Krieg kommt, weil jeder weiß, daß das nichts bringt und daß dann der Weltuntergang kommt. Auch wenn es lächerlich klingt, ich würde mir dann die Kugel geben.

»In Norwegen ist alles besser«

Erhebliche Widersprüche waren zudem bei der Beleuchtung sozialer Probleme und der Gegenüberstellung von Marktwirtschaft und Sozialismus zu verzeichnen. Sobald sich der befragte Jugendliche persönlich angesprochen fühlte, sah die Antwort anders aus als bei der allgemeinen Betrachtung des Problems – abgewandelt nach dem geflügelten Wort: »Die Lage ist besser als die Stimmung.« Diese Tendenz wurde besonders deutlich bei der Frage:

In jeder Gesellschaft gibt es Reiche und Arme. Viele sagen, gegenwärtig würden in Deutschland die Reichen immer reicher und die Armen immer ärmer. Würdet ihr vom Prinzip her dieser Aussage zustimmen?

Die übereinstimmende Antwort aller: ein klares »Ja«.
Der Hinweis auf international anerkannte Statistiken, in de-

nen das Wohlstandsgefälle der jeweiligen Länder untereinander analysiert wird und nach denen Deutschland immer noch im oberen Drittel beim Lebensstandard des einzelnen anzutreffen sei, wollten Sarah, Ulrike, Beate und Holger nicht gelten lassen. Schließlich seien in Norwegen, erläuterte Sarah, die selbst einige Zeit in diesem Land gelebt hatte, im Gegensatz zu Deutschland die Verhältnisse viel besser: hohe Gehälter, schöne Häuser, ausreichend Arbeitsplätze und eine bessere medizinische Versorgung. Und Beate ergänzte:

> Wenn die Arbeitslosigkeit immer weiter zunimmt und einige hohe Tiere immer mehr Geld kriegen und die Lebensmittel immer teurer werden, dann stimmen die Statistiken nicht.

Die nachfolgenden Fragen und Antworten sollen als krönender Abschluß dienen und daher ungekürzt dem Leser einen Eindruck vermitteln, wie weit inzwischen an deutschen Schulen Anspruch und Wirklichkeit auseinanderklaffen:

Würdet ihr der Forderung zustimmen, daß Leistung sich lohnen muß?

> **Sarah:** Ja, umsonst macht keiner was. Selten.
> **Holger:** Mit einigen Ausnahmen. Man muß dann schon einen Ansporn haben.
> **Ulrike:** Das kommt auch auf die Tätigkeiten an. Höhere Tätigkeiten müssen auch besser bezahlt werden. Wenn es jemand im Beruf schafft, vorwärtszukommen, dann steckt auch viel Fleiß dahinter. Man hat sich auch schon viel früher engagiert als andere.
> **Beate:** Es kommt darauf an, wie hoch die Verantwortung ist, die man trägt.
> **Sarah:** Leistung muß sich lohnen, wenn jemand etwas Gutes leistet. Aber Freizeit muß schon sein.

Wir sprachen gerade über Leistung und ob sich Leistung lohnen soll. Was sagt euch eigentlich der Name Ludwig Erhard?

> **Sarah:** Noch nie gehört.

Holger: War das nicht ein Komiker?
Ulrike: War der nicht Bundeskanzler?
Beate: Bundeskanzler? Ich weiß nicht. Ich habe den Namen noch nie gehört, auch im Politikunterricht nicht.

Was versteht ihr unter sozialer Marktwirtschaft, beziehungsweise was sind die Kernthesen dieser Wirtschaftsordnung?

Sarah: Kapitalismus.
Holger: Geht es da um Angebot und Nachfrage? Weiß ich nicht.
Ulrike: Das heißt doch, daß man in Deutschland Startkapital haben muß, und wenn jemand Pleite geht, daß er vom Staat dann Subventionen kriegt. Also, wer am besten im Geschäft ist oder am härtesten, der kommt am besten durch. Der bleibt dann auch, der überlebt sozusagen.
Beate: Ich meine, daß man unterstützt wird, wenn man arbeitslos oder krank wird. Daß die jungen Leute die älteren Leute im Grunde genommen unterstützen durch die Bezahlung von Rentenversicherungen. Die Rentner werden unterstützt, weil sie ja schon eingezahlt haben. Das verstehe ich unter sozialer Marktwirtschaft.

Im Gegensatz zur Marktwirtschaft steht die Planwirtschaft – also die sozialistische Wirtschaftsordnung. Was versteht ihr darunter?

Sarah: Ich glaube, daß alle das gleiche bekommen. Die Löhne und Bedingungen sind fast gleich.
Holger: Das war so in der ehemaligen DDR.
Ulrike: Daß jeder das gleiche hat, aber auch, daß keiner eben besonders durch irgend etwas hervorsticht.

Glaubt ihr, daß die Planwirtschaft heute noch eine Alternative zur sozialen Marktwirtschaft darstellt?

Sarah: Das glaube ich nicht.

Warum nicht?
> **Sarah:** Weiß ich nicht.
> **Holger:** Im Sozialismus ist jeder gleichgestellt. Ich denke, daß es bei der Marktwirtschaft überhaupt nicht so ist. Das Gegenteil ist der Fall. In der Marktwirtschaft kommt nur der durch, der am härtesten ist. Sozialismus bedeutet gerade das Gegenteil.
> **Ulrike:** Ich kann mir auch nicht vorstellen, daß Planwirtschaft eine Alternative ist, weil man da auch keine Fortschritte macht. Alles ist nur Standard; man braucht sich überhaupt nicht anzustrengen. Wenn alle das gleiche kriegen, muß man sich nicht anstrengen. Dann kommt auch kein Fortschritt zustande.

... wie zwei Planeten

Das Gespräch mit den Gymnasiasten endet mit einer (anonymen) Fragebogenaktion zum eigenen politischen Standort beziehungsweise zur vermuteten politischen Ausrichtung (die Skala reichte von Parteien wie KPD/ML, gleich – 6, bis DVU, gleich + 6) der Fachlehrer. Bis auf eine Ausnahme stuften sich alle Schüler im politischen Koordinatensystem Mitte/links ein. Bei den Lehrern sah das Diagramm anders aus. Kein Pädagoge erhielt die Einschätzung Mitte/links, Mitte oder Mitte/rechts, sondern sie rangierten alle auf der Skala von minus drei (Bündnis 90/Die Grünen) bis minus fünf (PDS). Diese Einschätzung traf auch auf jene Fachlehrer zu, die Mitglieder der SPD sind.

Herausgehoben werden sollte eins: An den Schülern liegt es nicht, wenn beispielsweise die Arbeitswelt von heute, wenn Ludwig Erhard und seine Idee der sozialen Marktwirtschaft schemenhaft bleiben und Randgruppen in Lehrbüchern mehr Beachtung finden als der königliche Kaufmann oder der ehrbare Handwerker.

Erinnern wir uns an die Aussage des griechischen Philosophen Epiktetos, im Leben seien weniger die Fakten als vielmehr die Meinungen über sie wichtig. Diesen auch heute noch richtigen Ausspruch sollten sich all diejenigen zu Herzen nehmen, die nicht möchten, daß ihren Kindern vermeintliche Wahrheiten eingetrichtert werden, die so weit von der Realität entfernt liegen wie zwei Planeten voneinander.

Epilog
Der lange Marsch durch die Schulen
von Klaus Hornung

Historiker, die in absehbarer Zeit den Prozeß des Wandels von der freiheitlichen Demokratie in Deutschland im letzten Drittel des 20. Jahrhunderts zu einer »antifaschistisch-demokratischen Ordnung« untersuchen werden, werden dabei auf den langen Marsch der Linken durch die Institutionen seit 1968 stoßen und dann erneut seit der Wiederherstellung der deutschen staatlichen Einheit nach 1992. Kirchen und Rechtsprechung, Fernsehen und Bildungswesen spielten und spielen dabei eine herausragende Rolle. Hier suchten und fanden die Avantgarden der Kulturrevolution ihre vorwiegenden Aktionsfelder mit dem Ziel, von diesen Nervenzentren des Systems aus die bestehende Gesellschaft mental, kulturell und politisch zu »verändern«, aus den Angeln zu heben.

Während in der Breite unserer Gesellschaft und auch unter ihren Eliten noch eine Stimmung von Normalität und Saturiertheit vorherrscht, ist dieser schleichende kulturrevolutionäre Prozeß in Deutschland in den letzten dreißig Jahren weiter vorangekommen, als viele meinen. Und es ist das Verdienst der vorliegenden Untersuchung von Klaus J. Groth und Joachim Schäfer, ein Röntgenbild dieses Prozesses und der Pathologie der deutschen Gesellschaft vorzulegen. Das Welt-, Gesellschafts- und Politikbild, das die Untersuchung Schulbüchern und weiteren schulrelevanten Materialien entnimmt, soll das lebensnotwendige Minimum politischer und nationaler Solidarität der Deutschen zerstören. Den heranwachsenden Generationen wird ein kollektiver Schuldkomplex eingeimpft, das »Recht« zu extremer individueller »Selbstverwirklichung« und zu einem gesellschafts-, staats- und volksfeindlichen Egozentrismus. Die Analyse zeigt manche schlimmen Methoden auf, mit denen in vielen Schulbüchern besonders der Gemeinschaftskunde/Gesellschaftslehre verfahren wird (und auch in Geschichts-, Deutsch- und Religionsschulbüchern ist das Strickmuster oft nicht viel anders). Das Rezept lautet: Man nehme die in das Weltbild der betreffenden Schulbuchautoren passenden Inhalte, Berichte, Bewertungen vorwiegend linker Zeitschriften, Zeitungen, Broschüren, Materialien und »Dokumentationen« im Interesse angeblicher »Lebensnähe«, gebe hin und wieder auch andere Texte hinzu, um dem Vorwurf der Parteilichkeit zu begegnen, formuliere dann entsprechende tendenziöse »Arbeitsaufgaben« für die anschließende unterrichtliche »Diskussion«, und es müßte doch mit dem Teufel zugehen, wenn das Gewollte nicht in den Köpfen der Schüler Fuß fassen sollte. Wieder einmal wird das Bemühen um Ausgewogenheit und Objektivität als »bürgerliches Vorurteil« betrachtet, wie wir es schon von Kommunisten und Nationalsozialisten gewohnt waren. Und ebensowenig ist wirklich kritisches Bewußtsein und Selbstkritik gefragt. An seine Stelle tritt ein enggeführtes subjektives und zeitgeistabhängiges Geschichts- und Gesellschaftsbild in einer Mischung aus imperativer Unwissenheit und arroganter Selbstsicherheit. Auch objektive Daten werden entweder nicht zur Kenntnis genommen oder »kritisch« bezweifelt, »bestritten«, etwa die jährlichen Asylbewerberzahlen in Deutschland und ihr Vergleich mit dem übrigen Europa, ihre Kosten etc. Es wird zumeist überhaupt nicht mehr zwischen Wahr und Falsch unterschieden, sondern nur noch zwischen Gut und Böse, und dies nach den selbst festgelegten Maßstäben, so daß es dann leicht möglich wird, die deutsche Gesellschaft unserer Tage als eine einzige Ansammlung von Ausländerfeinden, Faschisten und Rassisten darzustellen. Die deutsche Geschichte beginnt in den Köpfen vieler Schulbuchautoren, Lehrer und dann auch der Schüler im wesentlichen mit dem Nationalsozialismus. Im Klima eines verbreiteten »historischen Analphabetismus« (Alfred Heuß) wird Geschichte fast nur noch in den Kategorien von Schuld und Sühne (natürlich nur der Deutschen) »bearbeitet« und daher nicht mit ihren zahlreichen Wechselwirkungen und Vorbedingungen, die man nicht mehr kennt oder zur Kenntnis nehmen will, man denke nur an den Ersten Weltkrieg und seinen Ausgang, den Sturz der Monarchien 1918, den Versailler Vertrag, Inflation und Weltwirtschaftskrise seit 1930 als die wesentlichen Voraussetzungen des Nationalsozialismus oder an den Hitler-Stalin-Pakt vom 23. August 1939 mit seiner Bedeutung für die Auslösung des Zweiten Weltkriegs. Wenn das alles unsere Zeitgenossen nicht interessiert oder als bloße »faschistische Apologie« vom Tisch gewischt wird, braucht man sich über die – beabsichtigten – Wirkungen in den Köpfen – nicht nur von Schülern – nicht zu wundern: nationaler Selbsthaß, die Ersetzung wirklicher Nachdenklichkeit, die ja etwas mit Denken zu tun hat, durch simple Schuldgefühle, die Ersetzung von Fakten und Zahlen durch Behauptungen. Das Verhalten eines angeblich intellektuellen Publikums bei einer Veranstaltung mit Daniel Goldhagen in München, das auch auf die leiseste Kritik mit überbordenden Emotionen reagierte, spricht Bände. In den untersuchten Schulbüchern hat jedenfalls die einseitige Auswahl der Quellen, Fakten und Bewertungen Methode, einschließlich der alten Erfahrung, daß halbe Wahrheiten ganze Lügen sind, etwa wenn man nur von Hitlers Rassenkrieg, aber nicht von Stalins Klassen- und Partisanenkrieg spricht, nur vom »Frieden schaffen ohne Waffen«, aber nicht von der hochgerüsteten und aggressiven Sowjetunion 1941 wie in den fünfziger Jahren, die angeblich vom Westen und von Adenauer nur »als aggressiv gedacht« wurde. Um den Unternehmer als Ausbeuter darzustellen, genügt in deutschen Schulbüchern auch nach dem Zusammenbruch des »real existierenden Sozialismus« noch immer Günter Wallraff als Zeuge oder eine primitive Karikatur (wie in einem Buch von K. G. Fischer). Das soll als Anstoß zur Diskussion dienen, präformiert sie freilich von Anfang an in die gewollte Richtung. Und wie in der Auseinandersetzung mit Geschichte und Politik genügt es dann auch in der Wirtschaftslehre, mit dem Standardrepertoire drittklassiger Journalisten komplexe Zusammenhänge auf angeblich einfache Ursachen zu reduzieren und auf den Unternehmer als »negative Märchenfigur« zu personalisieren wie in gewissen Standard-Kriminalfilmen.

Man muß sich klarmachen, daß die untersuchten Schulbücher und Materialien die Pädagogik der Neuen Linken fortführen, die sich in Deutschland ab 1968 entwickelt hat. Diese sich als »emanzipatorisch« verstehende Pädagogik hat ihren ersten schulamtlichen Niederschlag in den hessischen Rahmenrichtlinien für Deutsch und Gesellschaftslehre der Sekundarstufe I (1. Fassung 1972, 2. Fassung 1973/74) und in den gleichzeitigen Rahmenlehrplänen für die Gesamtschulen und den Richtlinien für den Politikunterricht in Nordrhein-Westfalen gefunden. Ihre wichtigsten Kennzeichen waren die Verdächtigung jeder Autorität und »eine diffuse negativ-kritische Voreinstellung zur Gesellschaft« (wie der der Sozialdemokratie nahestehende Historiker Thomas Nipperdey damals formulierte), der Bruch mit der kulturellen Überlieferung und das universale Mißtrauen gegen tradierte Normen (Wolfgang Brezinka). Das wichtigste Mittel dazu war die Abschaffung des Geschichtsunterrichtes in den beiden genannten Bundesländern und die entsprechende Einengung des geistigen Horizonts auf das Zerrbild einer »veränderungsbedürftigen« Gegenwartsgesellschaft. Geschichte wurde spätmarxistisch als die der Konflikte zwischen Klassen, sozialen Schichten und Interessengruppen dargestellt, und sie verkam damit zum großen Kasten subjektiv ausgewählter Beispiele und Illustrationen, die lediglich als Beweise für die vorgegebenen Thesen der »Veränderbarkeit« und »Veränderungsbedürftigkeit« der heutigen Gesellschaft dienen sollen. Die geistige Korrekturfunktion der Geschichte für die Gegenwart kommt damit natürlich überhaupt nicht in den Blick. Geschichte soll nur noch ein abrufbares Sortiment von Stützmaterialien für den unaufhaltsamen Fortschritt der Demokratisierung liefern, wie es ein in den siebziger Jahren prominenter Didaktiker des Politikunterrichts, Hermann Giesecke, lehrte. Und die Schüler »lernten« so das Kritisieren, bevor sie eine Vorstellung von der Vielfalt und Widersprüchlichkeit der Welt, ihrer Wertungen und Konflikte bekamen. In den erwähnten Lehrplänen und Richtlinien und bei den meisten Didaktikern der siebziger Jahre wurden die »eigenen Glücksansprüche« des Schülers zum zentralen Maßstab für das Urteilen und Handeln der emanzipierten Persönlichkeit erklärt. Die Jugendlichen sollten zum permanenten Mißtrauen gegen

die Tradition und die Normen und Werte der Gesellschaft erzogen werden, deren »Anerkennung oder Ablehnung« ausdrücklich in ihr eigenes Belieben gestellt wurde. Im Deutschunterricht sollte Sprache vor allem als Herrschaftsfunktion eingetrichtert werden, und ebenso wurde die Literatur unter einseitig gesellschaftskritischen und traditionsfeindlichen Gesichtspunkten ausgewählt. Nach dem hessischen Lehrplan sollte das Hauptgewicht ausdrücklich auf die »Gebrauchstexte« (Zeitungs- und Werbetexte, Comics etc.) gelegt werden und der Deutschunterricht ausdrücklich nicht »der Einführung in einen nationalen Kanon wertvoller Dichtung« dienen. Golo Mann kommentierte damals treffend: »Hier wird ein Raub an der Jugend geplant, eine neue Art, sie zu beherrschen.« Diese Lehrpläne verstießen gegen die jahrtausendealte Erkenntnis, »daß der Geist der Jugend gute Nahrung braucht und nicht gemeine, um letztere zu ›hinterfragen‹. Das junge Gedächtnis ist stark; es behält das Gemeine auch und wird dann für den Rest des Lebens davon belästigt.« Man sprach von der »befreienden Macht« der großen Literatur, »gleichgültig ob sie sozialkritischen Inhalts war oder nicht. Wer die schönsten Gedichte kennt und liebenlernt, besonders auch, wenn er sie selbst hersagen kann, der wird freier, unabhängiger; der stärkt die eigene Identität. Der kann Trost ... finden in allerlei Notlagen, die auch in der emanzipierten Gesellschaft uns früher oder später nicht erspart bleiben. Es ist die Aufgabe, ist mindestens eine Hauptaufgabe des Deutschunterrichts, der Jugend eine erste Begegnung mit diesem in Jahrtausenden gesammelten Schatz zu vermitteln.«
Wessen diese Jugend durch die emanzipatorische Pädagogik beraubt wurde, wie deren Saat in den Schulen aufgeht, zeigt das aufgezeichnete Interview mit vier Schülern eines Gymnasiums in Unna/Westfalen. Den vier kann und wird man gewiß keinen Vorwurf machen, sie sind selbst Opfer unserer Schul- und Gesellschaftswirklichkeit, der personalen und gesellschaftlichen Verantwortungslosigkeit von Lehrern, wie sie in dieser Untersuchung in der »Originalsprache« ihrer Briefe zutage tritt. Wenn die Nation im Politik- und Geschichtsunterricht nicht vorkommt, braucht man sich über

die vagen und unklaren Antworten nicht zu wundern: die Verwechslung mit Nationalismus, die angebliche Überholtheit des Themas angesichts der heutigen »offenen Grenzen« usf. Ähnlich angepaßt sind die Antworten auf die Frage nach der Fremdenfeindlichkeit: Man spricht dann vage von »Sündenbockfunktion« und »Integration«, hat freilich Fremdenfeindlichkeit im eigenen Umfeld nie erlebt. Der historische Analphabetismus tritt besonders auch in den Antworten auf die Fragen nach Wehrmacht und Bundeswehr zutage. Daß zu ihrer Einsatzfähigkeit auch Tradition und Werte wie Mut und Tapferkeit gehören, leuchtet nur einer Schülerin ein. Im übrigen wird, ganz entsprechend einer unwissenden Mehrheitsmeinung, die Funktion der Bundeswehr mit Entwicklungshilfe gleichgesetzt; sie soll »nicht zum Kampf ausbilden«, Verteidigung »bringt nichts«, Konflikte soll man »mit Wort und Schrift« lösen, durch Verhandlungen und Kompromiß. Was will man zu diesen Schülern sagen, wenn sie von Politikern und Medien täglich dasselbe hören? Die demagogische Formel »Die Reichen werden immer reicher, die Armen immer ärmer« wird unreflektiert bejaht mit Hinweisen auf Arbeitslosigkeit und »ständig teurer werdende Lebensmittel«. »Soziale Marktwirtschaft« wird definiert durch »staatliche Subventionen, wenn jemand pleite geht« und blasse Erinnerungen an die Versicherungen für Arbeitslosigkeit und Krankheit und an die Renten für die Alten. Auch spielen vage Anklänge an sozialdarwinistische Vorstellungen eine Rolle: »Der beste, der härteste setzt sich durch.« Das Bekenntnis zu »Leistung« einschließlich zu der darauf beruhenden Ungleichheit bleibt unreflektiert, auch wenn dabei ein persönlicher Unterton zu spüren ist. Insgesamt ist die Wirtschaftsfremdheit dieser Kinder aus vermutlich »bürgerlichen« Elternhäusern nicht zu verkennen. Ein denunziatorischer Politik- und Wirtschaftsunterricht ebenso wirtschaftsfremder Lehrer hat sie nicht gemäßigt und wenigstens ansatzweise zur Realität geführt, sondern bis zur Groteske vertieft. Und schließlich muß auch die sehr begrenzte sprachliche Ausdrucksfähigkeit der Schüler auffallen, die natürlich von den mangelhaften historisch-politischen Kenntnissen nicht zu trennen ist. Hier wird deutlich, welches die Folgen sind, wenn man an die Stelle zureichender Kenntnisvermittlung über die objektive Welt mit allen ihren Widersprüchlichkeiten die ersatzreligiöse säkularisierte Zentralfrage nach »Gut und Böse« rückt. Hier wird dann der Manipulation Unwissender Tür und Tor geöffnet, wird die Urteilsfähigkeit a priori aufgelöst, bei der inhaltliches Wissen und sprachlich-begriffliche Befähigung natürlich zusammenwirken müssen. Mit anderen Worten: Hier vollendet sich der »Sieg der Gesinnung über die Urteilskraft« (Hermann Lübbe). Und diejenigen, die unablässig das Panier der Aufklärung gegen reaktionäre »Vorurteile« und das absolut Böse des »Faschismus« schwenken, demaskieren sich als die Dunkelmänner unserer Zeit. Mit Recht hat Martin Walser davon gesprochen, »daß unsere nationale und gesellschaftliche Ratlosigkeit eine Folge unserer Entfernung von der Geschichte« ist und daß unser historisches Defizit uns unfähig mache zur Lösung der Probleme, denen wir am Endes des Jahrhunderts unübersehbar ausgesetzt sind. Historisch-politischer Gedächtnis-, Traditions- und Identitätsverlust (»Ludwig Erhard ein Komiker«) hat politischen Realitätsverlust zur unmittelbaren Folge. Subjektivistische Gesinnungshypertrophie mündet in politische Palmström-Logik: »Doch darum schließt er messerscharf, daß nicht sein kann, was nicht sein darf.« Wir befinden uns am Kern der heutigen deutschen Lage und unserer Reformunfähigkeit. Die Wahrnehmung der gesellschaftlich-politischen Wirklichkeit und die dogmatisch verengten Meinungen über sie verhalten sich in der Tat, wie die Autoren mit Recht sagen, wie zwei Planeten zueinander. Das weithin linksdogmatische Weltbild auch mancher »Eliten« in Medien, Bildungswesen und Politik erweist sich als das eigentliche Hemmnis unserer Tage zur Lösung der realen Probleme, die der Mehrheit der Bevölkerung auf den Nägeln brennen. Das alles mußte den Weg in die »inhumane Kälte eines neuen Barbarentums« ebnen, wie Günter Zehm schon früh gewarnt hat. Über den steigenden Pegel der Gewalt bei unserer Jugend und in den Schulen in einer Generation ohne Werte und Pflichten braucht sich also wahrlich niemand zu wundern, der sich von den hier beschriebenen Entwicklungen Rechenschaft zu geben vermag. Wenn Wohlstand und wohlfahrtsstaatliches System zum Danaergeschenk werden, weil sie Pflichten überflüssig zu machen scheinen und die erstrebte Freiheit ohne überindividuelle Bindungen zur Anarchie verkehren, entsteht eine gesellschaftliche Gefahrenlage von höchster Brisanz.

Am Beginn der Abwehr der kulturrevolutionären Herausforderung hat daher die Selbstkritik der liberalen Gesellschaft zu stehen. Das sogenannte bürgerliche Lager hat sie, naiv und mit viel Indolenz, jahrzehntelang gewähren lassen. Anstatt dem faszinierenden Irrtum der emanzipatorischen ‚Weltsicht, die die Ideale der Menschheitsbefreiung und Menschheitsbeglückung in den Dienst ihres Machtwillens stellt, rechtzeitig mit guten Gründen zu widersprechen, hat das bürgerliche Lager mit jenem »seichten Unvermögen, des Menschen zeitenaltes Wesen zu begreifen, geflirtet, nur um nicht als konservativ zu erscheinen«, wie Alexander Solschenizyn gesagt hat. Auch in den CDU-Ländern und ihren Kultusministerien ist da in den letzten drei Jahrzehnten viel gesündigt worden, und der Unterschied zu den sozialdemokratischen »A-Ländern« war deshalb oft nur graduell, nicht prinzipiell. Die individualistische Form der Demokratie und ein bindungsloser Laisser-faire-Liberalismus haben jenes Vakuum entstehen lassen, in das die kulturrevolutionären Strömungen eindringen konnten, eindringen mußten. Gerade eine freiheitlich-pluralistische Gesellschaft bedarf aber einer Schule, die gleicherweise der Bildung der individuellen Urteilskraft wie dem moralischen und kulturellen Zusammenhalt des Gemeinwesens dient. Sie muß im Widerspruch zu einem utopischen Fortschrittsglauben aus der Erkenntnis handeln, daß das »Festhalten des ungeheuren Schatzes von Wissen und Weisheit, der in den Traditionen jeder alten Kultur wie in den Lehren der großen Weltreligionen enthalten ist, nicht nur ebenso wichtig, sondern sehr viel wichtiger ist als das Hinzuerwerben« (Konrad Lorenz). Gerade in einer Welt explodierenden technisch-ökonomischen »Fortschritts« und der Globalisierung ist die Schule zum Parteiergreifen für die haltenden Mächte und Kräfte aufgerufen, was ihre Offenheit für den Fortschritt nicht ausschließt, aber fundiert und überwölbt.

Das oft so billige Schlagwort von der »wehrhaften Demokratie« sollte sich ja nicht in erster Linie auf den Verfassungsschutz beziehen, sondern auf die stete Vergegenwärtigung der Kräfte des Geistes einer mehrtausendjährigen europäischen Überlieferung. Und zugleich meint es etwas ganz Konkretes, etwa die Verbindung von Gleichgesinnten in Bürger- und Selbsthilfeorganisationen von Eltern, Lehrern, Wissenschaftlern und anderen Gruppen. So haben zum Beispiel in den siebziger Jahren der Hessische Elternverein und der Bund »Freiheit der Wissenschaft« an unseren Hochschulen der ersten kulturrevolutionären Offensive erfolgreich Paroli zu bieten verstanden. Das erfordert auch heute wieder, die Furcht vor Auseinandersetzungen und Konflikten zu überwinden und den entschiedenen Willen, alles zu tun, damit die freie und pluralistische Gesellschaft wirklich frei und pluralistisch bleibt und nicht in einer linksliberal-kulturrevolutionär-sozialistischen Einheitsgesellschaft untergeht, deren Umrisse die Political Correctness unserer Tage schon deutlich genug zeichnet. Wir sollten aber auch nicht unterschiedslos alles für verteidigungswürdig ausgeben, was die Kulturrevolution angreift: »Nicht jeder Kritiker ist ein Revolutionär; nicht jede Auflehnung gegen Autoritätsträger ist ein Übel«, sagt Wolfgang Brezinka zu Recht. Andererseits ist aber auch *der* schon verloren, der naiv und unkritisch die Begriffe und sprachlichen Formeln der Gegenseite übernimmt. Im Kern geht es um die Verteidigung und Erneuerung der Voraussetzungen menschlicher Personalität auf den Grundlagen der europäischen Tradition in ihrem großen Bogen von Griechentum und römischem Staatsgedanken, dem biblischen Menschenbild bis zur europäischen Aufklärung. Geboten ist der Widerstand gegen eine »zu frühe leichtgemachte Emanzipation« mit ihrer herren- und widerstandslosen Erziehung, die für niemanden gut sein kann, sondern nur zur »Vermehrung der Gleichgültigkeit« und zur Indoktrinierung und »Indoktrinierbarkeit« der Menschen führt, die Konrad

Lorenz uns als eine der »acht Todsünden der Menschheit« vorgestellt hat. Es geht um die Überwindung der verbreiteten »hybriden Überschätzung von Zeitgenossenschaft« und »politisierten Unwissenheit jener für ein bis zwei Generationen zugestopften Erziehungs- und Bildungsstätten«, diesen »Horten der finstersten Aufklärung«. Das Geschwätz unserer »TV- und Infotainment-Zivilisation« fordert zu einer neuen Pflege der geistigen Überlieferung und zur Schaffung von »Schutzzonen der Sprache« geradezu heraus. Die Lektüre und Analyse von Botho Strauß' Essay »Anschwellender Bocksgesang« ersetzt an geistiger Tiefe und Weite zum Verstehen unserer Gesellschaft zehn unserer verbreiteten Gesellschaftskundebücher allemal.

Schon 1975 hat Robert Spaemann unseren Kultusbürokratien, Lehrern, Schulbuchautoren und Verlagen eine Wegweisung erteilt, die nichts an Gültigkeit verloren hat, wenn er schrieb: »Gegenüber der Emanzipationsideologie müssen wir die Mündigkeit der Bürger verteidigen. Der ideologisch überforderte Emanzipationsbegriff ist zweideutig geworden. Einst als Befreiung aus vormundschaftlicher Gewalt gemeint, dient er zur Legitimation neuer Arten von Herrschaft, nämlich derjenigen, der es gelingt, sich als emanzipatorisch zu deklarieren!«

Klaus Hornung, geboren 1927 in Heilbronn, lehrte bis 1992 als Professor für Politikwissenschaft an der Universität Stuttgart-Hohenheim. Studium der Geschichte, Politikwissenschaft, Germanistik und Anglistik in Tübingen, Staatsexamina und Promotion in Tübingen bei Hans Rothfels (1952/1955). Dozent und Professor an der Pädagogischen Hochschule Reutlingen (1962–1987). Habilitation und Privatdozent an der Universität Freiburg (1974–1987). Wichtigste Veröffentlichungen: Staat und Armee. Studien zum politisch-militärischen Verhältnis in der Bundesrepublik Deutschland (Mainz 1975); Der faszinierende Irrtum. Karl Marx und die Folgen (Herder-TB, 4. Auflage Freiburg 1982, italienische, spanische und koreanische Ausgaben); Das totalitäre Zeitalter. Bilanz des 20. Jahrhunderts (Berlin/Frankfurt am Main 1993, Paperback-Ausgabe Berlin 1997); Scharnhorst. Soldat – Reformer – Staatsmann (München 1997).

Anmerkungen

zu »So sind wir ...!??«

[1] Schneider/Zindel: Moment mal – Ein handlungsorientiertes Politikbuch, Winklers Verlag/Gebrüder Grimm, S. 16, 3. Auflage, zitiert nach: G. Stiller/S. Kilian: Hinterher ist man schlauer. Nein-Buch für Kinder

[2] Frauen – Gleichberechtigung, Gleichstellung, Emanzipation?, hrsg. von Susanne Asche/Anne Huschens in der Reihe Geschichte und Politik, S. 47–48, Verlag Moritz Diesterweg, 1990

[3] Ebenda, S. 66, zitiert nach Simone de Beauvoir: Das andere Geschlecht, Rowohlt 1960

[4] Ebenda, S. 67, zitiert nach Wulf Petzold: Hausmann – das ist ein wahnsinnig einsamer Job, in: Frankfurter Rundschau, 7.3.1981

[5] Schneider/Zindel, S. 78, zitiert nach: Schulfernsehen Hessen, Männer/Frauen 1987/88

[6] Ebenda, S. 19, zitiert nach J. Fast: Typisch Frau! Typisch Mann!, in: Schulfernsehen Hessen 1987; Winklers Verlag/Gebrüder Grimm, 3. Auflage 1994

[7] Ebenda, S. 19

[8] Ebenda, S. 17

[9] Ebenda, S. 18

[10] Ebenda, S. 18

[11] Frauen – Gleichberechtigung, Gleichstellung, Emanzipation?, S. 69, zitiert aus: Badische Neueste Nachrichten vom 28.4.1988

[12] Schneider/Zindel, S. 79, zitiert nach: Frankfurter Neue Presse vom 31.10.1978

[13] Das Hirschgraben Lesebuch 10, Cornelsen Verlag, 1992

[14] Ulrike Fichera: Die Schulbuchdiskussion in der BRD, 1996

[15] Klaus Jürgen Bönkost/Rolf Oberliesen: Arbeit, Wirtschaft und Technik in Schulbüchern der Sekundarstufe I, hrsg. vom Bundesministerium für Bildung, Wissenschaft, Forschung und Technologie, 1997, S. 474

[16] Ebenda, S. 474

[17] Ebenda, S. 401

[18] Frauen – Gleichberechtigung, Gleichstellung, Emanzipation? S. 76–77

[19] Ebenda, S. 78

[20] Ebenda, S. 93, zitiert nach Sigrid und Wolfgang Jacobeit: Alltagsgeschichte des deutschen Volkes 1810–1900, Pahl Rugenstein 1987

[21] Ebenda, S. 92, aus: Carl Dreyfuß: Beruf und Ideologie der Angestellten, 1933, zitiert nach: Annette Kuhn: Frauen in der Geschichte, Schwann 1997

[22] Ebenda, S. 95, zitiert nach: Veronika Wunsch, in: Badische Neueste Nachrichten vom 10.5.1988

23 Ebenda, S. 79
24 Ebenda, S. 80
25 Ebenda, S. 81
26 Ebenda, S. 79
27 Ebenda, S. 114
28 Ebenda, S. 9
29 Ebenda, S. 23, zitiert nach: Badische Neueste Nachrichten vom 5.7.1988
30 Ebenda, S. 23, zitiert nach: Gegendruck. Stadtzeitung für Karlsruhe, Juni 1988
31 Ebenda, S. 25, zitiert nach: Luise F. Pusch: Das Deutsche als Männersprache, Suhrkamp 1984
32 Ebenda, S. 127–128
33 Ebenda, S. 28–29
34 Ebenda, S. 30–31, zitiert nach: Ursula Scheu: Wir werden nicht als Mädchen geboren – wir werden dazu gemacht, Fischer Verlag 1977
35 Ebenda, S. 30, zitiert nach: Jean-Jacques Rousseau: Emile oder Über die Erziehung
36 Ebenda, S. 130, zitiert nach: Hanne Tügel/Michael Heilemann: Frauen verändern Vergewaltiger, Fischer Verlag 1987
37 Ebenda, S. 41–42, zitiert nach: Heide Vogt: Lernziel Gleichberechtigung. Hinweise und Anregungen für Schule und Unterricht, hrsg. von der Leitstelle für Gleichberechtigung der Frau, Hamburg
38 Ebenda, S. 144–145

zu »Selbsthaß im Selbstversuch«

1 Schneider/Zindel: Moment mal – ein handlungsorientiertes Politikbuch, S. 36, zitiert nach: Hessisch-Niedersächsische Allgemeine vom 10.2.1989; Winklers Verlag/Gebrüder Grimm, 3. Auflage 1994
2 Wenn ein Fremdling bei euch wohnt – Texte und Gedanken zur Verunsicherung, zum Fragen und zum Weiterdenken, hrsg. von Rolf Grix und Wilhelm Knöll in der Reihe Geschichte und Politik, S. 106, Verlag Moritz Diesterweg 1993
3 Was heißt hier fremd? – Unterrichtsmaterial zum Thema Ausländerfeindlichkeit, hrsg. von Gisela Führung und Mechthild Lessing, S. 44 Cornelsen Verlag 1944
4 Ebenda, S. 44
5 Ebenda, S. 26
6 Ebenda, S. 26
7 Ebenda, S. 10, zitiert aus dem Lebensbericht des Italieners Franco Biondi, zitiert nach: Kursbuch Nr. 62, Berlin 1980
8 Wenn ein Fremdling bei euch wohnt, S. 116
9 Ebenda, S. 117, zitiert nach Diethelm Knauf: In einer neuen Welt. Aus-

wanderer – Einwanderer, in: Bildungsforum vhs: Manuskript zur Sendung des hessischen Rundfunks: hr2 am 9.4.1992
10 Ebenda, S. 118
11 Der Spiegel, Nr. 16, 14.4.1997
12 Was heißt hier fremd?, S. 19; zitiert nach: Weltfriedendienst – Querbrief Nr. 4, 1991
13 FAZ, 10.3.1998
14 Der Spiegel, Nr. 16, 14.4.1997, S. 87
15 Was heißt hier fremd?, S. 18–19, zitiert nach: Weltfriedendienst – Querbrief Nr. 4, 1991
16 Ebenda, S. 61; zitiert nach: taz-Journal »Die Deutschen und die Fremden, 1991
17 Ebenda, S. 61
18 Wenn ein Fremder bei euch wohnt …, S. 21, zitiert nach Thorsten Schmitz: Ausländerhaß vor großem Publikum, in: die tageszeitung vom 23.9.1991
19 Ebenda, S. 22; Artur Süsskind, Mitglied der »Demokratischen Liste« in der Repräsentantenversammlung der Jüdischen Gemeinde Berlin, zitiert nach: die tageszeitung vom 7.10.1991
20 Extremismus, Radikalismus, Demagogie von rechts, von Hans Endlich (Hrsg.), Rolf Grix, Klaus Willenberg, Verlag Moritz Diesterweg, 2. Auflage 1993; zitiert nach einem Interview von Elke Schilling (Deutsche Lehrerzeitung) mit Prof. Reiner Werner, in: Deutsche Lehrerzeitung 45/1992, S. 3
21 Was heißt hier fremd?, S. 56–57; zitiert nach: Weltfriedendienst – Querbrief Nr. 4 1991
22 Ebenda, S. 58–59; zitiert nach: Frankfurter Rundschau 9.6.1994
23 Ebenda, S. 7–11; zitiert nach: Kursbuch Nr. 62, Berlin 1980
24 Ebenda, S. 38–41; zitiert nach: taz-Journal »Die Deutschen und die Fremden«, 1991
25 Ebenda, S. 42; zitiert nach: »Begegnungen, die Hoffnung machen«, hrsg. von A. Kahane und E. Torossi, Freiburg 1993
26 Aktualitätendienst: Gesellschaft – Politik – Wirtschaft, (Hrsg. Jürgen Feick, Herbert Uhl), S. 33, Ernst Klett Verlag 1995, zitiert nach: Kirchenamt der Evangelischen Kirche in Deutschland: Asylsuchende und Flüchtlinge, 1994
27 Ebenda, S 32
28 Sannah Koch: Blauäugig, dumm, aufsässig; in: Die Woche, 9.4.1998, S. 29
29 Was heißt hier fremd? S. 4–5, zitiert nach: Süddeutsche Zeitung vom 1.4.1993
30 Extremismus, Radikalismus, Demagogie von rechts; S. 49–50, zitiert nach: Bartholomäus Grill: Gründeln in der rechten Gefühlswelt, in: Die Zeit vom 9.6.1989

31 Entdecken und verstehen, hrsg. von Dr. Thomas Berger, Karl-Heinz Müller, Prof. Hans-Gert Oomen, S. 81; Cornelsen Verlag 1996
32 Ebenda, S. 82
33 Ebenda, S. 83
34 Extremismus, Radikalismus, Demagogie von rechts, S. 44–45
35 Ebenda, S. 51, zitiert nach Yaacov Ben-Chanan, in: Hessisch-Niedersächsische Allgemeine vom 22.11.1989
36 Ebenda, S. 54, zitiert nach Karl-Heinz Klär u.a. (Hrsg.): Die Wähler der extremen Rechten. Band 3: Sozialstruktur und Einstellungen von Wählern rechtsextremer Parteien, Bonn 1989, S. 15
37 Ebenda, S. 107–108, zitiert nach Klaus Farin/Eberhard Seidel-Pielen: Krieg in den Städten. Jugendgangs in Deutschland, Berlin 1991, S. 40 f.

zu »Der Klassenkampf im Klassenzimmer«

1 Schneider/Zindel: Moment mal – Ein handlungsorientiertes Politikbuch, Winklers Verlag/Gebrüder Grimm, S. 46, 3. Auflage, zitiert nach: Paul Schallück in: Welt der Arbeit 26.6.1970
2 Bernhard Keller: Soziale Marktwirtschaft, Verlag Moritz Diesterweg 1995, S. 5–6
3 Ebenda, S. 114 u. 116
4 Ebenda, S. 143–144, zitiert nach: Hans-Gerd Heine: Armut im Überfluß, in: Süddeutsche Zeitung v. 28.12.1991
5 Schneider/Zindel: Moment mal ..., S. 42
6 Ebenda, S.45
7 Ebenda, S. 34

zu »Kommt die Nation abhanden? ...«

1 Gisela Führing/Mechthild Lensing (Hrsg.): Was heißt hier fremd?, Cornelsen Verlag 1994, S. 54
2 Ebenda, S. 22
3 Hans Endlich/Rolf Grix/Klaus Willberg: Extremismus, Radikalismus, Demagogie von rechts, Verlag Moritz Diesterweg, 2. Auflage 1993, S. 98
4 Schneider/Zindel: Moment mal ... – ein handlungsorientiertes Politikbuch, Winklers Verlag/Gebrüder Grimm, 3. Auflage 1994, S. 267
5 Dr. Thomas Berger (Hrsg.): Entdecken und verstehen, Cornelsen Verlag, S. 248
6 Schneider/Zindel: Moment mal ..., S. 269
7 Berger: Entdecken und verstehen, S. 248
8 Ebenda, S. 249
9 Ebenda, S. 262

Ausgewählte Literaturhinweise

Andrae, Dr. Uwe: »Entdecken und Verstehen«, Cornelsen Verlag, Berlin 1996

Arbeitsgemeinschaft Selbständiger Unternehmer e. V.: »Unternehmerbild in der Gesellschaft«, 1997

Behrens, Michael/von Rimscha, Robert: »Politische Korrektheit in Deutschland«, Bouvier Verlag, Bonn 1995

Braun, Hanne: »Unternehmer und unternehmerische Wirtschaft im Schulbuch«, Deutscher Instituts-Verlag GmbH, Köln 1981

Bundesministerium für Bildung, Wissenschaft, Forschung und Technologie: »Arbeit, Wirtschaft und Technik in Schulbüchern der Sekundarstufe I«, Bonn 1997

–: »Fünf Forderungen für den Unterricht der Zukunft«, Bonn 1997

Feick, Jürgen/Uhl, Herbert: »Aktualitätendienst, Gesellschaft – Politik – Wirtschaft«, Ausgabe 1996, Ernst Klett Verlag für Wissen und Bildung, Stuttgart/Dresden 1995

Focus 30/1994: »Schreckensszenario – Der Dritte Weltkrieg«

Greve, Uwe: »Verrat an der Marktwirtschaft«, Ullstein Report, Verlag Ullstein GmbH, Frankfurt a. M./Berlin 1994

Groth, Klaus J.: »Die Diktatur der Guten. Political Correctness«, Herbig Verlagsbuchhandlung, München 1996

Günther, Henning/Willeke, Rudolf: »Was uns deutsche Schulbücher sagen«, Forschungsstelle Jugend und Familie, Bonn 1982

Hamer, Eberhard: »Die Unternehmerlücke«, Horst Poller Verlag, Stuttgart 1984

–: »Das mittelständische Unternehmen«, Poller-Verlag, Stuttgart 1987

Heitmann, Steffen: »Wider die innere Zensur«, Interview in »Der Selbständige«, Juli 1995

Keller, Bernd: »Soziale Marktwirtschaft. Entstehung, Konzeption und Probleme unserer Wirtschaftsordnung«, Verlag Moritz Diesterweg GmbH & Co., Frankfurt a. M. 1995

Klippert, Dr. Heinz/Lißmann, Dr. Hans-Joachim/Nonnemacher, Dr. Frank/Straub, Christoph: »Praxis Politik«, Verlag Moritz Diesterweg GmbH & Co., Frankfurt a. M. 1995

Köcher, Renate: »Ist Marktwirtschaft unmenschlich?«, Institut für Demoskopie Allensbach, Allensbach 1995

Kummer, Jochen: »Ausländerkriminalität«, Verlag Ullstein GmbH, Frankfurt a. M./Berlin 1993

Medien Tenor: »Ratgeber Gesinnung – Verzerrte Unternehmens-Berichterstattung in den *Tagesthemen*«, Bonn 1996

Rudorf, Reginald: »Kopflos, Die Vertreibung der Eliten«, Wirtschaftsverlag Langen Müller/Herbig, München 1996

–: »Die vierte Gewalt«, Verlag Ullstein GmbH, Frankfurt a. M./Berlin 1994

Schäfer, Joachim: »Die Diktatur der Bürokraten. Der Bürger: geknechtet, geknebelt, geschröpft«, Wirtschaftsverlag Langen Müller/Herbig, München 1997

Schneider, Peter/Zindel, Manfred: »Moment mal ..., ein handlungsorientiertes Politikbuch«, Winklers Verlag, Gebrüder Grimm, Darmstadt 1994

Schultze-Rhonhof, Gerd: »Wozu noch tapfer sein?«, Resch-Verlag, Gräfelfing 1997

Sohn, Gunnar: »Die Öko-Pharisäer«, Verlag Ullstein GmbH, Frankfurt a. M./Berlin 1995

Wirtschaftsrat der CDU e. V.: »Gefährliche Tendenzen in Schulbüchern – eine Folge der Emanzipations-Theorie?«, Bonn 1978

Wirtschaftswoche Nr. 42 vom 12.10.1995: »Wie die Deutschen ihre Unternehmer sehen«

Wirtschaftswoche Nr. 35 vom 21.8.1997: »Unbekannte Größe – In der Schule lernen unsere Kinder das Mißtrauen gegen Unternehmen und den Markt«

Zitelmann, Rainer: »Wohin treibt unsere Republik?«, Verlag Ullstein, Frankfurt a. M./Berlin 1994

–: »Die Sündenböcke«, in: »Die Welt« vom 16.1.1998